전면개정 제37회 공인중개사 시험대비 동영상강의 www.pmg.co.kr

이현 필수서

1차 | 민법·민사특별법

브랜드만족 1위 박문각

2026

합격결정!

박문각 공인중개사

박문각

CONTENTS

이 책의 차례

PART 01 민법총칙

제1장 권리의 변동	6
제2장 법률행위	9
제3장 의사표시	20
제4장 대 리	33
제5장 법률행위의 무효와 취소	46
제6장 법률행위의 조건과 기한	54

PART 02 물권법

제1장 물권법 총론	62
제2장 물권의 변동	69
제3장 점유권	82
제4장 소유권	96
제5장 지상권	118
제6장 지역권	130
제7장 전세권	133

제8장 유치권 · · · · 141

제9장 저당권 · · · · 147

제1장 계약법 총론 · · · · 162

제2장 매 매 · · · · 181

제3장 교 환 · · · · 195

제4장 임대차 · · · · 196

PART 03

계약법

제1장 주택임대차보호법 · · · · 214

제2장 상가건물 임대차보호법 · · · · 231

제3장 집합건물의 소유 및 관리에 관한 법률 · · · · 241

제4장 가등기담보 등에 관한 법률 · · · · 251

제5장 부동산 실권리자명의 등기에 관한 법률 · · · · 256

PART 04

민사특별법

PART

01

민법총칙

Chapter 01 권리의 변동

1 서설

권리	자기를 위해 일정한 이익을 주장할 수 있는 법률상의 힘
변동	권리주체의 관점에서 권리가 발생, 변경, 소멸되는 것
권능	권리의 내용을 이루는 개개의 법률상 힘으로서 사용권, 수익권, 처분권 등으로 구성

2 권리변동의 유형

1. 권리의 발생(취득)

(1) 원시취득

타인의 권리에 기초하지 않은 취득으로서 종전 권리의 제한이나 하자를 승계하지 않는다. 건물의 신축, 취득시효(제245조), 선의취득(제249조), 무주물선점(제252조), 유실물습득(제253조), 수용 등이 있다.

(2) 승계취득

타인의 권리를 기초로 한 취득으로서 종전 권리의 제한이나 하자를 승계한다.

이전적 승계		종전 권리자의 권리가 소멸되고, 새로운 권리자에게 동일한 권리가 발생하는 승계
	특정승계	하나의 원인으로 하나의 권리가 성립하는 승계(예 매매, 증여, 교환 등)
	포괄승계	하나의 원인으로 다수의 권리를 일괄취득하는 승계(예 상속, 합병, 포괄유증 등)
설정적 승계		종전 권리자가 권리를 보유하면서 그 권능의 일부만 새로운 권리자가 취득하는 승계(예 지상권, 임차권, 전세권, 저당권 설정 등)

2. 권리의 변경

주체		매매로 인하여 소유권이 甲에서 乙로 변경되는 것이다.
내용	질적 변경	매매계약으로 취득한 인도청구권이 상대방의 채무불이행으로 인하여 손해배상청구권으로 변경되는 것이다.
	양적 변경	저당권의 설정으로 소유권의 권능이 축소되거나, 저당권의 소멸로 인하여 소유권이 다시 확대되는 것이다.
작용 (효력)		선순위 저당권의 피담보채권이 변제되어 후순위 저당권자의 순위가 변동되는 것, 임차권을 등기하여 대항력을 가지게 되는 것이다.

3. 권리의 소멸

절대적 소멸	목적물의 멸실, 소멸시효, 소유권의 포기 등으로 인하여 권리자체가 객관적으로 소멸되는 것이다.
상대적 소멸	소유권이전등기로 인하여 매도인의 권리가 소멸하여 매수인에게 이전되는 것이다.

3 권리변동의 원인

1. 법률요건

권리의 변동을 가져오는 원인행위를 말한다. 그에 따른 권리의 변동을 '법률효과'라 한다.

법률행위	행위자의 의사표시를 필수불가결의 요소로 하여, 행위자의 효과의사에 따라 법률효과가 발생하는 법률요건(예 계약, 단독행위 등)
법률규정	행위자의 의사와 무관하게 법률규정에 따라 법률효과가 발생하는 법률요건 (예 상속, 취득시효, 사무관리, 부당이득, 불법행위 등)

2. 법률사실

(1) 의 의

법률요건을 이루는 개개의 사실을 말한다.

사건 (정신작용 ×)		출생, 사망, 부당이득 등
용태 (정신작용 ○)	외부적 용태	적법행위(예 의사표시, 준법률행위)
		위법행위(예 채무불이행, 불법행위)
	내부적 용태	의사적 용태(예 소유의사), 관념적 용태(예 선의, 악의)

(2) 적법행위

의사표시			행위자가 원하는 내심의 효과의사를 표시하는 것(예 청약, 승낙, 동의, 추인, 철회, 해제, 해지 등)
준법률행위	표현행위	의사의 통지	자기의 의사를 타인에게 알리는 것(예 무권대리에서 본인의 추인거절 등)
		관념의 통지	일정한 사실을 타인에게 알리는 것(예 대리권 수여의 표시, 청약자가 하는 승낙의 연착통지, 채권의 양도통지, 채무의 승인 등)
		감정의 표시	용서의 표시 등
	사실행위	순수사실행위	외부적 결과만으로 효과를 부여하는 것(예 매장물 발견, 가공 등)
		혼합사실행위	외부적 결과와 의식과정이 혼합되어 효과를 발생하는 것(예 점유취득, 유실물 습득, 무주물 선점, 사무관리 등)

Chapter 02 법률행위

1 의의

일정한 법률효과의 발생을 목적으로 하는 1개 또는 여러 개의 의사표시를 필수불가결의 요소로 하는 법률요건을 말한다. 유언은 하나의 의사표시만으로 성립하는 것이나, 매매는 청약과 승낙이라는 2개의 의사표시가 있어야 성립한다. 혼인신고와 같이 일정한 형식이 추가적으로 필요한 경우도 있다.

> **보충** 준법률행위
> 의사의 통지나 관념의 통지를 구성요소로 하는 법률사실로서 법률규정에 따라 법률효과가 발생한다.

2 법률행위의 종류

1. 의사표시의 수에 따른 분류

(1) 단독행위

하나의 의사표시에 의하여 성립하는 법률행위를 말한다.

상대방 있는 단독행위	① 의사표시가 상대방에게 도달해야 효력을 발생하는 단독행위 ② 취소, 추인, 해제, 해지, 동의, 채무의 면제, 제한물권의 포기 등
상대방 없는 단독행위	① 의사표시가 상대방에게 도달할 필요가 없는 단독행위 ② 소유권의 포기, 유증, 재단법인의 설립, 상속포기 등

(2) 계약

2개의 반대방향 의사표시의 합치에 의하여 성립하는 법률행위를 말한다(예 매매, 증여, 교환, 합의해제 등).

(3) 합동행위

둘 이상의 같은 방향의 의사표시 합치에 의하여 성립하는 법률행위를 말한다(예 사단법인 설립행위 등).

2. 이행여부에 따른 분류

채권행위 (=의무부담행위)	① 당사자 간에 채권과 채무를 발생시켜 채무자의 이행이 있어야 권리가 변동되는 행위로서 무권리자의 행위도 유효하다. ② 매매, 교환, 임대차계약 등
처분행위	① 이행이라는 문제를 남기지 않고 직접 권리를 변동시키는 행위로서 무권리자의 행위는 무효이다. ② 물권의 변동을 일으키는 '물권행위'(예 소유권 이전, 저당권 설정 등), 물권 이외의 권리변동을 일으키는 '준물권행위'(예 채권양도, 채무면제, 무체재산권의 양도 등)가 있다.

3. 형식에 따른 분류

요식행위	법률관계를 명확하게 하기 위하여 서면, 신고 등 일정한 방식을 요건으로 하는 법률행위(예 유언, 법인의 설립 등)
불요식행위	일정한 방식을 요건으로 하지 않는 법률행위. 법률행위의 원칙적 방식이다.

4. 재산의 이전에 따른 분류

(1) 출연행위

자신의 의사로 자신의 재산을 감소시키고 타인의 재산을 증가시키는 행위를 말한다.

유상행위	당사자 쌍방의 출연이 서로 대가적 의미를 가지는 출연행위(예 매매, 교환, 임대차 등)
무상행위	당사자 일방만 출연하거나 쌍방이 출연하더라도 대가적 의미가 없는 출연행위(예 증여, 사용대차 등)

(2) 비출연행위

자신의 재산만 감소시키는 행위(예 소유권 포기) 또는 재산의 변동을 수반하지 않는 행위(예 대리권 수여)를 말한다.

3 법률행위의 요건

1. 성립요건

법률행위가 존재하기 위한 최소한의 요건이다. 성립요건을 갖추지 못하면 법률행위가 '불성립'하므로 무효와 취소의 문제는 발생하지 않는다. 법률행위의 유효를 주장하는 자가 입증하여야 한다.

일반적 성립요건	① 당사자, ② 목적, ③ 의사표시가 존재해야 한다.
특별한 성립요건	일반적 성립요건 이외에 추가적으로 필요한 요건으로서, ① 유언의 방식, ② 혼인에서 신고, ③ 대물변제에서 물건의 인도 등이 있다.

보충 특정여부

매매계약 체결 당시에 반드시 매매목적물과 대금을 구체적으로 특정할 필요는 없지만, 적어도 매매계약의 당사자인 매도인과 매수인이 누구인지는 구체적으로 특정되어 있어야만 매매계약이 성립할 수 있다(대판 2018다223054).

2. 효력요건

일단 성립한 법률행위가 유효하게 되기 위한 요건이다. 효력요건을 갖추지 못한 경우, 무효가 되거나 취소할 수 있는 행위가 된다. 무효나 취소를 주장하는 자가 효력요건의 부존재를 입증하여야 한다.

일반적 효력요건	① 당사자에게 권리능력, 의사능력, 행위능력이 있을 것, ② 법률행위의 목적이 확정성, 가능성, 적법성, 타당성이 있을 것, ③ 의사와 표시가 일치하고 하자가 없을 것을 말한다.
특별한 효력요건	일반적 효력요건 이외에 법률규정 또는 특약으로서 추가적으로 필요한 요건으로서, ① 토지거래허가구역에서 행정청의 허가, ② 대리행위에서 대리권의 존재, ③ 조건부 행위에서 조건의 성취, 기한부 행위에서 기한의 도래 등이 있다. 단, 농지취득자격증명은 효력발생 요건이 아니다(대판 2005다59871).

4 당사자

권리능력	① 권리와 의무의 주체가 될 수 있는 지위 또는 자격을 말한다. ② 살아 있는 사람으로서 '자연인'과 일정한 단체로서 법인격을 부여받은 '법인'은 권리능력을 가진다. 태아는 살아서 출생하면 소급해서 권리능력을 가진다는 견해(정지조건설)가 판례의 입장이다.
의사능력	① 자신의 의사표시가 어떤 법률효과를 가져오는지를 이해 또는 판단할 수 있는 정신적 능력을 말한다. ② 유아나 만취자의 법률행위는 의사무능력자의 행위로서 무효가 된다.
행위능력	① 단독으로 유효한 법률행위를 할 수 있는 지위 또는 자격을 말한다. ② 행위능력이 없는 자를 '제한능력자'라 하고, 그 법률행위는 취소할 수 있다. 미성년자, 피한정후견인, 피성년후견인 등이 있다.

보충

1. 미성년자: 만19세가 되지 않은 자를 말한다.
2. 피한정후견인: 질병, 장애, 노령, 그 밖의 사유로 인한 정신적 제약으로 사무를 처리할 능력이 부족한 사람으로서 가정법원의 한정후견개시의 심판을 받은 자를 말한다.
3. 피성년후견인: 질병, 장애, 노령, 그 밖의 사유로 인한 정신적 제약으로 사무를 처리할 능력이 지속적으로 결여된 사람으로서 가정법원의 성년후견개시의 심판을 받은 자를 말한다.

5 법률행위의 목적(=내용)

1. 의의

법률행위를 하는 자가 그 법률행위에 의하여 발생시키려고 하는 법률효과를 말한다. 매매계약의 목적은 소유권의 이전과 대금의 지급이 된다.

2. 확정성

법률행위의 목적은 법률행위의 성립 당시에 확정되어 있거나 장래의 이행기까지 확정할 수 있는 기준이 있으면 된다. 매매의 목적물이나 매매대금이 계약체결시에 구체적으로 확정되어 있지 않더라도 사후에 구체적으로 특정할 수 있는 방법과 기준이 정해져 있으면 족하다(대판 96다26176).

3. 가능성

법률행위의 목적은 법률행위의 성립 당시에 사회통념상 가능한 것이어야 한다.

원시적 불능	① 법률행위의 성립 당시에 목적달성이 불가능한 경우이다. ② 전부불능이면 무효이나, 계약체결상의 과실책임이 인정될 수 있다. ③ 일부불능이면 유효하나, 수량부족, 일부멸실로 인한 매도인의 담보책임(제574조)이 문제될 수 있다.
후발적 불능	① 법률행위의 성립 당시에는 이행이 가능하였으나, 이행기 전에 목적달성이 불가능하게 된 경우이다. ② 법률행위는 유효하지만 채무자의 귀책사유 유무에 따라 채무불이행책임, 위험책임이 문제될 수 있다.

4. 적법성

법률행위의 목적은 강행규정에 위반되어서는 안 된다.

강행규정	① 선량한 풍속 기타 사회질서에 관계있는 규정으로서 당사자 의사에 의하여 적용을 배제할 수 없는 규정이다. ② 위반한 경우 무효가 되는 '효력규정'과 벌칙만 부과하는 '단속규정'이 있다. ③ 효력규정에 위반된 행위는 절대적 무효이므로 선의의 제3자에 대항할 수 있고, 사후에 추인할 수 없다.
임의규정	① 선량한 풍속 기타 사회질서에 관계없는 규정으로서 당사자 의사에 의하여 적용을 배제할 수 있는 규정이다. ② 사법(私法)규정은 임의규정인 것이 원칙이나, 예외적으로 명시적 규정이 있거나 경제적 약자의 보호, 거래의 안전을 위해서 해석상 강행규정이 된다.

판례 효력규정, 단속규정

효력규정	단속규정
① 토지거래허가구역 내의 토지에 관한 관할 관청의 허가 ② 최고이자율을 초과하는 부분 ③ 중개수수료 법정 한도를 초과하는 부분 ④ 중개사무소 개설등록 없이 체결한 중개수수료 지급약정 ⑤ 감독청의 허가 없는 학교법인의 기본재산 양도	① 중간생략등기 금지 ② 주택건설촉진법상 일정기간 동안의 전매행위 금지 ③ 개업공인중개사가 중개의뢰인과 직접 거래를 하는 행위금지

5. 사회적 타당성

(1) 반사회질서행위

> **제103조【반사회질서의 법률행위】** 선량한 풍속 기타 사회질서에 위반한 사항을 내용으로 하는 법률행위는 무효로 한다.
> **제741조【부당이득의 내용】** 법률상 원인 없이 타인의 재산 또는 노무로 인하여 이익을 얻고 이로 인하여 타인에게 손해를 가한 자는 그 이익을 반환하여야 한다.
> **제746조【불법원인급여】** 불법의 원인으로 인하여 재산을 급여하거나 노무를 제공한 때에는 그 이익의 반환을 청구하지 못한다. 그러나 그 불법원인이 수익자에게만 있는 때에는 그러하지 아니하다.

① **의의**: 법률행위의 목적이 강행법규를 위반한 것은 아니지만 선량한 풍속 기타 사회질서에 위반하는 행위를 말한다.

② **판단기준**: 반사회질서행위에 해당하는지 여부는 법률행위가 이루어진 때를 기준으로 판단하여야 하므로(대판 전합 2015다200111), 매매계약이 체결된 이후에 목적물이 범죄행위로 취득된 것임을 알게 된 경우에도 반사회질서행위에 해당하지 않는다.

③ **효과**
  ㉠ 절대적 무효: 선의의 제3자에 대해서도 대항할 수 있으며, 추인이나 전환은 불가능하다. 조건이 반사회질서에 위반되는 경우에는 법률행위 전체가 무효가 된다.
  ㉡ 반환청구: 무효인 법률행위는 이행 전이면 이행할 필요가 없고, 이미 이행한 경우에는 부당이득으로 반환을 청구할 수 있다. 그러나 반사회질서행위에 해당하여 무효인 경우에는 불법원인급여에 해당되므로 부당이득반환을 청구할 수 없으며(제764조 본문), 소유권에 기한 반환청구도 할 수 없다(대판 전합 79다483).
  ㉢ 손해배상청구: 불법의 원인으로 재산을 급여한 사람은 불법의 원인에 가공한 상대방에게만 불법의 원인이 있는 등 특별한 사정이 없는 한 수령자에 대하여 불법행위를 이유로 재산 급여로 말미암아 발생한 자신의 손해를 배상할 것을 주장할 수 없다(대판 2013다35412).

④ **동기의 불법**: 법률행위 자체는 반사회질서행위가 아니나 그 법률행위를 하게 된 동기가 반사회질서에 해당하는 경우이다. 도박장으로 사용하기 위하여 건물임대차계약을 맺는 경우이다. 동기가 불법하더라도 법률행위 자체는 유효한 것이 원칙이나, 상대방에게 표시되거나 알려진 경우에는 무효가 된다(대판 99다56833).

판례) 반사회질서행위 해당여부

해당 ○(무효)	해당 ×(유효)
① 정의관념에 반하는 행위(형법상 범죄) ② 윤리적 질서에 반하는 행위 ③ 개인의 자유를 심하게 제한하는 행위(절대 이혼하지 않겠다는 약정) ④ 생존의 기초가 되는 재산의 처분행위(허가 없는 학교법인 기본재산 처분) ⑤ 지나치게 사행적인 행위	① 강제집행 면탈목적의 소유권이전등기 ② 조세회피를 위한 낮은 매매대금 기재 ③ 비자금의 소극적 은닉 목적 임치 ④ 성립과정에 강박이 있는 경우
① 도박자금 대여 ② 도박채무변제를 위한 토지양도	도박채무 변제를 위한 부동산 처분대리권 수여행위
표시되거나 알려진 동기의 불법	동기의 불법
과도한 위약벌 약정	위약벌 약정
① 통상 용인될 수 없는 증언대가 ② 참고인의 수사기관 허위진술 ③ 공무원 직무에 대한 부정청탁의 대가	통상 용인될 수 있는 증언대가
형사사건 성공보수 약정	민사사건 성공보수 약정
과도한 경업금지 약정	해외파견 후 일정기간 근무
배임행위에 적극 가담한 이중매매	보통의 이중매매
부첩관계의 종료를 해제조건으로 하는 증여계약	① 부첩관계의 단절을 조건으로 생활비를 지급하기로 하는 약정 ② 부정행위 용서대가로 처에게 부동산을 양도하고 부부관계가 유지되는 동안 처분금지 약정
보험사고를 가장하여 보험금을 취득할 목적으로 체결한 생명보험계약	태아가 우연한 사고로 상해를 입은 경우 보험기간 중 사고로 보는 것

(2) 이중매매의 문제

① **의의**: 매도인이 특정 부동산에 관하여 제1매수인과 매매계약을 체결하고 중도금 또는 잔금을 지급받은 이후에 다시 제2매수인에게 매도하여 소유권이전등기를 마친 것을 말한다. 중도금을 지급하기 전에는 계약금에 따른 해제가 가능하므로 이중매매의 문제가 아니다.

② **이중매매의 효력**

원 칙	㉠ 계약자유의 원칙상 이중매매는 유효하다. ㉡ 제1매수인은 이행불능을 이유로 최고 없이 계약을 해제할 수 있고, 손해배상을 청구할 수 있다.
예 외	㉠ 제2매수인이 제1매매 사실을 알면서 매도를 요청하거나 유도하는 등 매도인의 배임행위에 적극 가담한 경우에는 반사회질서행위로서 무효이다(대판 93다55289). ㉡ 제2매수인이 제1매매 사실을 단순히 알고 있었다는 정도로는 무효가 되지 않는다. ㉢ 대리인이 매도인의 배임행위에 적극 가담한 경우에는 대리인을 기준으로 판단하므로 본인이 선의라 하더라도 무효이다(대판 97다45532).

③ **무효인 이중매매의 법률관계**
  ㉠ 부당이득반환청구 : 무효인 매매에 따른 급부는 불법원인급여에 해당하므로 매도인의 제2매수인에 대하여 소유권이전등기의 말소를 청구할 수 없고, 소유권에 기한 반환청구도 할 수 없다. 제2매수인도 매도인에 대하여 대금의 반환을 청구할 수 없다.
  ㉡ 채권자대위권 : 제1매수인은 소유권자가 아니므로 제2매수인에 대하여 직접 소유권이전등기의 말소나 진정명의회복을 이유로 하는 소유권이전등기청구는 할 수 없다. 다만 매도인을 대위하여 소유권이전등기를 청구할 수 있다.
  ㉢ 채권자취소권 : 제1매수인은 소유권이전등기청구권을 보전하기 위하여 이중매매행위를 취소할 수 없다.
  ㉣ 손해배상청구 : 무효인 이중매매가 불법행위에 해당하면 제1매수인은 제2매수인을 상대로 불법행위에 의한 채권침해를 이유로 하여 손해배상청구를 할 수 있다.
  ㉤ 절대적 무효 : 제2매수인으로부터 부동산을 매수한 제3자는 선의라 하더라도 권리를 취득할 수 없다(대판 96다29151).

④ **적용법리의 확대** : 이중매매의 법리는 증여, 근저당권 설정행위, 취득시효, 임대차계약, 명의신탁 등의 경우에도 적용된다.

(3) **불공정거래행위(＝폭리행위)**

> **제104조【불공정한 법률행위】** 당사자의 궁박, 경솔 또는 무경험으로 인하여 현저하게 공정을 잃은 법률행위는 무효로 한다.

① 요 건

주관적 요건	㉠ 피해자에게 궁박, 경솔, 무경험 중 어느 하나가 있어야 한다. ㉡ '궁박'은 경제적 원인에 한정되지 않고, 정신적, 심리적 원인에 의한 것을 포함한다. ㉢ '무경험'이란 해당 특정영역에서의 경험부족을 말하는 것이 아니라 거래 일반의 경험부족을 말한다. ㉣ 대리인에 의한 법률행위의 경우, 궁박상태는 본인을 기준으로 하고, 경솔과 무경험은 대리인을 기준으로 판단한다. ㉤ 피해자가 궁박, 경솔, 무경험 상태라는 것만으로는 성립할 수 없고, 폭리자가 피해자의 사정을 알면서 이를 이용하려는 의사, 즉 악의가 있어야 한다. ㉥ 법률행위가 객관적으로 현저하게 공정을 잃었다는 것만으로 궁박, 경솔 또는 무경험으로 인한 것이라는 점이 추정되는 것은 아니므로 무효를 주장하는 자가 입증하여야 한다.
객관적 요건	㉠ 계약을 체결할 당시를 기준으로 급부와 반대급부 사이에 현저한 불균형이 있어야 한다. ㉡ 개별, 구체적인 상황에서 사회통념에 따라 객관적으로 판단하여야 하고, 당사자의 주관적 가치를 기준으로 하지 않는다(대판 2009다50308).

② 효 과
㉠ 불공정한 법률행위는 절대적 무효이므로 선의의 제3자에게도 대항할 수 있다.
㉡ 이행 전이면 이행할 필요가 없다. 이행 후에는 불법의 원인이 폭리자에게만 있으므로 피해자는 반환을 청구할 수 있으나, 폭리자는 반환을 청구할 수 없다(제746조 단서).
㉢ 불공정한 법률행위는 추인에 의하여도 유효한 행위가 될 수는 없지만(대판 94다10900), 공정한 행위로 바꾸는 무효행위의 전환은 가능하다(대판 2009다50308).

③ 적용범위
㉠ 채권포기와 같은 단독행위(대판 75다92), 종중총회의 결의와 같은 합동행위(대판 2017다231249), 불공정매매행위에 근거한 부제소합의(대판 2009다50308)도 불공정거래행위에 해당하여 무효이다.
㉡ 무상계약(예 부담 없는 증여나 기부행위)이나 경매절차에 대해서는 적용되지 않는다.

6 법률행위의 해석

1. 의 의

불명확한 법률행위의 내용을 명확하게 확정하는 것으로서, 내심적 효과의사를 밝히는 것이다. 표의자의 진정한 의사를 알고 있다면 그 의사대로 해석할 것이나, 진정한 의사를 알 수 없다면, 내심적 효과의사가 아니라 표시행위로부터 추단되는 효과의사 즉 표시상의 효과의사를 기준으로 해석하여야 한다(대판 2000다48265).

2. 방 법

(1) 자연적 해석

① **의의**: 표의자의 관점에서 표의자의 내심의 효과의사를 탐구하는 해석방법이다. 표현상의 문자적, 언어적 의미에 구속되지 않는다.

② **적용범위**: 상대방의 진의를 알고 있는 경우, 상대방 없는 단독행위, 신분행위에 대해서 적용된다. 다만 계약의 경우에도 오표시무해의 원칙 등이 예외적으로 적용될 수 있다.

> **보충** 오표시무해의 원칙
>
> 매도인과 매수인이 X토지에 대하여 매매계약을 체결하였으나, 지번 등에 착오를 일으켜 계약서에 Y토지로 잘못 기재한 경우를 말한다. 목적물 자체에 착오를 일으킨 것이 아니라는 점에서 착오에 의한 의사표시와 구별된다.
>
> | 특정 부동산 (X토지) | ① 당사자 간의 내심의 의사가 일치하므로 매매계약은 유효하게 성립한다. 매수인은 소유권이전등기를 청구할 수 있다.
② 목적물에 대한 착오가 없으므로 착오를 이유로 취소할 수 없다. |
> |---|---|
> | 다른 부동산 (Y토지) | ① 당사자 간에 의사합치가 없으므로 계약이 성립하지 않는다. 소유권이전등기를 마쳤더라도 원인무효이므로 말소등기를 청구할 수 있고, 제3자에 대해서도 대항할 수 있다.
② 계약이 불성립한 것이므로 착오취소의 문제가 생길 수 없다. |

(2) 규범적 해석

① **의의**: 내심적 효과의사와 표시행위가 일치하지 않는 경우, 상대방의 입장에서 표시행위로부터 추단되는 효과의사를 탐구하는 해석방법이다.

② **적용범위**: 상대방이 표의자의 진의를 모르는 경우에 적용되는 것이므로 계약이나 상대방 있는 단독행위에 주로 적용된다.

③ **예시**: 영수증에 '총완결'이라고 거짓 기재한 것이 무효가 아니라고 보거나(대판 69다563), '협조를 최대로 한다'라고 기재한 것은 특별한 사정이 없는 한 법적인 의무를 부담하는 것으로 해석하지는 않는 것(대판 96다16049) 등이 그 예이다.

(3) **보충적 해석**

당사자 사이의 약정에 공백이 있는 경우 제3자의 시각에서 가정적 의사를 탐구하는 해석방법이다. 합의당시 예상할 수 없었던 후유증으로 인한 손해배상청구권까지를 포기하는 취지로 해석하지 않는 것(대판 70다1284) 등이 있다.

3. 해석의 기준

> **제105조【임의규정】** 법률행위의 당사자가 법령 중의 선량한 풍속 기타 사회질서에 관계없는 규정과 다른 의사를 표시한 때에는 그 의사에 의한다.
> **제106조【사실인 관습】** 법령 중의 선량한 풍속 기타 사회질서에 관계없는 규정과 다른 관습이 있는 경우에 당사자의 의사가 명확하지 아니한 때에는 그 관습에 의한다.

우리 민법은 법률행위 해석에 대한 일반적 기준을 두고 있지 않고, 임의규정과 사실인 관습에 관한 규정만 두고 있다. 종합한 결과 법률행위를 해석하는 기준은 ① 당사자의 목적, ② 사실인 관습, ③ 임의규정, ④ 신의성실의 원칙의 순서에 따르는 것으로 본다.

Chapter 03 의사표시

1 서 설

(1) '의사표시'란 법률효과의 발생을 원하는 의사의 표시로서, 법률행위의 필수불가결한 요소이다.

(2) 의사표시의 본체를 내심의 의사로 보는 견해(의사주의), 표시행위로 보는 견해(표시주의)가 대립한다. 우리 민법은 표시주의에 가까운 절충주의를 채택한 것으로 해석된다.

(3) 의사와 표시가 불일치하는 경우로서 진의 아닌 의사표시(제107조), 통정허위표시(제108조), 착오에 의한 의사표시(제109조)가 있고, 의사와 표시는 일치하지만 의사결정의 자유가 방해된 경우로서 사기나 강박에 의한 의사표시(제110조)가 있다.

2 진의 아닌 의사표시(=비진의표시, 심리유보)

> 제107조 【진의 아닌 의사표시】 ① 의사표시는 표의자가 진의 아님을 알고 한 것이라도 그 효력이 있다. 그러나 상대방이 표의자의 진의 아님을 알았거나 이를 알 수 있었을 경우에는 무효로 한다.
> ② 전항의 의사표시의 무효는 선의의 제3자에게 대항하지 못한다.

(1) 의 의

표의자 스스로 진의와 표시가 일치하지 않는다는 것을 알면서 하는 의사표시를 말한다.

(2) 요 건

의사표시의 존재	권리의 변동을 목적으로 하는 의사표시가 있어야 한다. 명백한 농담이나 배우의 대사 등은 의사표시가 아니다.
의사와 표시의 불일치	① 내심적 효과의사(=진의)와 표시상의 효과의사가 객관적으로 불일치하여야 한다. ② '진의'란 특정한 내용의 의사표시를 하고자 하는 표의자의 생각을 말하는 것이지 표의자가 진정으로 마음속에서 바라는 사항을 뜻하는 것은 아니다(대판 2000다47361).
표의자의 인식존재	표의자 스스로 불일치를 알고 있어야 한다. 동기나 이유는 묻지 않는다.

> **판례** 비진의표시 해당여부

해당 ○	해당 ×
① 근로자가 사직원을 제출하고 즉시 재입사하는 형식으로 실질적인 근로관계의 단절이 없는 경우 ② 대출절차상 편의를 위하여 명의를 빌려준 자가 채무부담의 의사를 가진 경우	① 강박에 의한 증여 ② 금융기관이 양해하여 제3자에 대하여 채무자로서의 책임을 지우지 않을 의도 하에 제3자 명의로 한 대출약정

(3) 효과

원칙	표시된대로 유효하다.
예외	① 상대방이 알았거나 알 수 있었을 때는 무효가 된다. ② 그 법률행위를 기초로 새로운 이해관계를 맺은 선의의 제3자에게 대항하지 못한다. 선의의 제3자는 무효주장이 가능하다. ③ 상대방이 알았거나 알 수 있었다는 사실은 무효를 주장하는 자에게 입증책임이 있다.

(4) 적용범위

① 계약, 상대방 있는 단독행위, 상대방 없는 단독행위에 적용된다. 그러나 가족법상의 행위, 소송행위, 공법행위에는 적용되지 않는다.

② 공무원의 사직의 의사표시는 사인의 공법행위이므로 상대방이 알았거나 알 수 있었던 경우에도 표시된대로 유효이다.

3 통정허위표시

> **제108조【통정한 허위의 의사표시】** ① 상대방과 통정한 허위의 의사표시는 무효로 한다.
> ② 전항의 의사표시의 무효는 선의의 제3자에게 대항하지 못한다.

1. 의 의

상대방과 통정하여 허위의 의사표시를 하는 것을 말한다. 강제집행을 면할 목적으로 매도인과 매수인의 합의 하에 소유권이전등기를 하는 것을 말한다.

2. 요 건

통정허위표시가 성립하기 위해서는 ① 의사표시가 존재할 것, ② 의사와 표시가 불일치할 것, ③ 상대방과 통정이 있을 것을 요건으로 한다. '통정'이란 의사와 표시가 불일치한다는 것을 서로 알고서 합의 또는 양해하는 것을 말한다. 그 동기나 이유는 묻지 않는다.

3. 효 과

(1) 상대적 무효

통정허위표시에 해당하면 무효이다. 이행 전이면 이행할 필요가 없고, 이행 후에는 부당이득 반환을 청구할 수 있으며, 소유권에 기한 반환도 청구할 수 있다. 그러나 선의의 제3자에 대항하지 못한다. 제3자는 선의이면 되고, 무과실은 요구하지 않는다(대판 2003다70041).

(2) 선의의 제3자

① **의의**: 허위표시에 따라 외형상 형성된 법률관계를 기초로 실질적으로 새로운 법률상 이해관계를 가지게 된 자를 의미한다.
② **대리행위**: 대리인과 본인은 실질적으로 동일한 지위에 있으므로 포함되지 않는다.
③ **전득자**: 선의의 제3자로부터 다시 전득한 자는 악의라 하더라도 보호되고, 제3자가 악의라도 전득자가 선의라면 보호되는 제3자에 포함된다.
④ **외관제거**: 당사자는 언제든지 허위표시를 철회할 수 있으나, 허위표시에 의한 외관을 제거하지 않으면 선의의 제3자에 대항하지 못한다.
⑤ **입증책임**: 제3자의 선의는 추정되므로 무효를 주장하는 자가 제3자의 악의를 입증할 책임이 있다.

판례) 제3자 해당여부

해당 ○	해당 ×
① 가장양도의 양수인으로부터 다시 매수한 자	① 가장양도 양수인의 상속인
② 가장양도의 양수인으로부터 지상권, 전세권, 저당권 등을 설정받은 자	② 가장양도 양수인의 일반채권자
③ 가장매매로 형성된 대금채권의 양수인	③ 채권의 가장양도에 있어서 변제 전 채무자
④ 가장 양도의 양수인에 대한 압류채권자	④ 채권의 가장양수인으로부터 추심목적을 위하여 채권을 양수한 자
⑤ 가장채권의 채권을 가압류한 자	⑤ 제3자를 위한 계약에서 제3자
⑥ 가장채권의 채권자가 파산선고를 받은 경우 파산관재인	⑥ 대리행위에서 본인이나 대리인
⑦ 가장채무를 보증하고 그 보증채무를 이행한 보증인	⑦ 차주와 통정하여 가장소비대차계약을 체결한 금융기관으로부터 그 계약을 인수한 자

> **판례**
>
> **파산관재인의 선의 판단기준**
> 파산관재인은 파산자의 포괄승계인과 같은 지위를 가지게 되지만, 파산자와는 독립한 지위에서 파산채권자 전체의 공동의 이익을 위하여 선량한 관리자의 주의로 직무를 수행하므로 제3자에 해당하고, <u>총파산채권자를 기준으로 하여 모두가 악의로 되지 않는 한 파산관재인은 선의의 제3자에 해당한다</u>(대판 2013다1952).

(3) 채권자 취소권

채무자의 행위가 통정허위표시에 해당하여 무효인 경우에도 선의의 제3자가 있으면 이에 대항하지 못하게 되므로 채무자의 책임재산을 보전하기 위하여 금전채권을 가진 채권자는 채권자취소권을 행사할 수 있다.

4. 적용범위

통정허위표시는 통정이 필요하므로 계약이나 상대방 있는 단독행위에 적용되나, 상대방 없는 단독행위에는 적용될 수 없다. 가족법상의 행위, 공법행위 소송행위에도 적용되지 않는다.

5. 은닉행위

① **의의** : 실제로는 증여를 하면서 매매행위로 가장한 경우에 증여는 은닉행위로서 유효하고, 매매는 가장행위로서 무효가 된다.
② **제3자 보호** : 양수인으로부터 권리를 취득한 자는 선악을 불문하고 권리를 취득한다.

4 착오로 의한 의사표시

> **제109조 【착오로 인한 의사표시】** ① 의사표시는 법률행위의 내용의 중요부분에 착오가 있는 때에는 취소할 수 있다. 그러나 그 착오가 표의자의 중대한 과실로 인한 때에는 취소하지 못한다.
> ② 전항의 의사표시의 취소는 선의의 제3자에게 대항하지 못한다.

1. 의 의

표의자 스스로 의사와 표시가 불일치하는 것을 모르고 한 의사표시를 말한다.

2. 착오의 유형

(1) 내용의 착오
표의자가 표시행위의 의미를 잘못 이해한 경우로서, 미국달러와 홍콩달러의 가치가 같다고 생각한 경우이다.

(2) 법률의 착오
① 법률의 내용을 잘못 이해한 경우로서, 내용의 착오와 마찬가지로 취급한다(다수설).
② 양도소득세가 부과되지 않을 것으로 오인한 경우 중요부분의 착오이면 취소할 수 있다(대판 80다2475).

(3) 표시상의 착오
① 100만원을 1,000만원으로 잘못 표시한 경우이다. 표시기관인 사자(使者)가 잘못 표시한 경우에는 착오취소가 허용되지만, 전달기관인 사자(使者)가 제3자에게 잘못 전달한 것은 의사표시가 도달하지 않은 것이므로 허용되지 않는다.
② 신원보증서류에 서명날인한다는 착각에 빠진 상태로 연대보증의 서면에 서명날인한 경우, 표시상의 착오에 해당한다(대판 2004다43824).

(4) 동기의 착오

원칙	법률행위를 하게 된 이유에 착오가 있는 것이다. 도로가 건설될 것이라고 믿고 토지를 구입한 경우이다. 착오를 이유로 취소할 수 없다.
예외	① 상대방에게 표시되었거나 표시되지 않아도 상대방에 의해 유발된 경우에는 착오로 인한 취소가 될 수 있다. 다만 동기를 의사표시의 내용으로 삼기로 하는 합의까지 이루어질 필요는 없다(대판 97다44737). ② 휴게소 부지를 국가에 증여한 경우(대판 90다카7460), 귀속해제된 토지를 국가에 증여를 한 경우(대판 78다719) 등은 공무원의 법령오해에 따라 유발된 것이므로 착오를 이유로 취소할 수 있다고 보았다.

3. 요 건

(1) 법률행위 내용의 중요부분의 착오일 것
① **중요부분**: 표의자가 그러한 착오가 없었더라면 그 의사표시를 하지 않으리라고 생각될 정도로 중요한 것이어야 하고 보통 일반인도 표의자의 처지에 섰더라면 그러한 의사표시를 하지 않았으리라고 생각될 정도로 중요한 것이어야 한다(대판 98다45546).

| 판례 | 중요부분 해당여부 |

해당 ○	해당 ×
㉠ 매매계약의 경우 목적물의 동일성 ㉡ 보증 등의 경우 채무자의 동일성	매매계약의 경우 소유자의 동일성
토지의 현황, 경계에 관한 착오(농지로 알고 매입했으나 대부분 하천인 경우)	㉠ 토지매매에 있어서 시가의 착오 ㉡ 건물과 부지를 현상대로 매수한 경우, 부지 지분의 근소한 부족

② **경제적 불이익**: 표의자가 경제적 불이익이 없으면 중요부분의 착오가 아니므로 취소할 수 없다. 보증대상 기업의 사업장에 관한 가압류 여부는 중요한 부분이나, 피보전권리가 없어서 무효라면 경제적 불이익을 입은 것이 없으므로 착오로 취소할 수 없다(대판 98다23706).

③ **입증책임**: 착오를 이유로 의사표시를 취소하는 자는 법률행위의 내용에 착오가 있었다는 사실과 함께 그 착오가 의사표시에 결정적인 영향을 미쳤다는 점, 즉 만약 그 착오가 없었더라면 의사표시를 하지 않았을 것이라는 점을 증명하여야 한다(대판 2007다74188).

(2) 중대한 과실이 없을 것

① **중대한 과실**: 표의자의 직업, 행위의 종류, 목적 등에 비추어 보통 요구되는 주의를 현저하게 결여한 것을 말한다.

| 판례 | 중과실 해당여부 |

해당 ○	㉠ 토지를 매수하면서 공장의 건축할 수 있는지 여부를 관할관청에 알아보지 않은 것 ㉡ 공인중개사 등을 통하지 않고 토지 거래를 하면서 토지대장, 임야도 등을 확인하지 않은 것 ㉢ 금융기관이 대출자금이 모두 상환되지 않았음에도 착오로 신용보증기금에게 신용보증서 담보설정 해지를 통지한 것
해당 ×	부동산중개업자가 매매 목적물을 잘못 소개한 경우의 매수인

② **입증책임**: 표의자에게 중대한 과실이 있다는 사실은 계약의 유효를 주장하는 상대방이 입증하여야 한다.

4. 효 과

(1) 상대적 취소
① 착오로 인한 의사표시는 취소할 수 있다. 다만 선의의 제3자에게 대항하지 못한다.
② 표의자에게 중과실이 있는 경우에는 취소할 수 없다. 그러나 상대방이 이를 알고 이용한 경우에는 취소할 수 있다.

(2) 손해배상책임
착오를 이유로 취소하는 것은 위법한 것이 아니므로 불법행위로 인한 손해배상책임은 지지 않는다(대판 97다13023).

(3) 배제특약
착오에 관한 규정은 임의규정이므로 당사자의 합의로 이를 배제할 수 있다. 의사표시를 취소하지 않기로 약정한 경우, 상대방이 착오자의 진의에 동의한 경우에는 취소할 수 없다.

5. 적용범위
착오로 인한 의사표시는 재산상의 법률행위에 적용된다. ① 가족법상의 행위 ② 공법행위 ③ 소송행위에는 적용되지 않는다.

6. 다른 제도와의 관계

(1) 사 기
① **선택적 주장**: 착오가 타인의 기망행위에 의하여 발생한 경우에는 각 요건을 입증하여 선택적으로 사기 또는 착오를 주장할 수 있다(대판 2001다33000).
② **연대보증 서명**: 신원보증서류에 서명날인한다는 착각에 빠진 상태로 연대보증의 서면에 서명날인한 경우, 비록 착오가 제3자의 기망행위에 의하여 일어난 것이라 하더라도 사기에 의한 취소가 아니라 착오에 의한 취소만 인정한다(대판 2004다43824).

(2) 계약의 해제
매도인이 매수인의 중도금 지급채무 불이행을 이유로 매매계약을 적법하게 해제한 후라도 매수인으로서는 상대방이 한 계약해제의 효과로서 발생하는 손해배상책임을 지거나 매매계약에 따른 계약금의 반환을 받을 수 없는 불이익을 면하기 위하여 착오를 이유로 한 취소권을 행사할 수 있다(대판 95다24982).

(3) 하자담보책임
매매계약 내용의 중요 부분에 착오가 있는 경우 매수인은 매도인의 하자담보책임이 성립하는지와 상관없이 착오를 이유로 매매계약을 취소할 수 있다(대판 2015다78703).

(4) 화해계약

① **의의**: 당사자가 서로 양보하여 분쟁을 끝낼 것을 약정하는 계약이다.
② **착오취소**: 화해당사자의 자격 또는 화해의 목적인 분쟁 이외의 사항에 착오가 있는 때에는 이를 취소할 수 있다. '화해의 목적인 분쟁 이외의 사항'이란 분쟁의 대상이 아니라 분쟁의 전제 또는 기초가 된 사항으로서 쌍방 당사자가 예정한 것이어서 상호 양보의 내용으로 되지 않고 다툼이 없는 사실로 양해된 사항을 말한다.
③ **사기취소**: 사기로 인하여 화해의 목적인 분쟁의 대상에 관하여 착오가 생긴 경우에는 사기를 이유로 취소할 수 있다(대판 2008다15278).

5 사기, 강박에 의한 의사표시

> **제110조 【사기, 강박에 의한 의사표시】** ① 사기나 강박에 의한 의사표시는 취소할 수 있다.
> ② 상대방 있는 의사표시에 관하여 제3자가 사기나 강박을 행한 경우에는 상대방이 그 사실을 알았거나 알 수 있었을 경우에 한하여 그 의사표시를 취소할 수 있다.
> ③ 전2항의 의사표시의 취소는 선의의 제3자에게 대항하지 못한다.

1. 의 의

타인의 기망행위에 의하여 착오에 빠진 표의자(사기)나 타인의 강박행위에 의하여 공포심에 빠진 표의자(강박)가 의사표시를 한 경우에는 그 의사표시를 취소할 수 있다.

2. 요 건

(1) 사기에 의한 의사표시

기망행위	적극적으로 허위의 사실을 고지하거나 소극적으로 진실한 사실을 숨기는 것을 말한다. 다만 침묵이 기망행위가 되기 위해서는 진실한 사실을 고지할 법률상 의무가 있어야 한다.
2단의 고의	① 표의자가 착오에 빠지게 하려는 고의, ② 착오에 의하여 의사표시를 하게 하려는 고의가 있어야 한다. 따라서 과실에 의한 사기는 성립할 수 없다.
위법성	기망행위는 거래관념상 인정되는 신의성실의 의무를 위반하는 정도의 위법성이 있어야 한다.
주관적 인과관계	표의자의 의사표시는 기망행위로 인한 것이어야 한다. 그 판단은 표의자의 주관적 사정으로 기준으로 하므로 보통사람이면 착오에 빠지지 않을 정도의 기망행위라 하더라도 표의자가 착오에 빠졌다면 사기를 이유로 취소할 수 있다.

> **판례** 기망행위 해당여부

해당 ○	해당 ×
대형백화점의 변칙세일	시가의 묵비 또는 허위로 고액의 시가 고지
아파트단지 인근에 공동묘지가 조성되어 있는 사실의 불고지	상가를 분양하면서 첨단 오락타운을 조성하여 수익을 보장한다는 다소 과장된 선전광고

(2) **강박에 의한 의사표시**

강박행위	해악을 고지하여 공포심을 일으키는 것을 말한다. 어떤 해악의 고지 없이 단순히 각서에 서명날인할 것만을 강력히 요구한 행위는 강박행위가 아니다(대판 78다1968).
2단의 고의	① 표의자에게 해악을 고지하여 공포에 빠지게 하려는 고의, ② 공포에 의하여 의사표시를 하게 하려는 고의가 있어야 한다. 따라서 과실에 의한 사기는 성립할 수 없다.
위법성	① 강박행위는 신의성실의 원칙에 반하는 정도의 위법성이 있어야 한다. ② 강박행위 당시의 거래관념과 제반 사정에 비추어 해악의 고지로써 추구하는 이익이 정당하지 아니하거나 강박의 수단으로 상대방에게 고지하는 해악의 내용이 법질서에 위배된 경우 또는 어떤 해악의 고지가 거래관념상 그 해악의 고지로써 추구하는 이익의 달성을 위한 수단으로 부적당한 경우 등을 말한다(대판 99다64049).
주관적 인과관계	강박행위와 의사표시 사이에 인과관계가 있어야 한다. 그 판단은 표의자의 주관적 사정으로 기준으로 하므로 보통사람이면 공포심에 빠지지 않을 정도의 강박행위라 하더라도 표의자가 공포심에 빠졌다면 강박을 이유로 취소할 수 있다.

> **판례**

고소 · 고발의 위법성

일반적으로 부정행위에 대한 고소, 고발은 그것이 <u>부정한 이익을 목적으로 하는 것이 아닌 때에는 정당한 권리행사가 되어</u> 위법하다고 할 수 없으나, <u>부정한 이익의 취득을 목적으로 하는 경우</u>에는 위법한 강박행위가 되는 경우가 있고 <u>목적이 정당하다 하더라도 행위나 수단 등이 부당한 때</u>에는 위법성이 있는 경우가 있을 수 있다(대판 92다25120).

3. 효 과

(1) 상대방의 사기, 강박에 의한 경우

원칙	사기나 강박으로 인한 의사표시는 취소할 수 있다. 다만, 선의의 제3자에 대항하지 못한다.
예외	강박으로 의사결정의 자유가 완전히 박탈된 경우에는 무효가 된다.

(2) 제3자의 사기, 강박에 의한 경우

① **제3자의 범위**: 상대방의 대리인 등은 상대방과 동일시 할 수 있으므로 제3자에 해당하지 않으나(대판 98다60828), 단순히 상대방의 피용자이거나 상대방이 사용자책임을 져야 할 관계에 있는 피용자에 지나지 않는 자는 상대방과 동일시할 수 없으므로 제3자에 해당한다(대판 96다41496).

② **취소권의 행사**

상대방 있는 의사표시	상대방이 그 사실을 알았거나 알 수 있었을 때 한하여 취소할 수 있다.
상대방 없는 의사표시	상대방을 보호할 필요가 없으므로 제척기간 내에서 언제든지 취소할 수 있다.

4. 적용범위

① 재산상의 법률행위에 적용되고, 가족법상의 행위나 공법행위, 소송행위에는 적용되지 않는다.

② 소송행위가 강박에 의하여 이루어진 것임을 이유로 취소할 수는 없다(대판 96다35484).

5. 다른 제도와의 관계

(1) 착오에 의한 취소

착오로 인한 취소와 사기나 강박으로 인한 취소는 경합하므로 각 요건을 입증하여 선택적으로 주장할 수 있다(대판 2001다33000).

(2) 하자담보책임

사기나 강박으로 인하여 하자 있는 물건을 매수한 경우, 사기나 강박을 이유로 취소할 수도 있고, 하자담보책임을 물을 수도 있다.

(3) 불법행위

① **상대방 사기**: 법률행위가 사기에 의한 것으로서 취소되는 경우에 그 법률행위가 동시에 불법행위를 구성하는 때에는 취소의 효과로 생기는 부당이득반환청구권과 불법행위로 인한 손해배상청구권은 경합하여 병존하는 것이므로, 채권자는 어느 것이라도 선택하여 행사할 수 있지만 중첩적으로 행사할 수는 없다(대판 92다56087).

② **제3자 사기**: 제3자의 사기행위로 인하여 피해자가 주택건설사와 사이에 주택에 관한 분양계약을 체결하였다고 하더라도 제3자의 사기행위 자체가 불법행위를 구성하는 이상, 제3자로서는 그 불법행위로 인하여 피해자가 입은 손해를 배상할 책임을 부담하는 것이므로, 피해자가 제3자를 상대로 손해배상청구를 하기 위하여 반드시 그 분양계약을 취소할 필요는 없다(대판 97다55829).

6 효력발생시기

1. 서 설

① 의사표시는 의사의 표명, 발신, 상대방에 도달, 요지(了知)의 4단계로 구성된다. '요지'란 의사표시의 내용을 안 것을 의미한다.

② 상대방 없는 의사표시는 의사를 표명한 때 효력이 발생한다. 상대방 있는 의사표시는 언제 효력을 발생하는지와 관련하여 표백주의, 발신주의, 도달주의, 요지주의로 나뉜다.

③ 민법은 도달주의를 원칙으로 하고, 예외적으로 발신주의를 채택하고 있다.

2. 도달주의(원칙)

> 제111조 【의사표시의 효력발생시기】 ① 상대방이 있는 의사표시는 상대방에게 도달한 때에 그 효력이 생긴다.
> ② 의사표시자가 그 통지를 발송한 후 사망하거나 제한능력자가 되어도 의사표시의 효력에 영향을 미치지 아니한다.

(1) 도달의 의의

사회통념상 상대방이 통지의 내용을 알 수 있는 객관적 상태에 놓여 있는 경우를 의미하고, 상대방이 이를 현실적으로 수령하였거나 그 통지의 내용을 알았을 것까지는 필요하지 않다(대판 97다31281).

판례

① **수령거절**: 상대방이 정당한 사유 없이 통지의 수령을 거절한 경우라 하더라도 상대방이 그 통지의 내용을 알 수 있는 객관적 상태에 놓여 있는 때에 의사표시의 효력이 생긴다(2008다19973).
② **우편발송**: 내용증명 우편물이 발송되고 달리 반송되지 아니하였다면 특별한 사정이 없는 한 이는 그 무렵에 송달되었다고 봄이 상당하다(대판 79다1498). 그러나 내용증명우편이나 등기우편과는 달리, 보통우편의 방법으로 발송되었다는 사실만으로는 그 우편물이 상당기간 내에 도달하였다고 추정할 수 없고 송달의 효력을 주장하는 측에서 증거에 의하여 도달사실을 입증하여야 한다(대판 2000다25002).
③ **우편함 투입**: 우편물이 수취인 가구의 우편함에 투입되었다는 사실만으로 수취인이 그 우편물을 실제로 수취하였다고 추단할 수는 없다(대판 2005다66411).
④ **신원불명자 송달**: 채권양도통지서가 채무자의 주소나 사무소가 아닌 동업자의 사무소에서 그 신원이 분명치 않은 자에게 송달된 경우에는 사회관념상 채무자가 통지의 내용을 알 수 있는 객관적 상태에 놓여졌다고 인정할 수 없다(대판 97다31281).

(2) 도달의 효과

① **사정변경**: 의사표시자가 그 통지를 발송한 후 사망하거나 제한능력자가 되어도 의사표시의 효력에 영향을 미치지 않으므로(제111조 제2항) 그 법정대리인이 통지 사실을 알기 전이라 하더라도 의사표시는 효력이 있다.
② **철회**: 의사표시는 도달하면 효력이 발생하므로 도달하기 전에는 철회할 수 있다.
③ **연착 등**: 의사표시가 연착되거나 도달하지 않은 경우의 불이익은 표의자가 부담한다.

3. 발신주의(예외)

① 격지자 간의 계약성립시기(제531조), ② 무권대리인의 상대방의 최고에 대한 본인의 확답(제131조), ③ 제한능력자의 상대방의 최고에 대한 법정대리인의 확답(제15조), ④ 사원총회의 소집(제71조), ⑤ 채무인수 승낙여부 최고에 대한 채권자 확답(제455조 제2항) 등에 관하여 예외적으로 발신주의를 취하고 있다.

4. 공시송달

표의자가 과실없이 상대방을 알지 못하거나 상대방의 소재를 알지 못하는 경우에는 의사표시는 민사소송법 공시송달의 규정에 의하여 송달할 수 있다(제113조).

보충 민사소송법상 공시송달

공시송달은 법원사무관등이 송달할 서류를 보관하고 그 사유를 법원게시판에 게시하거나, 그 밖에 대법원규칙이 정하는 방법에 따라서 하여야 한다(민소법 제195조).

5. 수령능력

원 칙	① 의사표시의 상대방이 의사표시를 받은 때에 제한능력자인 경우에는 의사표시자는 그 의사표시로써 대항할 수 없다(제112조 본문). ② 제한능력자를 보호하기 위한 것이므로 제한능력자가 주장하는 것은 가능하다.
예 외	제한능력자인 상대방의 법정대리인이 의사표시가 도달한 사실을 안 후에는 의사표시의 도달을 주장할 수 있다(제112조 단서). 다만 도달시로 소급하지 않는다.

Chapter 04 대리

1 서 설

1. 대리의 의의

타인이 본인을 대신하여 의사표시를 하거나 수령하여 본인에게 법률효과를 귀속시키는 행위를 말한다. 사적 자치를 확장(임의대리) 또는 보충(법정대리)하는 기능을 한다.

2. 적용범위

적용 ○	대리는 의사표시를 대리하는 것이므로 법률행위에 적용되는 것이나, 준법률행위 중에서 의사의 통지나 관념의 통지에 대해서는 대리규정이 유추적용될 수 있다(대판 95다40977).
적용 ×	사실행위, 신분행위, 불법행위에 대해서는 적용되지 않는다.

3. 대리의 종류

(1) **발생원인에 따른 분류**

① '임의대리'는 본인의 수권행위에 의하여 대리권이 발생하고, ② '법정대리'는 법률규정에 의하여 대리권이 발생한다.

(2) **의사표시의 주체에 따른 분류**

① '능동대리'는 본인을 위하여 대리인이 제3자에게 의사표시를 하는 대리이고, ② '수동대리'는 본인을 위하여 제3자의 의사표시를 수령하는 대리이다.

(3) **대리권 존재유무에 따른 분류**

① '유권대리'는 대리권이 있는 대리이고, ② '무권대리'는 대리권이 없는 대리이다. 무권대리는 다시 협의의 무권대리와 표현대리가 있다.

4. 대리의 3면 관계

대리는 ① 본인과 대리인의 관계(대리권) ② 대리인과 제3자의 관계(대리행위) ③ 본인과 제3자의 관계(대리의 효과)로 나뉜다.

2 대리권

1. 대리권의 의의

타인을 위하여 의사를 표시하거나 수령하여 타인에게 법률효과를 귀속시킬 수 있는 자격 또는 권한을 의미한다.

2. 발생

(1) 임의대리

① 본인의 수권행위에 의하여 대리권이 발생한다. 수권행위는 상대방 있는 단독행위이다(통설).

② 수권행위는 보통 위임, 고용, 도급과 같은 원인된 법률관계를 기초로 하는 것이나 서로 구별되는 개념이다.

③ 수권행위는 불요식의 행위로서 명시적인 의사표시에 의함이 없이 묵시적인 의사표시에 의하여 할 수도 있다(대판 2016다203315).

(2) 법정대리

법률의 규정에 의하여 대리권이 발생한다. ① 신분상의 지위에서 발생하는 경우(친권자, 부부의 일상가사대리권 등) ② 본인 이외의 지정권자의 지정으로 발생하는 경우(지정후견인, 지정유언집행자 등) ③ 법원의 선임에 의해 발생하는 경우(부재자 재산관리인, 상속재산관리인, 미성년후견인, 한정후견인, 성년후견인 등)가 있다.

3. 범위

(1) 임의대리

① **수권행위로 정한 경우**: 어느 행위가 대리권 범위 내의 행위인지 여부는 개별적인 수권행위의 내용이나 그 해석에 의하여 판단하여야 할 것이다(대판 97다23372).

판례) 수권행위에 포함되는지 여부

포함 ○	포함 ×
⊙ 매매계약을 체결할 대리권에 중도금, 잔금 수령권한 ⓒ 매매계약의 체결과 이행에 관한 포괄적 대리권에 매매대금의 지급기일을 연기하여 줄 권한	⊙ 금전소비대차 내지 그를 위한 담보권 설정계약 체결할 권한에 해제권 ⓒ 부동산을 매수할 권한에 처분할 권한 ⓒ 대여금 영수권한에 채무면제권한 ② 경매입찰 또는 그에 부수된 권한에 채권자의 강제경매신청취하에 동의할 권한

② 수권행위로 정하지 않은 경우

보존행위	⊙ 재산의 가치를 현상 그대로 유지하는 행위로서 무제한 허용된다. ⓒ 가옥의 수선, 소멸시효의 중단, 부패성 물건의 처분, 채권추심, 미등기부동산에 관한 보존등기, 기한이 도래한 금전채무의 변제 등이 있다.
이용 또는 개량행위	⊙ 재산의 수익을 올리거나(이용), 사용가치나 교환가치를 증가시키는 행위는(개량) 물건이나 권리의 성질이 변하지 않는 범위 내에서만 할 수 있다. ⓒ 건물의 임대, 무이자부 소비대차를 이자부 소비대차로 바꾸는 것은 가능하나, 예금을 주식이나 사채로 바꾸는 것은 본인에게 이익이 되는지 여부를 불문하고 허용되지 않는다.
처분행위	부동산의 양도, 저당권의 설정과 같은 처분행위는 절대로 허용되지 않는다.

(2) 법정대리

대리권 범위는 법률규정에 의하여 정해진다.

4. 제 한

(1) 자기계약과 쌍방대리

> 제124조【자기계약, 쌍방대리】 대리인은 본인의 허락이 없으면 본인을 위하여 자기와 법률행위를 하거나 동일한 법률행위에 관하여 당사자 쌍방을 대리하지 못한다. 그러나 채무의 이행은 할 수 있다.

① 의 의

자기계약	본인을 대리하면서 대리인 자신이 거래의 상대방이 되는 것이다.
쌍방대리	본인을 대리하면서 거래 상대방도 아울러 대리하는 것이다.

② 허용성

원 칙	본인의 이익을 침해할 우려가 있으므로 허용되지 않는다.
예 외	⊙ 본인의 허락이 있거나 다툼이 없는 채무의 이행은 가능하다. 따라서 다툼이 있는 채무, 기한 미도래 채무, 항변권이 붙은 채무의 변제, 대물변제, 경개 등은 허용될 수 없다. ⓒ 본인의 허락이 없는 자기계약이라도 본인이 추인하면 유효한 대리행위로 될 수 있다.

(2) 공동대리

원 칙	대리인이 수인인 때에는 각자가 본인을 대리한다(제119조).
예 외	① 법률 또는 수권행위에 다른 정한 바가 있는 때에는 그러하지 아니하다(제119조). ② 공동대리의 제한이 있는 경우, '공동'이란 의사결정을 공동으로 하는 것이지, 의사표시를 공동으로 하여야 하는 것이 아니다. ③ 공동대리의 제한이 있더라도 수동대리는 각자가 할 수 있다.

5. 소 멸

공통사유	① 본인의 사망, ② 대리인의 사망·성년후견개시·파산이다. (한정후견개시 제외)
임의대리	① 원인된 법률관계의 종료 ② 종료 전이라도 수권행위를 철회하면 소멸한다.

③ 대리행위

1. 방 식

(1) 현명(顯名)주의(제114조)

능동대리	대리인이 대리행위를 할 때 본인을 위한 것임을 표시하는 것을 말한다. '본인을 위한 것'이란 본인에게 법률효과를 귀속시키려는 것이고, 본인의 이익을 위한 것이 아니다.
수동대리	상대방이 대리인에게 본인을 위한 것임을 표시하여야 한다.

(2) 현명의 방식

특별한 제한이 없으므로 서면이나 말로 할 수 있고, 명시적 또는 묵시적으로도 할 수 있다. 보통 '甲의 대리인 乙'이라고 기재하지만, 주위사정으로 대리의사가 인정되면 현명행위로 인정될 수 있다.

> **판 례**
>
> **현명행위로 인정되는 경우**
> ① 본인명의: 대리인이 매매계약서에 <u>본인 이름을 기재하고 본인의 인장을 날인한 경우</u>(대판 63다67), 대리관계를 표시함이 없이 <u>마치 자신이 본인인 양 행세하였다 하더라도 대리인이 그의 권한범위 안에서 한 경우</u>(대판 86다카1411)에는 유효한 현명행위가 될 수 있다.
> ② 대리인 명의: 매매계약서에 대리관계의 표시없이 <u>그 자신의 이름을 기재하였다고 하더라도 매매위임장을 제시하고 매매계약을 체결하는 자</u>는 특단의 사정이 없는 한 소유자를 대리하여 한 것으로 볼 수 있다(대판 81다1349).

(3) 현명하지 않은 경우의 효과(제115조)

원칙	대리인이 본인을 위한 것임을 표시하지 아니한 때에는 그 의사표시는 자기를 위한 것으로 본다.
예외	상대방이 대리인으로서 한 것임을 알았거나 알 수 있었을 때에는 본인에게 효력이 생긴다.

(4) 현명주의가 적용되지 않는 경우

일상가사 대리와 상행위 대리는 현명하지 않더라도 본인에게 효과가 귀속될 수 있다.

2. 대리인의 능력

(1) 대리인은 행위능력자임을 요하지 아니한다(제117조). 그러나 의사표시를 대신하는 것이므로 의사능력은 필요하다.

(2) 본인은 대리인이 제한능력자임을 이유로 계약을 취소할 수 없다. 다만 제한능력자와 본인과의 내부적인 법률관계는 제한능력을 이유로 취소할 수 있다.

3. 대리행위의 하자

(1) 판단기준

원칙	의사표시의 효력이 의사의 흠결, 사기, 강박 또는 어느 사정을 알았거나 과실로 알지 못한 것으로 인하여 영향을 받을 경우에 그 사실의 유무는 대리인을 표준하여 결정한다(제116조 제1항).
예외	특정한 법률행위를 위임한 경우에 대리인이 본인의 지시에 좇아 그 행위를 한 때에는 본인은 자기가 안 사정 또는 과실로 인하여 알지 못한 사정에 관하여 대리인의 부지를 주장하지 못한다(제116조 제1항).

(2) 구체적 검토

① 상대방의 기망

상대방이 본인을 기망하여 계약을 체결한 경우에도 대리인이 기망상태가 아니라면 계약을 취소할 수 없다.

② 대리인의 기망

대리인이 상대방을 기망하여 계약을 체결한 경우, 상대방은 본인이 그 기망행위를 알지 못한 경우에도 사기를 이유로 계약을 취소할 수 있다.

③ **대리인의 적극가담**

대리인이 본인을 대리하여 매매계약을 체결하면서 매도인의 배임행위에 적극가담하였다면, 본인이 선의라 하더라도 반사회질서행위로서 무효이다(대판 97다45532).

④ **불공정거래행위**

계약이 불공정한 법률행위인지가 문제된 경우, 경솔, 무경험은 대리인을 기준으로 하지만, 궁박 상태의 여부는 본인을 기준으로 판단한다(대판 2002다38927).

4. 대리권의 남용

원 칙	대리인이 자기 또는 제3자의 이익을 위하여 대리권 범위 내에서 대리행위를 한 것이라 하더라도 유효하다.
예 외	비진의표시에 관한 단서규정을 유추적용하여 상대방이 대리권 남용을 알았거나 알 수 있었을 경우에는 본인에게 효력이 없다(대판 94다29850).

4 대리행위의 효력

(1) 본인에게 귀속

대리인이 그 권한 내에서 본인을 위한 것임을 표시한 의사표시는 직접 본인에게 대하여 효력이 생긴다(제114조). 본인은 계약을 취소하거나 해제할 수 있고, 상대방이 채무불이행을 이유로 계약을 해제한 경우에 원상회복의무와 그로 인한 손해배상책임을 부담한다.

(2) 본인의 능력

본인에게 법률효과가 귀속되므로 권리능력은 있어야 하지만, 스스로 의사표시를 하는 것은 아니므로 행위능력과 의사능력은 필요 없다.

(3) 입증책임

대리권의 존재는 대리행위의 유효를 주장하는 상대방이 입증하여야 한다. 다만 상대방에게 소유권이전등기가 되어 있는 경우에는 적법한 권리자로 추정되므로 본인이 대리권의 부존재를 입증하여야 한다.

5 복대리

(1) 의 의

복대리인은 대리인 자신의 이름으로 선임하는 본인의 대리인이다. 복대리인도 대리인이므로 법률행위를 대리하는 것이고 사실행위를 대신하는 사자(使者)와 다르다. 사자에 대해서는 복대리에 관한 규정이 적용되지 않는다.

(2) 복임권

임의대리	원 칙	신임관계를 기초로 하므로 복대리인을 선임할 수 없다.
	예 외	본인의 승낙이 있거나 부득이한 사유가 있는 경우에는 복대리인을 선임할 수 있다(제120조).
법정대리		법률규정에 의하여 당연히 대리관계가 발생한 것이므로 자유롭게 복대리인을 선임할 수 있다.

> **판례**
>
> **묵시적 승낙**
> 매매계약과 같이 법률행위의 성질상 대리인 자신에 의한 처리가 필요하지 아니한 경우에는 본인이 명시적으로 금지하지 않는 한 복대리인의 선임에 관하여 묵시적인 승낙이 있는 것으로 본다(대판 94다30690).

(3) 책 임

구 분	임의대리	법정대리
원 칙	선임·감독상의 과실책임	무과실 책임
예 외	본인의 지명에 의하여 선임한 경우에는 그 부적임 또는 불성실함을 알고 본인에게 대한 통지나 그 해임을 태만히 한 때만 책임	부득이한 사유로 선임한 경우에는 선임·감독상의 과실책임

(4) 복대리인의 지위

① 복대리인은 그 권한 내에서 본인을 대리하는 본인의 대리인이고, 대리인의 대리인이 아니다.

② 복대리인은 본인이나 제3자에 대하여 대리인과 동일한 권리의무가 있다.

③ 복대리인은 언제나 임의대리인이므로 본인의 승낙이 있거나 부득이한 사유가 있으면 복대리인을 선임할 수 있다.

(5) 소 멸

① 대리권의 소멸사유에 해당하는 경우, ② 대리권이 소멸하는 경우 복대리권도 소멸한다. 다만 복대리인을 선임한 경우에도 대리권이 바로 소멸하는 것은 아니다.

6 협의의 무권대리

1. 의 의

무권대리란 본인을 위한 것임을 표시하였으나 대리권이 없는 경우를 말한다. ① 본인에 대해서 효력을 발생하지 않는 '협의의 무권대리' ② 일정한 요건 하에 본인에게 책임을 지우는 '표현대리'가 있다.

2. 본인과 상대방의 관계

(1) 본인의 추인권

① **의의**: 무권대리행위를 본인이 확정적으로 유효로 만드는 행위이다. 상대방이 철회권을 행사하기 전에 가능한 것으로 해석된다.

② **성질**: 상대방 있는 단독행위이다. 일부 추인이나 그 내용을 변경하여 추인하는 것은 상대방의 동의가 없는 한 무효이다(대판 81다카549).

③ **상대방**: 무권대리인, 상대방 및 그 전득자에 대하여 할 수 있다(대판 80다2314). 다만 무권대리인에게 추인한 경우, 상대방이 추인의 사실을 모르고 있는 경우에는 상대방에게 대항할 수 없다(제132조).

④ **방법**: 특별한 방식이 요구되는 것이 아니므로 명시적 또는 묵시적인 방법으로도 할 수 있다(대판 80다2314).

판례) 추인여부

해당 ○	해당 ×
㉠ 무권대리행위를 알고서 본인이 상대방에게 의무이행 의사를 적극적으로 표명한 경우(대판 2013다61398). ㉡ 본인이 매매대금의 전부 또는 일부를 받은 경우(대판 63다64) ㉢ 채권자가 본인에게 변제를 독촉하자 그 유예를 요청한 경우(대판 72다2309)	㉠ 무권대리행위 직후에 이의제기 없이 장시간 방치한 경우(대판 88다카181). ㉡ 침해사실을 알고도 장기간 형사고소나 민사소송을 제기하지 않은 경우(대판 67다2294).

⑤ **효과**

원칙	㉠ 다른 의사표시가 없는 한 계약시에 소급하여 그 효력이 생긴다. 그러나 무권대리가 유권대리가 되는 것은 아니다. ㉡ 소급효에 관한 규정은 특약으로 배제할 수 있다.
예외	제3자의 선악을 불문하고 대항력 있는 권리를 취득한 제3자에 대항하지 못한다.

⑥ **무권리자 행위**: 타인의 권리를 자기의 이름으로 또는 자기의 권리로 처분한 경우, 무권대리의 추인규정을 유추적용한다(대판 79다2151).

(2) 본인의 거절권

① **의의**: 본인이 무권대리행위를 확정적으로 무효로 만드는 행위이다. 거절의 상대방은 추인의 상대방과 같다.

② **상속**: 무권대리인이 본인을 상속한 경우, 본인의 지위에서 추인을 거절하는 것은 신의칙에 반하는 것이므로 허용될 수 없으나, 본인이 무권대리인을 상속한 경우에는 추인하거나 거절할 수 있다.

(3) 상대방의 최고권

① **의의**: 상대방이 본인에게 추인여부를 묻는 행위이다. 상대방이 계약당시 대리권 없음을 알았더라도 가능하다.

② **효과**: 상대방은 상당한 기간을 정하여 본인에게 그 추인여부의 확답을 최고할 수 있고, 본인이 그 기간 내에 확답을 발하지 아니한 때에는 추인을 거절한 것으로 본다(제131조).

(4) 상대방의 철회권

① **의의**: 상대방이 계약을 확정적으로 무효로 할 수 있는 권리이다.

② **요건**: 본인이 추인하기 전이어야 하고, 상대방이 계약당시 대리권 없음을 몰랐던 경우에만 가능하다. 상대방이 알고 있었다는 사실은 본인이 입증하여야 한다(대판 2017다213838).

3. 무권대리인과 상대방의 관계

원칙	① 무권대리인이 무권대리행위에 대해서 그 대리권을 증명하지 못하고 또 본인의 추인을 받지 못한 경우에는 그는 상대방의 선택에 따라 계약을 이행할 책임 또는 손해를 배상할 책임이 있다(제135조 제1항). ② 무과실 책임이므로 무권대리행위가 제3자의 기망이나 문서위조 등 위법행위로 야기되었다고 하더라도 책임은 부정되지 아니한다(대판 2013다213038).
예외	① 상대방이 대리권 없다는 사실을 알았거나 알 수 있었을 때 또는 대리인으로서 계약을 맺은 사람이 제한능력자일 때에는 책임을 지지 않는다(제135조 제2항). ② 상대방이 대리권이 없음을 알았다는 사실 또는 알 수 있었는데도 알지 못하였다는 사실에 관한 주장·증명책임은 무권대리인에게 있다(대판 2018다210775).

4. 본인과 무권대리인의 관계

본인이 추인하기 전에는 아무런 법률관계가 성립하지 않는다.

5. 단독행위의 무권대리

상대방 ○	행위당시에 상대방이 대리인이라 칭하는 자의 대리권 없는 행위에 동의하거나 그 대리권을 다투지 아니한 때(능동대리), 대리권 없는 자에 대하여 그 동의를 얻어 단독행위를 한 때(수동대리)에는 계약의 무권대리와 동일하게 다루어진다(제136조).
상대방 ×	상대방을 보호할 필요가 없으므로 언제나 무효이다.

7 표현대리

1. 의 의

대리권이 있는 것 같은 외관을 형성한 데 본인이 원인을 제공한 경우, 무권대리인 행위에 대하여 본인의 책임을 인정하는 대리를 말한다. ① 대리권 수여표시에 의한 표현대리(제125조), 권한을 넘은 표현대리(제126조), ③ 권한 소멸 후의 표현대리(제129조)가 있다.

2. 법적 성질

(1) 무권대리

표현대리가 성립하더라도 여전히 무권대리이므로 유권대리의 주장 속에 표현대리의 주장은 포함되지 않으며(대판 83다카1498), 본인의 추인권이나 상대방의 최고권, 철회권이 인정된다. 그러나 표현대리가 성립하면 본인이 책임을 지므로 본인이 추인하는 것은 무의미하고, 상대방이 철회하면 본인은 추인할 수 없게 된다.

(2) 주장자

표현대리는 상대방을 보호하기 위한 제도이므로 표현대리의 성립은 계약의 상대방만 주장할 수 있다.

3. 공통요건

(1) 현명할 것

본인을 위한 것임을 표시하여야 한다. 대리인이 자신의 명의로 한 행위는 표현대리가 성립할 수 없다(대판 72다1530).

(2) 대리행위가 유효할 것

① 강행법규에 위반되어 무효인 투자수익보장 약정(대판 94다38199), ② 이사회의 심의·결정 없는 학교법인의 기본재산 처분행위(대판 83다548), ③ 토지거래허가구역 내에서 토지거래허가를 받지 못한 경우에는 표현대리를 주장할 여지가 없다.

(3) 상대방이 선의이고 무과실일 것

상대방이 대리인에게 대리권이 없다는 사실을 알지 못하고, 알지 못한 것에 과실이 없어야 한다. 입증책임은 본인에게 있다(통설).

4. 공통효과

(1) 본인책임

표현대리가 성립하면 본인이 무권대리 행위에 대한 책임을 져야 한다. 무권대리인의 책임은 부정하는 것이 다수설이다.

(2) 과실상계

표현대리행위가 성립하는 경우에 상대방에게 과실이 있다고 하더라도 과실상계의 법리를 유추적용하여 본인의 책임을 경감할 수 없다(대판 95다49554).

5. 표현대리의 유형에 따른 요건

(1) 대리권 수여표시에 의한 표현대리

> 제125조 【대리권 수여의 표시에 의한 표현대리】 제3자에 대하여 타인에게 대리권을 수여함을 표시한 자는 그 대리권의 범위 내에서 행한 그 타인과 그 제3자간의 법률행위에 대하여 책임이 있다. 그러나 제3자가 대리권 없음을 알았거나 알 수 있었을 때에는 그러하지 아니하다.

① **대리권 수여표시가 있을 것**: 수권행위가 있었다는 사실을 알려주는 관념의 통지로서, 표시방법에는 제한이 없으며, 특정인뿐만 아니라 불특정 다수인에 대해서도 가능하다. 수권행위를 하여야 하므로 임의대리에만 가능하다.

> **판례**
>
> **수여 표시의 인정여부**
> 반드시 대리권 또는 대리인이라는 말을 사용하여야 하는 것이 아니라 사회통념상 대리권을 추단할 수 있는 직함이나 명칭 등의 사용을 승낙 또는 묵인한 경우에도 대리권 수여의 표시가 있는 것으로 볼 수 있다(대판 97다53762).

② **대리권 범위 내의 행위일 것**: 대리권의 범위를 초과하면 권한을 넘은 표현대리가 성립한다.

③ **통지를 받은 상대방과의 대리행위일 것**: 통지 받은 상대방 이외의 자와 대리행위를 하면 성립하지 않는다.

(2) 권한을 넘은 표현대리

> 제126조 【권한을 넘은 표현대리】 대리인이 그 권한 외의 법률행위를 한 경우에 제3자가 그 권한이 있다고 믿을 만한 정당한 이유가 있는 때에는 본인은 그 행위에 대하여 책임이 있다.

① **기본대리권이 존재할 것**: 기본대리권은 표현대리 행위와 반드시 동종이거나 유사할 필요는 없다. 임의대리와 법정대리 모두에 적용된다.

> **보충** 기본대리권의 인정여부

인정 ○	인정 ×
㉠ 임의대리인이 임의로 선임한 복대리인	㉠ 특정한 거래행위에 대해서 인장을 교부한 것이 아니라 인감증명서만 교부
㉡ 일상가사대리권 같은 법정대리권	㉡ 교회대표자가 교회재산을 처분한 경우
㉢ 공법행위인 등기신청행위의 대리권	

> **판례**
>
> **과거의 대리권**
>
> 과거에 이미 가졌던 대리권을 넘은 경우는 성립하지 않는다(대판 72다1631). 다만 과거에 가졌던 대리권이 소멸되어 민법 제129조에 의하여 표현대리로 인정되는 경우에 그 표현대리의 권한을 넘는 대리행위가 있을 때에는 민법 제126조에 의한 표현대리가 성립할 수 있다(대판 2007다74713).

② **권한을 넘은 대리행위일 것**: 담보권설정의 대리권을 수여받았으나 매매계약을 체결한 경우이다. 그러나 담보권설정의 대리권을 수여받은 자가 그 부동산을 자신의 명의로 소유권이전등기를 한 후 제3자에게 다시 소유권이전등기를 경료한 경우(대판 91다3208), 현명하지 않고 본인인 것처럼 기망하여 본인 명의로 법률행위를 한 경우는 표현대리가 성립할 수 없다(대판 2001다49814).

③ **제3자에게 정당한 이유가 존재할 것**: '제3자'는 대리행위의 직접 상대방만 포함되고(대판 93다21521), '정당한 이유'란 선의, 무과실을 의미한다. 정당한 이유의 존부는 대리행위 당시에 존재하는 제반 사정을 객관적으로 관찰하여 판단하여야 하고, 매매계약 성립 이후의 사정은 고려할 것이 아니다(대판 97다3828).

> **보충** 사실행위
>
> 증권회사로부터 위임받은 고객의 유치, 투자상담 및 권유, 위탁매매약정실적의 제고 등의 업무는 사실행위에 불과하므로 권한초과의 표현대리가 성립할 수 없으나(대판 91다32190), 사실행위를 위한 사자라 하더라도 외견상 그에게 어떠한 권한이 있는 것의 표시 내지 행동이 있어 상대방이 그를 믿었고 또 그를 믿음에 있어 정당한 사유가 있다면 표현대리가 성립할 수 있다(대판 4294민상192).

(3) 대리권 소멸 후의 표현대리

> **제129조【대리권 소멸 후의 표현대리】** 대리권의 소멸은 선의의 제3자에게 대항하지 못한다. 그러나 제3자가 과실로 인하여 그 사실을 알지 못한 때에는 그러하지 아니하다.

① **대리행위 당시 대리권이 소멸할 것**: 처음부터 기본적인 대리권이 없었던 경우에는 성립할 여지가 없으나(대판 84다카780), 대리권이 소멸된 후 선임한 복대리인의 경우에는 성립할 수 있다(대판 97다55317). 임의대리와 법정대리 모두에 적용된다.

② **기존의 대리권 범위 내의 행위일 것**: 기존의 대리권한을 넘은 경우에는 권한을 넘은 표현대리가 성립할 수 있다(대판 2007다74713).

Chapter 05 법률행위의 무효와 취소

1 법률행위의 무효

1. 의 의

무효란 법률행위가 성립하였으나, 성립할 당시부터 효력을 발생하지 않는 것을 말한다. 법률행위가 성립요건을 갖추지 못한 경우에는 불성립의 문제가 되고, 무효의 법리는 적용될 수 없다.

2. 효 과

원 칙	① 이행 전에는 이행할 필요가 없고, 이행 후에는 부당이득 반환을 청구할 수 있다. ② 무효인 법률행위에 따른 법률효과를 침해하는 것처럼 보이는 위법행위나 채무불이행이 있다고 하여도 법률효과의 침해에 따른 손해는 없는 것이므로 그 손해배상을 청구할 수는 없다(대판 2002다72125).
예 외	① 반사회질서행위로서 무효가 되는 경우에는 불법원인급여에 해당하므로 그 반환을 청구할 수 없다(제746조). ② 다만 폭리행위에 해당하면 반환을 청구할 수 있다(제746조 단서).

3. 종 류

(1) 제3자에 대한 효과에 따른 분류

절대적 무효	① 당사자 사이와 제3자와의 관계에서 모두 무효인 것을 말한다. ② 강행법규를 위반한 행위, 반사회질서행위, 불공정거래행위, 의사무능력자의 행위, 원시적 불능인 행위 등이다.
상대적 무효	① 당사자 사이에서는 무효이나, 선의의 제3자에게 대항할 수 없는 것이다. ② 비진의표시가 무효가 되는 경우, 통정허위표시 등이다.

(2) 무효의 범위에 따른 분류

전부무효		법률행위 전부가 무효인 것이다. 무효는 전부무효가 원칙이다. 불법한 조건이 붙은 법률행위는 전부무효이다.
일부무효	원 칙	법률행위의 일부분이 무효인 때에는 그 전부를 무효로 한다.
	예 외	① 법률행위가 일체성을 갖추고 있고, ② 가분성이 있으며, ③ 나머지 부분을 유효로 하려는 당사자의 가정적 의사가 있을 때에는 유효가 된다(대판 2009다41465).

(3) 효과의 확정유무에 따른 분류

확정적 무효	① 법률행위를 할 때부터 무효인 것이다. 무효는 확정적 무효가 원칙이다. ② 통정 허위표시에 의한 법률행위는 확정적 무효에 해당한다.
불확정적 무효 (=유동적 무효)	① 법률행위의 성립당시에는 무효이나 추인 등으로 소급하여 유효가 되는 것이다. ② 무권대리행위, 무권리자의 행위, 토지거래허가를 받기 전 매매계약 등이다.

4. 무효행위의 추인

> 제139조 【무효행위의 추인】 무효인 법률행위는 추인하여도 그 효력이 생기지 아니한다. 그러나 당사자가 그 무효임을 알고 추인한 때에는 새로운 법률행위로 본다.

(1) 의 의

확정적으로 무효인 법률행위를 장래에 향하여 유효로 만드는 행위이다. 통정허위표시인 매매계약에 대해서 사후에 대금을 지급하면 그때부터 유효가 된다. 종전의 법률행위와 같은 내용이라는 점에서 다른 법률행위로 변경되는 '무효행위의 전환'과 구별된다.

(2) 요 건

① 확정적 무효일 것, ② 무효임을 알고 있을 것, ③ 무효원인이 소멸할 것을 요건으로 한다. 법률행위를 취소하면 확정적 무효가 되므로 추인이 허용될 수 있다. 그러나 강행법규 위반행위, 반사회질서행위, 불공정거래행위는 추인해도 유효가 될 수 없다.

(3) 방 법

제한이 없으므로 명시적 또는 묵시적인 방법으로 할 수 있으며, 서면 또는 말로도 할 수 있다.

(4) 효과

원칙	추인한 때부터 새로운 법률행위로 본다(장래효).
예외	① 신분행위나 소송행위에 대해서는 소급효를 인정하고 있다. ② 제3자의 권리를 침해하지 않는다면 소급효 약정도 가능하다. 따라서 무효인 가등기를 유효한 등기로 전용하는 약정은 허용되지 않는다(대판 91다26546).

5. 무효행위의 전환

(1) **의의**: 무효인 법률행위가 다른 법률행위로서 효력을 가지는 것이다.

(2) **요건**

객관적 요건	① 다른 법률행위의 요건을 갖추어야 한다. ② 다른 법률행위는 법률효과 면에서 원래의 법률행위보다 작은 것이어야 한다.
주관적 요건	① 당사자가 무효임을 알았더라면 다른 법률행위를 의욕하였을 것이라고 인정되어야 한다. 이러한 가정적 의사는 보충적 해석에 의한다. ② 판단은 전환시점이 아니라 행위시점을 기준으로 한다.

(3) **적용범위**: 반사회질서행위 전환될 수 없으나, 불공정거래행위는 폭리를 시정한 다른 법률행위로 전환할 수 있다.

6. 토지거래허가구역 내의 법률관계

(1) **의의**

부동산 투기를 방지하기 위하여 국토교통부장관 또는 시·도지사가 정한 토지거래허가구역에 있는 토지에 관한 소유권·지상권을 유상으로 이전하거나 설정하는 계약이나 예약을 하려는 당사자는 공동으로 시장·군수 또는 구청장의 허가를 받아야 하는 것을 말한다(부동산거래신고법 제11조 제1항).

(2) **허가를 받기 이전의 효과**

① **유동적 무효**: 허가를 받기 이전에는 물권적 효력 뿐만 아니라 채권적 효력도 없다. 다만 허가를 받으면 소급해서 확정적으로 유효가 되는 유동적 무효 상태에 있다.

② **계약상 효력**: 허가를 받기 전에는 이행청구권이나 이행의무가 발생하지 않으므로 각 당사자는 계약에 따른 채무의 이행을 청구할 수 없으며(대판 전합 90다12243), 채무불이행을 이유로 한 계약해제나 손해배상도 청구할 수 없다(대판 97다4357).

③ **계약금 지급**: 허가를 받기 이전에는 확정적 무효가 아니므로 부당이득 반환청구를 할 수 없다. 토지거래허가는 이행의 착수가 아니므로 허가를 받은 후에도 계약금계약에 따른 해제를 할 수 있다.
④ **중간생략등기**: 당사자들 사이에 중간생략등기의 합의가 있었다고 하더라도 적법한 토지거래허가 없이 경료된 등기로서 무효이다(대판 97다33218).
⑤ **협력의무**
  ㉠ 이행청구: 당사자는 서로 토지거래허가신청절차에 협력할 의무가 있으므로 소송을 통해서 협력의무의 이행을 구할 수 있다(대판 95다28236).
  ㉡ 손해배상: 협력의무를 이행하지 아니하고 매수인이 그 매매계약을 일방적으로 철회함으로써 매도인이 손해를 입은 경우, 매수인에게 손해배상을 청구할 수 있다(대판 93다26397). 매매계약을 체결할 때 상대방이 협력의무를 이행하지 않으면 일정한 손해액을 배상하기로 하는 약정도 유효하다(대판 97다36996).
  ㉢ 동시이행: 협력의무가 존재하더라도 계약상의 대금지급의무나 소유권이전등기의무와는 서로 동시이행의 관계가 아니다. 따라서 매매대금 이행제공이 없음을 이유로 토지거래허가 신청에 대한 협력의무의 이행을 거절하거나(대판 96다23825), 토지거래 허가를 조건으로 한 소유권이전등기절차의 이행을 청구할 수 없다.
  ㉣ 계약해제: 협력의무는 부수적 의무에 불과하므로 그 위반을 이유로 유동적 무효 상태에 있는 계약 자체를 해제할 수는 없다(대판 전합 98다40459).
  ㉤ 가처분

허용 ○	'허가 신청에 협력을 구할 수 있는 권리'를 피보전권리로 하는 처분금지가처분(대판 98다44376)이나 채권자대위권(대판 96다23825) 행사는 가능하다.
허용 ×	'매매계약에 기한 소유권이전등기청구권' 또는 '허가 받을 것을 조건으로 한 소유권이전등기청구권'을 피보전권리로 하는 처분금지가처분은 허용되지 않는다(대판 2010마818).

(3) 확정적 유효가 되는 경우

① 허가를 받은 경우, ② 매매계약 체결 후 허가를 받기 전에 허가구역이 해제된 경우, ③ 허가 받기 전 지정기간이 만료되고 재지정이 없는 경우 등은 계약이 확정적으로 유효가 된다.

(4) 확정적 무효가 되는 경우

① 처음부터 허가를 배제하거나 잠탈할 목적으로 계약이 체결된 경우, ② 관할관청의 불허가처분이 확정된 경우, ③ 당사자 일방 또는 쌍방이 허가신청협력의무 이행거절을 명백히 표시한 경우, ④ 허가 받기 전 정지조건의 불성취가 확정된 경우 등에는 확정적으로 무효가 된다.

> **판례**
>
> ① 무효주장: 거래계약이 확정적으로 무효가 된 경우에는 거래계약이 확정적으로 무효로 됨에 있어서 귀책사유가 있는 자라고 하더라도 그 계약의 무효를 주장할 수 있다(대판 97다4357).
> ② 보정명령: 토지거래허가신청이 불허가 된 경우라 하더라도 그 불허가의 취지가 미비된 요건의 보정을 명하는 데에 있고 그러한 흠결된 요건을 보정하는 것이 객관적으로 불가능하지도 아니한 경우라면 그 불허가로 인하여 거래계약이 확정적으로 무효가 되는 것은 아니다(대판 98다44376).
> ③ 약정기간 경과: 약정된 기간 내에 토지거래허가를 받지 못할 경우 계약해제 등의 절차 없이 곧바로 매매계약을 무효로 하기로 약정한 취지라는 등의 특별한 사정이 없는 한, 이를 쌍무계약에서 이행기를 정한 것과 달리 볼 것이 아니므로 위 약정기간이 경과하였다는 사정만으로 곧바로 매매계약이 확정적으로 무효가 된다고 할 수 없다(대판 2008다50615).
> ④ 가압류: 토지거래허가구역 내의 토지에 관하여 매매계약이 체결된 후 매도인이 매수인에게 채무불이행을 이유로 해약통지를 하자 매수인이 계약금 상당액을 청구금액으로 하여 위 토지에 대한 가압류를 경료한 경우, 위 매매계약은 가압류 당시 쌍방이 토지거래허가신청을 하지 않기로 하는 의사표시를 명백히 함으로써 확정적 무효가 되었다고 볼 여지가 있다(대판 99다72460).
> ⑤ 허가 전 경매: 토지거래허가구역 내 토지에 대하여 매매계약을 체결하였는데 거래허가가 나지 않은 상태에서 당해 토지가 경매절차에서 제3자에게 매각되어 소유권이전등기가 마쳐진 사안에서, 위 매매계약은 확정적으로 무효가 되어 매매대금 지급에 관련된 약정도 모두 무효이고, 매매계약과 관련하여 현실적으로 매매대금을 지급하지 않은 매수인은 매도인을 상대로 부당이득반환을 구할 수 없고, 다만 매매계약 체결 전 존재하는 채권채무관계가 있다면 기존 채권채무관계는 유효하게 존속한다(대판 2011다11009).

2 법률행위의 취소

1. 의 의

취소란 일단 유효하게 성립한 법률행위를 성립당시로 소급하여 소멸하게 하는 행위를 말한다.

2. 구별개념

해 제	계약에 한정하여 유효하게 성립한 계약을 법정해제권 또는 약정해제권에 기하여 소멸시키는 것이다.
철 회	법률행위의 효력이 발생하기 전에 저지하는 것이다.

3. 취소권자

(1) 취소할 수 있는 법률행위는 제한능력자, 착오로 인하거나 사기·강박에 의하여 의사표시를 한 자, 그의 대리인 또는 승계인만이 취소할 수 있다(제140조).

(2) 제한능력자도 단독으로 취소할 수 있다는 점에서 추인과 구별된다.

(3) 법정대리인은 당연히 취소권을 행사할 수 있으나, 임의대리인은 별도로 수권을 받아야 한다.

4. 취소의 상대방

(1) 취소할 수 있는 법률행위의 상대방이 확정한 경우에는 그 취소는 그 상대방에 대한 의사표시로 하여야 한다(제142조).

(2) 사기나 강박으로 인하여 자신의 부동산을 매도한 자는 거래의 상대방에 대하여 취소의 의사표시를 하여야 하고, 그 전득자에 대하여 할 수는 없다.

5. 취소권의 행사

(1) **방 식**

상대방 있는 단독행위이므로 상대방에 대한 의사표시로 하여야 하고, 특별한 방식은 없다. 따라서 법률행위의 취소를 당연한 전제로 한 소송상의 이행청구나 이를 전제로 한 이행거절 가운데는 취소의 의사표시가 포함되어 있다고 볼 수 있다(대판 93다13162).

(2) **일부취소**

명문의 규정이 없으나, 일부무효의 법리를 유추적용한다(대판 98다56607).

6. 취소의 효과

(1) 소급효
취소하면 불확정적으로 유효인 법률행위가 소급하여 확정적으로 무효가 된다. 그러나 어떤 법률행위를 한 당사자 쌍방이 각기 그 법률행위를 취소하는 의사표시를 하였으나 그 취소사유가 없는 경우에는 그 법률행위의 효력은 소멸하지 않는다(대판 93다58431).

(2) 부당이득반환
취소하면 이미 이행한 부분에 대해서 부당이득으로서 반환을 청구할 수 있다. 이 경우 부당이득반환의무는 동시이행관계이다(대판 2001다3764).

선의	선의의 수익자는 그 받은 이익이 현존한 한도에서 책임이 있다(제748조).
악의	① 악의의 수익자는 그 받은 이익에 이자를 붙여 반환하고 손해가 있으면 이를 배상하여야 한다(제748조). ② 제한능력자는 선악을 불문하고, 현존 이익 범위 내에서만 반환할 책임이 있다(제141조).

(3) 제3자 보호
제한능력자의 취소는 선의의 제3자에 대해서도 대항할 수 있으나, 착오나 사기·강박에 의한 취소는 선의의 제3자에 대항할 수 없다.

7. 취소권의 소멸

(1) (임의)추인

① **의의**: 취소할 수 있는 법률행위를 취소하지 않겠다는 취소권자의 의사표시를 말한다. 취소권의 포기를 의미하며, 형성권에 해당한다.

② **추인의 당사자**: 추인권자는 취소권자를 의미하고, 그 상대방은 취소의 상대방과 같다.

③ **요건**

원칙	㉠ 취소권의 존재를 알고 있을 것 ㉡ 취소의 원인이 소멸할 것을 요건으로 한다. 따라서 제한능력자는 능력자가 된 후, 기망을 당한 자는 기망에서 벗어난 경우에 할 수 있다.
예외	법정대리인이나 후견인은 취소의 원인이 소멸된 후가 아니라 하더라도 추인할 수 있다.

④ **효과**: 추인하면 불확정적으로 유효인 행위가 확정적으로 유효가 되므로 다시 취소할 수 없다.

(2) 법정추인

> **제145조【법정추인】** 취소할 수 있는 법률행위에 관하여 전조의 규정에 의하여 추인할 수 있는 후에 다음 각 호의 사유가 있으면 추인한 것으로 본다. 그러나 이의를 보류한 때에는 그러하지 아니하다.
> 1. 전부나 일부의 이행
> 2. 이행의 청구
> 3. 경개
> 4. 담보의 제공
> 5. 취소할 수 있는 행위로 취득한 권리의 전부나 일부의 양도
> 6. 강제집행

① **의의**: 취소할 수 있는 행위에 관하여 법률이 정한 사유가 존재하면 당연히 추인된 것으로 보는 것을 말한다. 취소권의 소멸에 해당한다.

② **요건**: ㉠ 법정추인사유에 해당할 것 ㉡ 취소의 원인이 소멸할 것 ㉢ 이의를 보류하지 않을 것을 요건으로 한다. 그러나 추인과 다르게 추인의사나 취소권의 존재를 알고 있어야 하는 것은 아니다.

[보충] 법정추인 사유

이행	취소권자가 상대방에게 채무를 이행하거나 상대방의 이행을 수령한 경우
이행청구	취소권자가 상대방에게 이행을 청구한 경우(상대방의 이행청구를 받은 경우는 ×)
경개	취소권자가 채권자 또는 채무자인 경우를 모두 포함
담보제공	취소권자가 상대방에게 담보를 제공하거나 상대방이 제공한 담보를 수령한 경우
권리양도	① 취소할 수 있는 행위로 취득한 권리를 취소권자가 양도한 경우(상대방의 권리양도는 ×) ② 계약의 취소를 통해 취득하게 될 계약금 반환청구권이나 손해배상청구권을 양도하는 것은 해당하지 않는다.
강제집행	취소권자가 채권자로서 강제집행을 하거나 채무자로서 이의 없이 강제집행을 받는 경우

③ **효과**: 추인과 마찬가지로 확정적으로 유효가 된다.

(3) 제척기간

취소권은 추인할 수 있는 날로부터 3년 내에, 법률행위를 한 날로부터 10년 내에 행사하여야한다(제146조). 어느 하나가 먼저 도래하면 취소권은 소멸하고, 기간의 도래 여부는 당사자의 주장과 관계없이 법원이 직권으로 조사할 사항이다.

Chapter 06 법률행위의 조건과 기한

1 조 건

(1) 의 의
장래의 불확실한 사실의 발생여부에 법률행위의 효력을 의존하게 하는 법률행위의 부관이다.

(2) 종 류

① **효력유무에 따른 분류**

정지조건	㉠ 조건의 성취로 법률행위가 효력을 발생하는 조건이다. ㉡ 시험에 합격하면 건물을 증여한다고 하는 경우, 합격이 정지조건이다. ㉢ 소유권유보부 매매계약은 정지조건으로서 대금이 완납되었을 때 매수인에게 소유권이 이전한다(대판 96다14807).
해제조건	㉠ 조건의 성취로 법률행위의 효력이 당연 소멸되는 조건이다. ㉡ 건물을 증여하면서 시험에 불합격하면 건물을 반환한다고 한 경우 불합격은 해제조건이 된다.

② **당사자 의사에 따르는 정도에 따른 분류**

수의(隨意)조건	순수수의조건	㉠ 조건의 성취여부가 당사자 일방의 의사에만 의존하는 조건(예 내 기분이 좋으면 증여한다). ㉡ 무효라는 게 다수설이다.
	단순수의조건	당사자의 의사와 일정한 사실이 결합되어야 성취되는 조건(예 내가 미국에 가게 되면 증여한다)
비수의조건	우성조건	당사자 의사와 관계없이 자연적 사실에 의하여 성취되는 조건(예 내일 비가 오면 건물을 증여한다)
	혼성조건	당사자 의사와 제3자의 의사가 결합되어야 성취되는 조건(예 甲과 결혼하면 건물을 증여한다)

(3) 가장조건

① **법정조건**: 법률에 규정되어 있는 요건이나 사실을 충족하면 법률행위의 효력이 발생하는 것으로서 당사자 의사에 의해서 정해지는 조건과 구별된다.
(예 유언에서의 유언자 사망, 법인설립에 있어서 주무관청의 허가 등)

② **불법조건**: 선량한 풍속 기타 사회질서에 위반한 조건으로서, 불법조건이 붙은 법률행위는 전부 무효이다(대판 2005마541).

③ **기성조건**: 법률행위 당시에 이미 성취된 조건이다. 기성조건이 정지조건이면 조건 없는 법률행위이고, 해제조건이면 무효이다.

④ **불능조건**: 법률행위 당시에 조건의 성취가 객관적으로 불가능한 조건이다. 불능조건이 해제조건이면 조건 없는 법률행위이고, 정지조건이면 무효이다.

보충 기성조건, 불능조건의 효력

구 분	정지조건	해제조건
기성조건	조건 없는 행위	(무효)
불능조건	(무효)	조건 없는 행위

(4) 조건에 친하지 않은 행위

① **단독행위**: ㉠ 상대방이 동의하거나 ㉡ 상대방에게 이익만을 부여하는 경우(예 채무면제)에 한하여 붙일 수 있다.

> **판례**
>
> **정지조건부 계약 해제**
> 계약당사자의 일방이 다른 일방에게 대하여 일정한 기간을 정하여 그 채무의 이행을 최고함과 동시 그 기간내에 이행이 없을 때에는 계약을 해제하겠다는 의사표시를 한 경우에는 위의 기간경과로 해제권은 발생됨과 동시에 그 계약은 해제된 것으로 해석하여야 할 것이다(대판 70다1508).

② **가족법상의 행위**: 상대방에게 유리(예 유언)하거나 공서양속에 반하지 않는 경우에 붙일 수 있다.

③ **어음, 수표행위**: 거래의 안전을 해치지 않는 경우에 한하여 붙일 수 있다.

(5) **조건의 의제**

① **성취 의제**
 ㉠ 조건의 성취로 인하여 불이익을 받을 당사자가 신의성실에 반하여 조건의 성취를 방해한 때에는 상대방은 그 조건이 성취한 것으로 주장할 수 있다(제150조 제1항). 방해행위는 과실에 의한 경우도 포함된다.
 ㉡ 조건이 성취된 것으로 의제되는 시점은 이러한 신의성실에 반하는 행위가 없었더라면 조건이 성취되었으리라고 추산되는 시점이다(대판 98다42356).

② **불성취 의제**: 조건의 성취로 인하여 이익을 받을 당사자가 신의성실에 반하여 조건을 성취시킨 때에는 상대방은 그 조건이 성취하지 아니한 것으로 주장할 수 있다(제150조 제2항).

(6) **조건부 법률행위의 효력**

① **조건부권리의 침해금지**: 조건 있는 법률행위의 당사자는 조건의 성부가 미정한 동안에 조건의 성취로 인하여 생길 상대방의 이익을 해하지 못한다(제148조).

② **조건부권리의 처분 등**: 조건의 성취가 미정한 권리의무는 일반규정에 의하여 처분, 상속, 보존 또는 담보로 할 수 있다(제149조).

③ **소급효 특약**: 당사자가 조건성취의 효력을 그 성취전에 소급하게 할 의사를 표시한 때에는 그 의사에 의한다(제147조 제3항).

④ **입증책임**: 정지조건부 법률행위에서 조건이 있다는 사실은 그 법률효과의 발생을 다투려는 자, 조건이 성취되었다는 사실은 권리를 취득하고자 하는 자가 입증하여야 한다.

2 기 한

(1) **의 의**

법률행위의 효력을 장래의 확실한 사실의 발생여부에 의존하게 하는 법률행위의 부관이다.

(2) **종 류**

① **효력유무에 따른 분류**

시기(始期)	일정한 사실의 발생으로 법률행위의 효력이 발생되는 기한이다.
종 기	일정한 사실의 발생으로 법률행위의 효력이 소멸되는 기한이다.

② 발생시기의 확실성 유무에 따른 분류

확정기한	일정한 사실의 발생시기가 확실한 기한을 말한다. '2020년 9월1일에 건물을 주겠다'라고 하는 것이다.
불확정기한	일정한 사실의 발생시기가 불확실한 기한을 말한다. '비가 오면 건물을 주겠다'고 하는 것이다.

> **판례**
>
> **조건과 불확정기한의 구별**
> ① 판단기준: 부관이 붙은 법률행위에 있어서 부관에 <u>표시된 사실이 발생하지 아니하면 채무를 이행하지 아니하여도 된다고 보는 것이 상당한 경우에는 조건으로 보아야 하고, 표시된 사실이 발생한 때에는 물론이고 반대로 발생하지 아니하는 것이 확정된 때에도 그 채무를 이행하여야 한다고 보는 것이 상당한 경우에는 표시된 사실의 발생 여부가 확정되는 것을 불확정기한</u>으로 정한 것으로 보아야 한다(대판 2003다24215).
> ② 사실발생 불가능: 당사자가 불확정한 사실이 발생한 때를 이행기한으로 정한 경우에 있어서 그 사실이 발생한 때는 물론 <u>그 사실의 발생이 불가능하게 된 때에도 이행기한은 도래한 것</u>으로 보아야 한다(대판 88다카10579).
> ③ 기존 채무: <u>이미 부담하고 있는 채무의 변제에 관하여 일정한 사실이 부관으로 붙여진 경우에는 특별한 사정이 없는 한 그것은 변제기를 유예한 것</u>으로서 그 사실이 발생한 때 또는 발생하지 아니하는 것으로 확정된 때에 기한이 도래한다(대판 2003다24215).

(3) 기한에 친하지 않은 행위

원 칙	단독행위, 신분행위, 어음·수표 행위는 기한을 붙일 수 없다.
예 외	어음·수표 행위의 경우 시기(始期)는 붙일 수 있다.

(4) 기한부 법률행위의 효력

① **기한 도래 전**: 기한의 경우에도 조건에 관한 규정을 준용하고 있으므로(제154조) 기한부권리도 침해할 수 없고(제147조), 처분, 상속, 보존 또는 담보로 할 수 있다(제148조).

② **기한 도래 후**: 장래효만 가능하고 특약에 의해서도 소급효를 미칠 수 없다.

③ **제한**: 상계는 소급효가 있으므로 시기(始期)를 붙일 수 없다.

(5) 기한의 이익

① **의의**: 기한이 도래하지 않음으로써 당사자가 받는 이익을 말한다. 기한이 누구를 위한 것인지 불분명한 경우, 기한은 채무자의 이익을 위한 것으로 추정한다(제153조 제1항).

② **포기**: 기한의 이익은 이를 포기할 수 있으나, 상대방의 이익을 해하지 못한다(제153조 제2항).

③ **기한이익의 상실**: 채무자는 ⊙ 담보를 손상, 감소 또는 멸실하게 한 때, ⓒ 담보제공의 의무를 이행하지 아니한 때에는 기한의 이익을 상실한다(제388조).

기한이익 상실의 특약
일반적으로 채권자를 위하여 둔 것인 점에 비추어 명백히 정지조건부 기한이익 상실의 특약이라고 볼 만한 특별한 사정이 없는 이상 <u>형성권적 기한이익 상실의 특약으로 추정하는 것이 타당하다</u>(대판 2002다28340).

MEMO

PART

02

물권법

Chapter 01 물권법 총론

1 서 설

(1) 물권의 의의
특정의 물건을 직접 배타적으로 지배하여 이익을 얻는 권리이다.

(2) 물권의 성질
① **배타성(독점성)**: 물권은 1개의 물건에 양립할 수 없는 수개의 물권이 존재할 수 없다.
② **지배성**: 물권은 타인의 행위를 매개로 하지 않고, 스스로 물건으로부터 이익을 얻는다.
③ **절대성**: 물권은 당사자뿐만 아니라 제3자에 대해서도 주장할 수 있다.
④ **양도성**: 물권은 재산권의 일종으로서 양도가 가능하다.

보충 채권과의 구별

구 분	물 권	채 권
권리의 성질	물건에 대한 지배권	사람에 대한 청구권
기본원리	물권법정주의	계약자유의 원칙
규정 성질	원칙적 강행규정	원칙적 임의규정
효 력	대세적 효력	상대적 효력

(3) 일물일권주의

원 칙	1개의 물건에는 양립할 수 없는 수개의 물권이 성립할 수 없다. 따라서 물건의 일부나 구성부분에 하나의 물권이 성립할 수 없고, 수개의 물건 위에 하나의 물권이 성립할 수 없다.
예 외	① 용익물권은 1필 토지의 일부에 성립할 수 있다. ② 1동 건물의 일부도 구조상·이용상 독립성이 있으면 구분소유권의 대상이 될 수 있다. ③ 공장재단의 경우 집합물 위에 1개의 저당권이 성립할 수 있다.

2 물권의 객체

(1) 의 의

원 칙	① 현존하고 특정된 독립한 물건이다. ② 물건에는 동산과 부동산이 있으며, 부동산은 '토지와 그 정착물'을 의미한다. '정착물'에는 건물, 공작물, 수목 등이 있다.
예 외	권리도 객체가 될 수 있다.

(2) 토 지

① **의의**: 토지는 인위적으로 구획하여 지적공부에 등록하고 지번을 부여하면 독립성을 가지게 된다. 토지의 개수는 지적공부에 등록된 단위인 '필'을 기준으로 한다.

② **범위**: 토지소유권은 정당한 이익이 있는 범위 내에서 토지의 상하에 미친다(제212조). 지하의 토사, 암석, 지하수, 온천수는 토지소유권에 속하나, 광물은 별도로 광업권의 객체가 된다. 지표면상의 자연석은 토지소유권에 속하나, 자연석을 조각하여 석불을 만든 경우에는 독립한 소유권의 객체이다(대판 70다1494).

(3) 정착물

① **의의**: 토지에 고정되어 사용되는 물건으로서 쉽게 옮길 수 없는 것을 말한다. 판자집, 토지에 충분히 고정되어 있지 않은 기계 등은 동산으로 취급된다.

② **종 류**

독립정착물	토지와 독립하여 거래되는 것이다. 건물, 입목 등이 있다.
종속정착물	토지의 일부로 취급되어 함께 처분하는 것이다. 레일, 교량 등이 있다.

③ **건물**: 건물이 되기 위해서는 기둥, 지붕, 벽이 필요하다(대판 86누173). 토지와 독립된 부동산으로서 따로 처분되고, 별개로 등기하여야 한다.

④ **수목 등**

수목, 미분리 과실	㉠ 명인(明認)방법을 갖추면 독립정착물로서 소유권의 객체로 될 수 있다. 그러나 저당권의 객체는 될 수 없다. ㉡ 토지에서 벌채되어 분리된 수목이나 가식(假植)의 수목은 동산으로서 독립한 소유권의 객체가 될 수 있다.
입 목	입목등기를 갖춘 수목으로서, 독립해서 소유권과 저당권의 객체가 된다.

⑤ **농작물**

원 칙	타인의 토지에서 경작·재배되는 농작물은 토지의 일부로 취급된다.
예 외	㉠ 권원에 기하여 경작·재배된 농작물은 경작자의 소유이다. ㉡ 정당한 권원이 없어도 농작물이 성숙하여 독립성을 갖춘 경우에는 명인방법의 유무에 관계없이 언제나 경작자의 소유에 속한다(대판 79다784).

3 물권법정주의

(1) **의의**

물권은 법률 또는 관습법에 의하는 외에는 임의로 창설하지 못한다(제185조). 여기서 '법률'은 성문의 법률을 의미한다. 물권은 배타적 지배권이므로 거래의 안전을 위하여 만들어진 원칙이다.

(2) **내용**

물권의 종류뿐만 아니라 내용도 창설하지 못한다. 따라서 사용·수익 권능을 대세적·영구적으로 포기하는 소유권(대판 2012다54133), 처분권능이 없는 소유권은 새로운 물권을 창설하는 것이므로 허용되지 않는다.

(3) **물권의 종류**

① **민법상 물권**

점유권	물건을 사실상 지배하는 상태를 보호해주는 권리를 말한다.
본 권	㉠ 사실상 지배할 수 상태를 정당화시켜주는 권리로서, 소유권과 제한물권이 있다. ㉡ 소유권은 사용가치와 교환가치를 전면적으로 지배할 수 있는 권리이나, 제한물권에는 사용가치를 제한하는 '용익물권(예 지상권, 지역권, 전세권)'과 교환가치를 제한하는 '담보물권(유치권, 저당권, 질권)'이 있다.

② **민법 이외의 법률에 의한 물권**: 광업권, 어업권, 입목저당권, 공장재단저당권, 가등기담보권, 양도담보권 등이 있다.

③ **관습법상 물권**: 사회변화에 탄력적으로 적응하기 위하여 예외적으로 인정된다.

허용 ○	분묘기지권, 관습법상 법정지상권 등이 있다.
허용 ×	㉠ 온천권(대판 69다1239), ㉡ 근린공원이용권(대결 94마2218), ㉢ 사도통행권(대판 2001다64165) 등은 관습법상의 물권으로 인정되고 있지 않다.

4 물권의 효력

1. 우선적 효력

(1) **양립 가능한 물권**: 하나의 물건에 양립할 수 있는 수개의 물권이 존재하는 경우, 먼저 성립한 물권이 우선하는 것이 원칙이다. 저당권은 양립할 수 있으므로 저당권 상호 간에는 등기의 선후에 따른다.

(2) **소유권과 제한물권**: 제한물권이 우선한다.

(3) **물권과 채권**

원 칙	성립시기와 관계없이 물권이 우선한다.
예 외	① 등기하거나 대항력을 갖춘 임차권: 성립의 선후에 따른다. ② 소액보증금: 성립시기와 관계없이 저당권 등에 우선한다. ③ 선순위 가압류채권자: 근저당권 또는 확정일자를 갖춘 주택임대차보증금채권보다 우선하는 경우 안분비례에 의한 평등배당을 받는다.

2. 물권적 청구권

> **제213조 【소유물반환청구권】** 소유자는 그 소유에 속한 물건을 점유한 자에 대하여 반환을 청구할 수 있다. 그러나 점유자가 그 물건을 점유할 권리가 있는 때에는 반환을 거부할 수 있다.
> **제214조 【소유물방해제거, 방해예방청구권】** 소유자는 소유권을 방해하는 자에 대하여 방해의 제거를 청구할 수 있고, 소유권을 방해할 염려 있는 행위를 하는 자에 대하여 그 예방이나 손해배상의 담보를 청구할 수 있다.

(1) **의 의**

물권의 내용 실현이 침해를 받거나 침해를 당할 염려가 있는 경우에 침해자에 대하여 그 침해행위의 제거 또는 예방에 필요한 행위를 청구할 수 있는 권리를 말한다. 가해자의 고의, 과실이나 손해가 발생해야 하는 것이 아니라는 점에서 불법행위로 인한 손해배상청구권과 구별된다.

(2) **근 거**

민법은 소유권과 점유권에 관하여 물권적 청구권을 규정하고, 소유권에 관한 규정을 다른 물권에 준용하고 있다. 다만 유치권은 준용규정이 없으므로 점유권에 근거한 물권적 청구권만 인정될 뿐이다.

> **보충** 임차권
> 1. 임차권은 채권이므로 물권적 청구권은 인정되지 않는다. 임대인의 물권적 청구권을 대위 행사하거나 점유하고 있는 경우에는 점유권에 기한 물권적 청구권을 행사할 수 있다.
> 2. 등기된 임차권의 경우에는 직접 방해제거를 청구할 수 있다.

(3) 성 질

① **물권성**: 물권이 소멸되면 함께 소멸되고(부종성), 물권과 분리하여 처분할 수 없으며(수반성), 채권적 청구권에 우선한다. 소유자가 소유권을 상실하여 더 이상 등기의 말소 등을 청구할 수 없게 되었다면, 이행불능을 이유로 하는 손해배상도 청구할 수 없으나(대판 전합 2010다28604) 불법행위로 인한 손해배상청구는 가능하다.

② **채권성**: 특정인에게 청구한다는 점에서 채권적 성질을 가지므로 이행지체나 채무의 변제 규정이 준용된다.

③ **소멸시효**: 물권이 존재하는 한 독립하여 소멸시효에 걸리지 않는다. 소유권에 기한 물권적 청구권은 소멸시효의 대상이 아니라는 판례가 있으나(대판 80다2968), 제한물권에 근거한 물권적 청구권에 대해서는 아직 판례가 없다.

④ **비용부담**: 소유자는 침해자에 대하여 방해제거 또는 방해예방을 청구할 수 있을 뿐이고, 물권적 청구권을 근거로 하여 방해배제 비용 또는 방해예방 비용을 청구할 수는 없다(대판 2014다52612).

(4) 종 류

① **반환청구권**: 물권자가 정당한 권원 없이 목적물의 점유를 상실한 경우 그 점유를 회복하기 위하여 반환을 청구하는 권리이다. 무단으로 건물을 신축한 경우 대지의 반환을 청구하는 경우이다. 그러나 지역권과 저당권은 목적물을 점유하지 않으므로 인정되지 않는다.

② **방해제거청구권**: 물권의 실현이 방해되고 있는 경우에 그 방해의 제거를 청구하는 권리이다. '방해'란 현재 물권이 침해되고 있는 상태가 지속되는 것을 말하고, 이미 법익침해가 발생하여 현재 종결된 '손해'와 구별된다(대판 2009다3494). 무단으로 건물을 신축한 경우 건물의 철거를 청구하는 경우, 진정한 소유자가 실체관계에 부합하지 아니하는 등기의 말소 등을 구하는 경우(대판 전합 2010다28604) 등이다.

③ **방해예방청구권**: 현재 물권이 침해되고 있지는 않으나, 장래 침해될 우려가 있는 경우에 그 예방조치를 청구하거나 손해배상의 담보를 청구하는 권리이다. 둘 중 어느 하나만 청구할 수 있으며, 손해배상을 직접 청구하는 권리는 아니다.

(5) **청구권자**

① **현재의 물권자**: 현재 침해받고 있거나 침해받을 우려가 있는 물권을 현재 정당하게 가지고 있는 자이다. 소유권을 상실한 전 소유자는 청구할 수 없다(대판 전합 68다725).

② **미등기 무허가건물의 양수인**: 소유권에 근거한 방해제거청구를 할 수 없으나(대판 2016다214483) 점유권에 근거한 방해제거 청구는 가능하다.

③ **제3취득자**: 근저당권이 설정된 후에 그 부동산의 소유권이 제3자에게 이전된 경우, 현재의 소유자는 소유권에 근거하여 피담보채무의 소멸을 원인으로 한 근저당권설정등기의 말소를 청구할 수 있으며, 종전의 소유자도 근저당권설정계약의 당사자로서 계약상 권리에 근거하여 근저당권설정등기의 말소를 청구할 수 있다(대판 전합 93다16338).

(6) **상대방**

① **현재 침해자**: 현재 물권을 침해하고 있는 자는 상대방이 될 수 있다. 반환청구는 현재의 점유자이고, 방해제거청구는 현재의 등기명의인이다.

② **간접점유자**: 직접점유자, 간접점유자 모두 상대방이 될 수 있으나, 점유보조자는 상대방이 될 수 없다.

③ **점유할 권리가 있는 자**: 점유할 권리가 있으면 반환을 거부할 수 있으므로(제213조) 지상권, 유치권 등이 있거나 미등기 매수인에 대해서는 반환을 청구할 수 없다. 미등기매수인의 전득자도 점유사용권을 취득하므로 매도인은 소유권에 기한 물권적 청구권을 행사하거나 부당이득반환청구를 할 수는 없다(대판 2001다45355).

④ **불법점유자의 특별승계인**: 소유권에 근거한 경우에는 선악을 불문하고 행사할 수 있으나, 점유권에 근거한 경우에는 악의의 특별승계인에 대해서만 행사할 수 있다.

⑤ **허무인 명의의 등기**: 무효인 저당권등기가 이전된 경우, 그 말소청구는 현재의 명의인을 상대로 하여야 한다. 그러나 허무인 또는 실체가 없는 단체 명의로 등기되어 있는 경우에는 실제로 등기한 행위자를 상대로 그 등기의 말소를 구할 수 있다(대판 2015다47105).

⑥ **타인의 토지에 무단으로 건물을 신축한 경우**

건물 신축자	건물의 소유자로서 건물을 철거할 권한이 있으므로 대지의 반환청구, 건물의 철거를 청구할 수 있다. 그러나 퇴거청구는 할 수 없다.
건물 양수인	건물을 법률상 또는 사실상 처분할 수 있는 지위에 있으므로 철거를 청구할 수 있다. 그러나 점유할 권리가 있으므로 퇴거는 청구할 수 없다.
건물 임차인	소유자가 아니므로 건물의 철거를 청구할 수 없다. 대항력을 가진 경우라도 건물에 한정된 것이므로 퇴거를 청구할 수 있다.

(7) **다른 청구권과의 관계**

① **계약상 청구권**: 계약에 따라 물건을 사용하다가 계약이 종료된 경우에 물건을 반환하지 않는 경우에는 소유권에 근거한 반환청구권과 계약상 반환청구권이 경합하게 된다.

② **부당이득반환청구권**: 타인의 물건을 불법으로 점유하는 것은 그 자체가 부당이득이므로 부당이득반환청구도 할 수 있고, 소유권에 근거한 반환청구도 할 수 있다.

③ **손해배상청구권**: 침해자에게 고의나 과실이 있는 경우에는 불법행위로 인한 손해배상청구권을 행사할 수 있고, 물권적 청구권도 행사할 수 있다.

Chapter 02 물권의 변동

1 서 설

(1) 공시의 원칙

① **의의**: 물권의 존재와 변동상황을 외부에 알려야 한다는 원칙이다. 물권은 1물 1권주의 원칙에 따라 배타성이 있으므로 거래의 안전을 위하여 공시할 필요성이 크다.

② **방법**: 동산은 점유, 부동산은 등기이다. 입목은 등기제도가 있으며, 수목이나 미분리의 과실은 명인방법이 공시 방법이 될 수 있다. 점유의 이전은 '인도'이다.

③ **입법주의**

성립요건주의 (=형식주의)	당사자 사이와 제3자와의 관계에서 모두 공시방법이 있어야 권리가 변동된다. 우리 민법은 성립요건주의를 채택하고 있다.
대항요건주의 (=의사주의)	당사자 사이에서는 합의만으로 권리가 변동되고, 제3자에게 대항하기 위해서는 공시방법이 필요하다는 제도이다.

(2) 공신의 원칙

① **의의**: 진실한 권리관계를 묻지 않고, 거래의 안전을 위하여 공시방법을 신뢰하고 거래한 자를 보호해야 한다는 원칙이다.

② **인정여부**: 우리 민법은 동산의 경우에는 공신의 원칙을 인정하고 있으나(예 선의취득), 부동산의 경우에는 진정한 권리자 보호를 위하여 인정하지 않는다.

2 부동산의 물권변동

(1) 법률행위에 의한 물권변동

원 칙	등기하여야 그 효력이 생긴다(제186조)
예 외	① 무효, 취소, 해제 등으로 실효된 경우에는 등기 없이 물권은 자동으로 복귀한다(유인론). ② 합의해제를 한 경우에도 물권은 당연복귀한다. 합의해제에 따른 매도인의 원상회복청구권은 소유권에 기한 물권적 청구권이라고 할 것이고 이는 소멸시효의 대상이 되지 아니한다(대판 80다2968).

(2) 법률규정 등에 의한 물권변동

① 의의

원칙	㉠ 상속, 공용징수, 판결, 경매 기타 법률의 규정에 의한 부동산에 관한 물권의 취득은 등기를 요하지 아니한다. 그러나 등기를 하지 아니하면 이를 처분하지 못한다(제187조). ㉡ 등기할 수 있는 시간적 여유가 없는 경우에 권리의 공백이 생기는 것을 방지하기 위한 것이다. '취득'이란 득실변경의 의미로 해석된다.
예외	㉠ 점유취득시효는 등기해야 권리를 취득한다. ㉡ 분묘기지권은 시효로 취득하더라도 등기할 수 없는 권리이므로 등기 없이 취득한다.

② **상속**: 피상속인이 사망한 때 권리를 취득한다. 포괄유증이나 법인의 합병과 같은 포괄승계도 등기를 요하지 않는다.

③ **공용징수**: 공익사업을 위하여 개인의 재산권을 강제로 취득하는 것을 말한다. 협의수용의 경우에는 협의에서 정한 시기, 강제수용의 경우에는 수용개시일에 권리가 변동된다.

④ **판결**
㉠ 판결이 확정된 때 물권이 변동된다(민사집행법 제498조). 형성판결을 의미하고, 이행판결이나 확인판결은 제외된다.
㉡ 공유물분할판결은 협의가 성립하지 않은 경우의 형성판결이다. 다만 공유물분할의 소송절차 또는 조정절차에서 협의가 성립하거나 조정이 성립된 경우에는 등기가 필요하다(대판 전합 2011두1917).

⑤ **경매**: 경락대금을 완납한 때 물권변동이 생긴다. 국가기관이 하는 공경매를 의미한다. 민사집행법상의 경매(예 강제경매, 임의경매 등)와 국세징수법상의 공매 등이 있다.

⑥ **기타 법률규정**
㉠ 신축 등: 건물의 신축, 공유수면의 매립은 등기 없이도 권리를 취득한다.
㉡ 법정된 권리: 법정지상권, 관습상 법정지상권, 법정저당권, 건물전세권의 법정갱신 등은 등기 없이 권리를 취득한다. 다만 법정지상권이 설정된 건물이 매매 등으로 양도된 경우에는 등기해야 지상권을 취득하고, 경매로 양도된 경우에는 등기 없이 취득한다.
㉢ 소멸: 피담보채권의 소멸로 인한 저당권 소멸, 전세권의 존속기간 만료로 인한 전세권 소멸, 혼동에 의한 물권의 소멸, 부동산의 멸실로 인한 물권의 소멸은 등기 없이도 권리가 소멸한다.

ⓔ **구분건물**: 1동 건물의 구분소유권은 구조상·이용상 독립성을 갖추고 구분행위가 있으면 성립한다. 구분행위는 그 시기나 방식에 특별한 제한이 있는 것은 아니고 처분권자의 구분의사가 객관적으로 외부에 표시되면 인정되고, 건물이 집합건축물대장에 등록되거나 구분건물로서 등기부에 등기되지 않았더라도 그 시점에서 구분소유가 성립한다(대판 전합 2010다71578).

⑦ **재단법인 출연재산 귀속시기**: 학설은 대립하지만, 판례는 출연재산이 부동산인 경우 당사자 간에는 법인이 성립한때, 제3자와의 관계에서는 등기를 한때 권리가 귀속되는 것으로 본다(대판 93다8054).

> **제48조 【출연재산의 귀속시기】** ① 생전처분으로 재단법인을 설립하는 때에는 출연재산은 법인이 성립된 때로부터 법인의 재산이 된다.
> ② 유언으로 재단법인을 설립하는 때에는 출연재산은 유언의 효력이 발생한 때로부터 법인에 귀속한 것으로 본다.

보충 등기여부

등기 ○	등기 ×
① 계약을 원인으로 하는 소유권 이전 ② 제한물권의 설정 또는 이전 ③ 권리의 포기	무효, 취소, 해제, 합의해제
확인판결, 이행판결	형성판결
협의나 조정에 의한 공유물 분할	공유물분할판결
점유취득시효	점유권, 유치권, 분묘기지권
특정유증	포괄유증, 법인의 합병

3 등기제도

1. 등기의 종류

(1) 기능에 따른 분류

사실 등기	부동산의 물리적 변동에 관한 사항을 부동산등기부 표제부에 기록하는 등기
권리 등기	부동산의 권리변동을 부동산등기부 갑구, 을구에 기록하는 등기

(2) **형식에 따른 분류**

주등기 (독립등기)	표제부의 표시번호란이나 갑구나 을구의 순위번호란에 독립한 번호를 붙여서 하는 등기(예 1, 2, 3)
부기등기	① 주등기나 부기등기의 순위번호에 가지번호를 붙여서 하는 등기(예 1-1, 1-2, 1-1-1) ② 기존의 등기순위를 유지하고, 기존등기와의 동일성을 유지한다.

(3) **효력에 따른 분류**

종국등기 (본등기)	① 부동산물권이 발생, 변경, 소멸하는 등기 ② 물권변동의 효력, 순위확정의 효력, 대항력, 권리의 추정력 등이 발생한다.
예비등기 (가등기)	① 등기할 수 있는 권리의 설정, 이전, 변경, 소멸의 청구권을 보전하기 위한 등기(예 가등기) ② 정지조건부 권리나 시기부 권리를 보전하기 위하여 할 수 있고, 해제조건부 권리나 종기부 권리에 대해서는 할 수 없다. ③ 채권적 청구권을 보전하기 위한 것이고, 물권적 청구권은 대세적 효력이 있으므로 보전할 필요성이 없다.

(4) **내용에 따른 분류**

기입등기	새로운 등기원인에 의하여 권리가 발생한 경우에 새로이 등기기록에 기입하는 등기(예 소유권보존등기, 소유권이전등기, 저당권설정등기 등)
변경등기	① 등기사항과 실체관계의 일부 불일치를 시정하는 등기 ② 원시적 불일치를 시정하는 '경정등기', 후발적 불일치를 시정하는 '협의의 변경등기'가 있다.
말소등기	등기사항과 실체관계의 전부 불일치를 시정하는 등기. 원시적 또는 후발적 불일치를 모두 포함한다.
말소회복 등기	실체관계가 일치하는데도 기존의 등기사항의 일부나 전부가 부적법하게 말소된 경우에 말소되기 전의 내용으로 회복하는 등기
멸실등기	① 부동산이 전부 멸실된 경우에 하는 등기. ② 부동산의 일부가 멸실된 경우는 '변경등기', 권리의 전부 멸실된 경우는 '말소등기'를 한다.

2. 등기의 유효요건

(1) 실질적 유효요건

① 등기에 부합하는 부동산이 존재할 것, ② 등기에 부합하는 물권행위가 존재할 것, ③ 등기명의인이 실존할 것을 요건으로 한다. 사자(死者)나 허무인 명의로 된 등기는 무효이다.

보충 등기내용의 불일치

양적 불일치	등기내용 > 물권행위	물권행위의 범위에서 유효하다.
	등기내용 < 물권행위	무효인 것이 원칙이나, 일부 무효의 법리에 따른다.
질적 불일치	원 칙	권리의 주체, 객체, 종류가 불일치하는 등기는 무효이다.
	예 외	중간생략등기, 모두생략등기, 무효인 등기의 유용 등은 권리변동 과정상의 불일치이므로 실체관계에 부합하면 유효하다.

(2) 형식적 유효요건

부동산등기법이 정하는 절차에 따른 등기가 존재해야 한다. 소유권보존등기가 2개 이상 존재하는 중복등기의 경우 그 유효성 문제가 제기된다.

표제부		실체관계에 부합하는 등기가 유효하다(실체설).
사항란	동일 등기명의인	선등기가 유효하다(절차설).
	다른 등기명의인	학설이 대립하나, 판례는 선등기가 원인무효이면 후등기가 유효인 것으로 본다(대판 전합 87다카2961).

3. 유효요건의 완화

(1) 중간생략등기

① **의의**: 부동산물권이 순차적으로 이전된 경우에 중간취득자 명의의 등기를 생략하고 최종 매수인 명의로 등기하는 것을 말한다.

② **등기청구권**: 최종 양수인이 최초 양도인을 상대로 직접 소유권이전등기를 청구할 수 있는지의 문제이다. 중간생략등기에 관한 전원의 의사합치가 있으면 가능하고(91다5761), 이러한 합의는 묵시적 또는 순차적으로 있어도 무방하다. 3자 합의가 없으면 중간취득자를 대위하여 청구할 수 있을 뿐이다.

> **판례**
>
> ㉠ 중간매수인의 등기청구권 : 중간생략등기의 합의가 있었다 하더라도 이러한 합의는 중간 등기를 생략하여도 당사자 사이에 이의가 없겠고 또 그 등기의 효력에 영향을 미치지 않겠다는 의미가 있을 뿐이지 그러한 합의가 있었다 하여 중간매수인의 소유권이전등기청구권이 소멸된다거나 첫 매도인의 그 매수인에 대한 소유권이전등기의무가 소멸되는 것은 아니라 할 것이다(대판 91다18316).
> ㉡ 채권양도의 통지 : 부동산의 매매로 인한 소유권이전등기청구권은 채권적 청구권으로 그 이행과정에 신뢰관계가 따르므로 특별한 사정이 없는 이상 그 권리의 성질상 양도가 제한된다. 따라서 통상의 채권양도와 마찬가지로 양도인의 채무자에 대한 통지만으로 중간생략등기의 합의가 있다고 볼 수는 없다(대판 2000다51216).
> ㉢ 매매대금 인상약정 : 합의가 있다고 하여 최초의 매도인이 자신이 당사자가 된 매매계약상의 매수인인 중간자에 대하여 갖고 있는 매매대금청구권의 행사가 제한되는 것은 아니다. 최초 매도인과 중간 매수인, 중간 매수인과 최종 매수인 사이에 순차로 매매계약이 체결되고 이들 간에 중간생략등기의 합의가 있은 후에 최초 매도인과 중간 매수인 간에 매매대금을 인상하는 약정이 체결된 경우, 최초 매도인은 인상된 매매대금이 지급되지 않았음을 이유로 최종 매수인 명의로의 소유권이전등기의무의 이행을 거절할 수 있다(대판 2003다66431).

③ **등기의 유효성**

원칙	㉠ 이미 마쳐진 중간생략등기는 3자 합의가 없더라도 실체관계가 존재하므로 유효하다(대판 2003다40651). ㉡ 미등기 건물의 양수인이 직접 소유권보존등기를 하는 모두생략등기도 실체관계가 존재하므로 유효하다(대판 94다44675). ㉢ 상속인이 소유권이전계약을 체결한 경우, 상속등기를 하지 않고 피상속인으로부터 바로 양수인에게 소유권이전등기를 하는 것도 실체관계가 존재하므로 유효하다.
예외	토지거래허가구역 내의 중간생략등기는 3자 합의가 있었더라도 무효이다(대판 97다33218).

(2) **무효등기의 유용(流用)**

① **의의** : 실체관계와 부합하지 않아서 무효인 등기를 나중에 실체관계가 갖추어진 경우에 유효한 등기로 인정하는 것을 말한다.

② **유효성**

표제부	멸실된 건물과 신축된 건물은 동일한 건물이라고 할 수 없으므로 멸실된 건물의 표제부를 신축건물의 표제부로 유용할 수 없다(대판 80다441).
권리등기	등기상 이해관계가 있는 제3자가 생기지 않은 경우에 한하여 허용된다(대판 87다카425).

(3) **실체관계와 다른 등기원인에 의한 등기**
　① **은닉행위** : 증여로 부동산을 취득하였으나, 등기원인을 매매로 기재한 소유권이전등기도 실체관계에 부합하므로 유효하다.
　② **진정명의회복** : 등기원인의 무효나 취소로 인하여 말소등기를 하여야 하는 경우에 진정명의회복을 등기원인으로 하는 소유권이전등기를 한 경우도 실체관계에는 부합하므로 유효하다.

(4) **위조된 서류에 의한 등기**
　소유권이전등기 신청서류가 위조에 의한 것이라 하여도 실체적 권리관계에 부합하는 한 무효의 등기라 할 수 없으나(대판 65다365), 실제로 매매계약을 체결하지 않았는데 계약서를 위조하여 등기한 경우에는 무효가 된다.

4. 등기청구권

(1) **의 의**
　등기권리자가 등기의무자에 대하여 등기신청에 협력할 것을 청구할 수 있는 사법(私法)상의 권리이다. 당사자가 국가기관에게 등기를 신청하는 '등기신청권'은 공법상의 권리라는 점에서 구별된다.

(2) **종 류**
　① **물권적 청구권** : 실체관계와 불일치하는 등기를 시정하기 위한 등기청구권이다. ㉠ 원인행위가 무효, 취소, 해제된 경우의 소유권이전등기의 말소청구, ㉡ 진정명의 회복을 원인으로 하는 소유권이전등기청구, ㉢ 위조한 계약서에 의한 소유권이전등기의 말소청구 등이다.

　　판례
　　㉠ 무효인 등기의 말소 : 말소등기에 갈음하여 허용되는 진정명의회복을 원인으로 한 소유권이전등기청구권과 무효등기의 말소청구권은 어느 것이나 진정한 소유자의 등기명의를 회복하기 위한 것으로서 실질적으로 그 목적이 동일하고, 두 청구권 모두 소유권에 기한 방해배제청구권으로서 그 법적 근거와 성질이 동일하므로, 비록 전자는 이전등기, 후자는 말소등기의 형식을 취하고 있다고 하더라도 그 소송물은 실질상 동일한 것으로 보아야 하고, 따라서 소유권이전등기말소청구소송에서 패소확정판결을 받았다면 그 기판력은 그 후 제기된 진정명의회복을 원인으로 한 소유권이전등기청구소송에도 미친다(대판 전합 99다37894).
　　㉡ 시효완성 후 가등기의 말소 : 가등기에 기한 소유권이전등기청구권이 시효의 완성으로 소멸되었다면 그 가등기 이후에 그 부동산을 취득한 제3자는 그 소유권에 기한 방해배제청구로서 가등기권자를 상대로 그 등기의 말소를 구할 수 있다(대판 90다카27570).

② **채권적 청구권**: 10년의 소멸시효에 걸리고, 당사자 사이에서만 주장할 수 있다. ㉠ 매매로 인한 등기청구권, ㉡ 점유취득시효에 의한 등기청구권, ㉢ 근저당권 설정 후 소유권이 이전된 경우 종전 소유자의 저당권설정등기말소청구권 등이 있다.

5. 등기의 효력

(1) 본등기의 효력

① **물권변동**: 법률행위로 인한 물권의 득실변경은 등기하여야 그 효력이 생긴다. 부동산등기의 가장 기본적인 효력에 해당한다.

② **순위확정**: 등기를 마치면 그 순위번호에 따라 그 등기의 순위가 확정되는 것을 말한다.

③ **대항력**: 등기를 하면 제3자에게 대항할 수 있는 효력을 말한다.

④ **추정력**: 등기가 형식적으로 존재하면 그에 따른 실체적 권리관계가 존재하는 것으로 추정되는 효력을 말한다. 중요한 내용이므로 후술하기로 한다.

⑤ **점유적 효력**: 부동산등기가 점유한 것과 같은 효력이 인정되는 것을 말한다. 부동산의 점유취득시효는 20년간 점유해야 하는데, 등기부취득시효는 10년만 점유하면 인정되므로 등기가 10년간 점유한 효력이 인정되는 것이다.

(2) 가등기의 효력

① **본등기 전**: 가등기만으로는 실체법상 아무런 효력이 없다. 소유권이전청구권 보전을 위한 가등기가 있어도 소유권이전등기를 청구할 어떤 법률관계가 있다고 추정되지 아니하고(대판 79다239), 본등기를 명하는 판결이 확정된 경우라도 본등기를 경료하기까지는 무효인 중복된 소유권보존등기의 말소를 청구할 수 없다(대판 2000다51285). 다만 부기등기의 방법으로 타인에게 양도할 수는 있다(대판 98다24105).

② **본등기 후**: 비로소 물권변동의 효력이 발생한다. 다만 그 순위는 가등기의 순위로 소급하고, 중간처분은 직권말소된다. 가등기명의인의 본등기 청구는 채권적 청구권이므로 가등기 당시의 등기명의인을 상대로 하는 것이지, 제3취득자를 상대로 하는 것은 아니다.

6. 등기의 추정력

(1) 의 의

부동산은 등기가 형식적으로 존재하면 그에 따른 실체적 권리관계가 존재하는 것으로 추정되고, 특별한 사정이 없는 한 점유자의 권리가 추정되지 않는다. 추정력은 등기명의인에게 유리한 경우뿐만 아니라 불리한 경우에도 미친다. 다만 표제부 등기, 가등기의 경우에는 인정되지 않는다.

(2) **물적 범위**

① **등기권리의 적법 추정**

원칙	㉠ 등기기록에 권리의 등기가 있으면 등기명의인에게 그 권리가 있는 것으로 추정된다. ㉡ 대리에 의한 매매계약을 원인으로 소유권이전등기가 이루어진 경우, 대리권의 존재는 추정된다.
예외	소유권이전등기가 불법말소된 경우에도 권리가 소멸한 것으로 추정되지는 않는다. 등기는 효력발생요건이고 효력존속요건이 아니므로 회복등기가 경료되기 전이라도 최종 등기명의인이 적법한 권리자로 추정된다.

[보충] 추정여부

추정 ○	추정 ×
㉠ 소유권이전등기(소유권의 존재) ㉡ 당권설정등기(저당권과 피담보채권의 존재)	근저당권설정등기(피담보채권을 성립시키는 법률행위의 존재)

[판례]

특별조치법에 따른 소유권이전등기

임야소유권이전에 관한 특별조치법에 따른 절차에 의하여 경료된 임야의 소유권이전등기는 실체적 권리관계에 부합되는 등기로 추정되는 것이며 이 추정력은 동법 제5조 소정의 보증서 및 확인서가 허위 또는 위조된 것이라든가 그 밖의 사유로 적법하게 등기된 것이 아니라는 주장입증이 없는 한 깨어지지 않는다(대판 83다카1083). 일반적인 경우보다 더 강한 추정력을 가지는 경우이다.

② **등기원인의 적법 추정**: 매매를 원인으로 하는 소유권이전등기가 있으면 매매계약이 존재하는 것으로 추정되므로 이를 무효 또는 부존재라고 주장하는 자에게 입증책임이 있다. 그러나 등기원인 행위의 태양이나 과정을 다소 다르게 주장한다고 하여 이러한 주장만 가지고 그 등기의 추정력이 깨어진다고 할 수는 없다(대판 99다65462).

③ **등기절차의 적법 추정**: 소유권이전등기가 경료되어 있는 이상 그 절차가 정당한 것이라는 추정을 받게 되므로 그 절차의 부당을 주장하는 자에게 입증할 책임이 있다(대판 2002다46256). 토지거래허가구역 내의 토지에 대해서 매매를 원인으로 하여 소유권이전등기가 있으면 토지거래허가를 받은 사실이 추정되고, 농지에 대하여 매매를 원인으로 하는 소유권이전등기가 있으면 농지취득자격증명을 받은 사실이 추정된다(대판 91다34127).

(3) **인적범위**

① **소유권이전등기**: 제3자에 대하여서뿐만 아니라, 그 전 소유자에 대하여서도 적법한 등기원인에 의하여 소유권을 취득한 것으로 추정된다(대판 99다65462). 사망자 명의의 등기신청에 의하여 경료된 등기, 허무인으로부터 받은 소유권이전등기는 원인무효이므로 추정력은 깨어진다. 다만 등기의무자의 사망 전에 그 등기원인이 이미 존재하는 등의 사정이 있는 경우에는 추정력을 부정할 수 없다(대판 95다51991).

② **소유권보존등기**: 소유권이 있다는 사실은 추정되지만, 권리변동이 진실하다는 점에 관하여서는 추정력이 없다(대판 96다16247). ㉠ 등기명의인이 신축한 것이 아닌 경우(대판 95다30734), ㉡ 명의자가 부동산을 양수한 사실을 주장하고, 전 소유자가 이를 부인하는 경우(대판 82다카707) 추정력은 깨어진다.

7. 미등기 매수인의 법적 지위

(1) **소유권**

등기를 마치지 않았으므로 소유권이 없다. 따라서 소유권에 근거한 물권적 청구권을 행사할 수 없고, 매도인의 채권자가 강제집행을 하더라도 이의를 제기할 수 없다.

(2) **점유할 권리**

대지의 매수인이 매매계약의 이행으로 그 대지를 인도받았으나 소유권이전등기를 받지 아니한 경우 이를 점유, 사용할 권리가 생기므로(대판 92다10197) 매도인이 소유물반환청구를 하거나 부당이득반환청구를 하는 것은 허용되지 않는다.

(3) **처분권**

점유 중인 건물에 대하여 법률상 또는 사실상의 처분권을 가지고 있으므로(대판 2013다48364) 철거청구의 상대방이 될 수 있다.

(4) **과실수취권**: 매매계약이 있은 후에도 인도하지 아니한 목적물로부터 생긴 과실은 매도인에게 속한다(제587조). 매수인은 목적물을 인도받거나 대금을 완납한 때부터 과실수취권이 생긴다.

(5) 등기청구권

원칙	미등기 매수인의 소유권이전청구권은 채권적 청구권이므로 소멸시효에 걸린다.
예외	① 점유한 경우 : 목적 부동산을 인도받아 계속 점유하는 경우에는 그 소유권이전 등기청구권의 소멸시효가 진행하지 않는다. ② 양도한 경우 : 보다 적극적인 권리 행사의 일환으로 다른 사람에게 그 부동산을 처분하고 그 점유를 승계하여 준 경우에도 소멸시효는 진행되지 않는다(대판 전합 98다32175).

4 동산의 물권변동

(1) 권리자로부터의 취득

동산은 점유의 이전 즉, 인도하여야 효력이 생긴다(제188조 제1항).

현실인도	물건에 대한 사실상 지배를 양수인에게 이전하는 것을 말한다.
간이인도	양수인이 이미 그 동산을 점유한 때에는 당사자의 의사표시만으로 인도한 것으로 본다. 임차인이 물건을 점유하면서 매수한 경우이다.
점유개정	물권을 양도할 때 당사자의 계약으로 양도인이 그 동산의 점유를 계속하는 때에는 양수인이 인도받은 것으로 본다(제189조). 양도인이 물건을 매매하면서 동시에 임대차계약을 맺어 그 물건을 계속 점유하는 것이다.
목적물반환 청구권의 양도	제3자가 점유하고 있는 동산에 관한 물권을 양도하는 경우에는 양도인이 그 제3자에 대한 반환청구권을 양수인에게 양도함으로써 동산을 인도한 것으로 본다(제190조).

(2) 무권리자로부터의 취득(선의취득)

제249조 【선의취득】 평온, 공연하게 동산을 양수한 자가 선의이며 과실없이 그 동산을 점유한 경우에는 양도인이 정당한 소유자가 아닌 때에도 즉시 그 동산의 소유권을 취득한다.
제250조 【도품, 유실물에 대한 특례】 전조의 경우에 그 동산이 도품이나 유실물인 때에는 피해자 또는 유실자는 도난 또는 유실한 날로부터 2년 내에 그 물건의 반환을 청구할 수 있다. 그러나 도품이나 유실물이 금전인 때에는 그러하지 아니하다.
제251조 【도품, 유실물에 대한 특례】 양수인이 도품 또는 유실물을 경매나 공개시장에서 또는 동종류의 물건을 판매하는 상인에게서 선의로 매수한 때에는 피해자 또는 유실자는 양수인이 지급한 대가를 변상하고 그 물건의 반환을 청구할 수 있다.

5 물권의 소멸

(1) 목적물 멸실

원칙	① 목적물이 멸실되면 물권은 소멸한다. ② 토지가 포락되면 종전의 소유권은 영구히 소멸되고, 그 후 포락된 토지가 다시 성토화 되어도 종전의 소유권자가 다시 소유권을 취득할 수 없다(79다2094). 토지가 다시 성토화 되면 국유로 되기 때문이다.
예외	물상대위가 인정되는 경우에는 변형물에 효력이 미치므로 물권은 소멸하지 않는다.

(2) 소멸시효

적용 ○	용익물권은 20년의 소멸시효에 걸린다(제162조 제2항).
적용 ×	① 소유권은 항구성으로 인하여 소멸시효에 걸리지 않는다. ② 점유권과 유치권은 점유를 상실하면 바로 권리가 소멸하므로 소멸시효에 걸리지 않는다. ③ 저당권은 피담보채권이 존재하는 한 독립하여 소멸시효에 걸리지 않는다.

(3) 물권의 포기

물권의 포기는 법률행위로 인한 물권의 소멸이므로 등기해야 소멸한다. 물권의 포기는 자유로운 것이 원칙이나, 지상권 또는 전세권이 저당권의 목적인 경우에는 저당권자의 동의 없이 포기할 수는 없다.

구 분	공유지분 포기	합유지분 포기
권리의 귀속	다른 공유자 지분비율	잔존합유자 균분
등기형식	소유권이전등기	등기명의인표시변경등기

(4) 혼 동

① **의의**: 동일한 물건에 대하여 2개의 법률상 지위가 동일한 사람에게 귀속하는 것을 말한다.

② **소유권과 다른 물권**

원칙	㉠ 다른 물권은 소멸한다. ㉡ 지상권자가 소유권을 취득하면 지상권은 소멸한다.
예외	㉠ 제3자나 본인의 이익을 보호할 필요가 있는 경우에는 소멸하지 않는다. ㉡ 지상권에 저당권이 설정된 경우, 지상권자가 소유권을 취득하더라도 지상권은 소멸하지 않는다. ㉢ 후순위저당권이 있는 경우, 선순위저당권자가 소유권을 취득하더라도 선순위저당권은 소멸하지 않는다.

③ 소유권 이외의 물권과 그를 목적으로 하는 다른 권리

원칙	㉠ 다른 권리는 소멸한다(제191조 제2항). ㉡ 지상권부 저당권자가 지상권을 취득하면 저당권은 소멸한다.
예외	㉠ 본인 또는 제3자의 이익을 위하여 소멸하지 않는 경우도 있다. ㉡ 지상권에 후순위 저당권이 있는 경우, 선순위 저당권자가 지상권을 취득해도 선순위저당권은 소멸하지 않는다.

④ 혼동으로 소멸하지 않는 권리

점유권	혼동의 규정을 적용하지 아니한다(제191조 제3항).
광업권	토지소유권과 별개의 권리이므로 혼동으로 소멸하지 않는다.

⑤ **효과**: 법률규정에 의한 물권변동이므로 등기하지 않아도 소멸한다. 다만 혼동의 원인이 존재하지 않거나, 실효된 경우에는 소멸한 물권이 부활한다. 근저당권자가 소유권을 취득하면 그 근저당권은 혼동에 의하여 소멸하지만 그 뒤 그 소유권취득이 무효인 것이 밝혀지면 소멸하였던 근저당권은 당연히 부활한다(대판 71다1386).

Chapter 03 점유권

1 서 설

1. 점유제도

(1) 의 의

'점유'란 물건을 사실상 지배하고 있는 상태를 말하고, 그 지배를 정당화 시켜주는 권리를 '본권'이라 한다. '점유제도'란 본권에 관계 없이 점유 자체에 일정한 법률효과를 부여해 주는 제도이다.

(2) 점유권

물건을 사실상 지배하는 자는 점유권이 있다(제192조 제1항). 물건을 훔친 도둑은 본권은 없어도 점유권은 발생하고, 원소유자는 본권은 있으나 점유권은 없다. 본권은 '점유할 수 있는 권리'로서 소유권, 지상권, 전세권, 유치권, 임차권 등이 있다.

> **보충** 준점유
>
> 재산권을 사실상 행사하는 것이다(예 타인의 예금통장과 인장을 가지고 있는 경우 예금채권의 준점유). 점유에 관한 규정을 준용한다(제210조). 다만 점유를 수반하는 권리는 준점유의 객체가 될 수 없다.

2. 점유의 개념 요소

(1) 물건을 사실상 지배할 것

① **판단기준**: 사실적 지배가 있다고 하기 위해서는 반드시 물건을 물리적, 현실적으로 지배하는 것만을 의미하는 것이 아니고, 물건과 사람과의 시간적, 공간적 관계와 본권관계, 타인지배의 배제 가능성 등을 고려하여 사회관념에 따라 합목적적으로 판단하여야 한다(대판 2012다201410).

② **건물의 부지**

건물소유자	현실적으로 건물이나 그 부지를 점거하고 있지 아니하고 있더라도 그 건물의 소유를 위하여 그 부지를 점유한다고 보아야 한다(대판 2002다57935).
건물소유자 아닌 자	미등기건물을 양수하여 건물에 관한 사실상의 처분권을 보유하게 됨으로써 그 양수인이 건물부지 역시 아울러 점유하고 있다고 볼 수 있는 등의 다른 특별한 사정이 없는 한 건물의 소유명의자가 아닌 자로서는 실제로 그 건물을 점유하고 있다고 하더라도 그 건물의 부지를 점유하는 자로는 볼 수 없다(대판 2002다57935).

③ **대지**: 대지의 소유자로 소유권이전등기가 마쳐지면 등기할 때에 대지를 인도받아 점유한 것으로 볼 수 있으나, 소유권보존등기는 토지의 양도를 전제로 하는 것이 아니므로 등기를 마친 때 점유를 이전받는다고 볼 수는 없다(대판 2012다201410).

(2) 점유설정의사

점유가 성립하기 위해서는 사실상의 지배를 하려는 의사가 필요하다. 법률행위에 있어서 의사표시와는 구별되는 것으로서 의사능력이나 행위능력을 요하지 않는다.

2 점유의 관념화

1. 의 의

사실상 지배하고 있으나 점유가 인정되지 않거나, 반대로 사실상 지배하고 있지 않으나 점유가 인정되는 현상을 말한다. 점유보조자, 간접점유, 상속인에 의한 점유 등이 있다.

2. 점유보조자

(1) 의 의

가사상, 영업상 기타 유사한 관계에 의하여 타인의 지시를 받아서 물건에 대한 사실상의 지배를 하는 자를 말한다(제195조). 가게의 점원, 가사도우미 등이 있다. 점유자가 점유보조자에게 지시를 할 수 있는 관계를 '점유보조관계'라 한다.

> **판례**
>
> **공동점유자**
> 처가 아무런 권원 없이 토지와 건물을 주택 및 축사 등으로 계속 점유·사용하여 오고 있으면서 소유자의 명도요구를 거부하고 있다면 비록 그 시부모 및 부(夫)와 함께 이를 점유하고 있다고 하더라도 처는 소유자에 대한 관계에서 단순한 점유보조자에 불과한 것이 아니라 공동점유자로서 이를 불법점유하고 있다고 봄이 상당하다(대판 98다16456).

(2) 효 과

점유보조자는 점유자가 아니고 타인만을 점유자로 한다(제195조). 따라서 점유권에 근거한 물권적 청구권을 행사할 수 없고, 상대방도 될 수 없다. 그러나 자력구제권은 행사할 수 있다.

3. 간접점유

(1) 의 의
일정한 법률관계에 기초해서 타인을 매개로 하여 물건을 점유하는 것을 말한다. 건물을 임대한 경우 임대한 자는 간접점유자이고, 임차인은 직접점유자이다.

(2) 요 건
① **점유매개관계가 존재할 것**
  ㉠ 점유매개관계: 간접점유를 생기게 하는 법률관계로서, 간접점유자는 직접점유자에게 반환청구권을 가지고 있어야 한다. 지상권, 전세권, 질권, 사용대차, 임대차, 임치 등이 있다.
  ㉡ 유효성: 점유매개관계는 반드시 유효할 필요는 없으므로 임대차계약 등이 종료된 경우, 무효이거나 취소된 경우에도 점유매개관계는 단절되지 않는다.
  ㉢ 중첩성: 점유매개관계는 중첩적으로 있을 수 있다. 임차인이 전대한 경우 임대인과 임차인은 모두 간접점유자가 된다.
② **점유매개자가 직접점유할 것**: 직접점유자의 점유는 타주점유이다.

(3) 효 과
① **점유권**: 간접점유자도 점유자로서 점유권이 있으므로(제194조) 점유보호청구권이 인정되고, 물권적 청구권의 상대방이 될 수 있으나, 자력구제권은 인정되지 않는다.
② **직접점유자와의 관계**: 간접점유자는 직접점유자에 대해서는 점유보호청구권을 행사할 수 없고, 본권에 근거한 물권적 청구권만 행사할 수 있다. 그러나 직접점유자는 간접점유자에 대해서 점유보호청구권이나 자력구제권을 행사할 수 있다.
③ **반환청구**: 점유자가 점유의 침탈을 당한 경우에 간접점유자는 그 물건을 점유자에게 반환할 것을 청구할 수 있고 점유자가 그 물건의 반환을 받을 수 없거나 이를 원하지 아니하는 때에는 자기에게 반환할 것을 청구할 수 있다.

4. 상속인의 점유
피상속인이 사망하면 점유권은 상속인에게 이전한다(제193조). 물건의 존재나 피상속인의 사망사실을 알고 있어야 할 필요는 없다.

3 점유의 종류

1. 자주점유와 타주점유

(1) 의 의

① '자주점유'란 소유의 의사를 가지고 하는 점유이고, '타주점유'란 타인의 소유권을 전제로 하는 점유이다.
② '소유의 의사'란 소유자인 것처럼 지배하려고 하는 자연적 의사를 말하는 것이고, 소유권을 가지고 있거나 소유권이 있다고 믿고서 하는 점유가 아니다(대판 96다3319).
③ 점유자와 회복자의 책임(제202조), 취득시효(제245조), 무주물 선점(제252조) 등의 경우에 구별실익이 있다.

(2) 구별기준

① **판단기준**: 점유자의 내심의 의사에 의하여 결정되는 것이 아니라 점유 취득의 원인이 된 권원의 성질이나 점유와 관계가 있는 모든 사정에 의하여 외형적·객관적으로 결정되어야 한다(대판 전합 95다28625). 따라서 매수인과 도둑은 자주점유이고, 지상권자, 전세권자, 임차권자 등은 타주점유에 해당한다.
② **판단시기**: 소유의 의사는 점유개시 당시를 기준으로 판단한다. 따라서 점유개시 후에 매도인에게 처분권이 없었다는 등의 사유로 매매가 무효인 것이 밝혀진 경우에도 매수인의 점유는 자주점유에 해당한다(대판 95다40328).

(3) 자주점유의 추정

권원의 성질이 불명확한 경우 점유는 자주점유로 추정된다(제197조 제1항). 국가나 지방자치단체가 점유하는 경우에도 자주점유는 추정되므로 토지의 취득절차에 관한 서류를 제출하지 못하고 있다는 사정만으로 자주점유의 추정이 번복되지 않는다(대판 2015다241686).

> **판례**
>
> **자주점유 추정의 번복**
> 점유자가 성질상 소유의 의사가 없는 것으로 보이는 권원에 바탕을 두고 점유를 취득한 사실이 증명된 경우, 점유자가 진정한 소유자라면 통상 취하지 아니할 태도를 나타내거나 소유자라면 당연히 취했을 것으로 보이는 행동을 취하지 아니한 경우 등 외형적·객관적으로 보아 점유자가 타인의 소유권을 배척하고 점유할 의사를 갖고 있지 아니하였던 것이라고 볼 만한 사정이 증명된 경우에도 그 추정은 깨어진다(대판 전합 95다28625).

(4) 점유의 전환

① **자주점유의 타주점유로의 전환여부**
   ㉠ 매매 : 부동산을 매도한 경우의 매도인의 점유(대판 2004다27273), 매매계약이 해제된 경우 매수인의 점유(대판 71다2306), 경매가 실행된 경우 종전 소유자의 점유(대판 96다29335)는 인도의무가 있다는 점에서 타주점유로 전환된다.
   ㉡ 점유자 패소 : 토지의 소유자가 점유자를 상대로 소유권이전등기의 말소등기청구소송을 제기하여 점유자의 패소판결이 확정된 경우에는 패소판결 확정시부터 타주점유로 전환된다(대판 96다19857). 그러나 토지의 점유자가 소유자를 상대로 소유권이전등기말소절차의 이행을 구하는 소를 제기하고 패소판결이 확정되더라도 자주점유의 추정은 번복되지 않는다(대판 98다63018).

② **타주점유의 자주점유로의 전환여부**
   ㉠ 요건 : 새로운 권원에 의하여 다시 소유의 의사로 점유하거나 자기에게 점유시킨 자에게 소유의 의사가 있음을 표시하여야 한다(대판 97다5284). 토지임차인이 토지를 매수한 경우에는 자주점유로 전환된다(대판 96다25319).
   ㉡ 상속 : 피상속인의 점유의 성질은 그대로 승계되므로 피상속인의 점유가 타주점유인 경우, 상속인이 소유자에 대하여 소유의 의사가 있는 것을 표시하거나 새로운 권원에 의하여 다시 소유의 의사로써 점유를 시작하지 않는 한 그 점유가 자주점유로 될 수 없다(대판 2004다27273).
   ㉢ 등기 : 타주점유자가 점유토지에 관하여 자기 명의의 소유권이전등기를 하였거나(94다48165), 소유권보존등기를 경료한 것만으로는 소유자에 대하여 소유의 의사를 표시하여 자주점유로 전환되었다고 볼 수 없다(대판 97다2344).
   ㉣ 건축대장 등재 : 타인 소유의 토지를 소유의 의사 없이 점유하던 자가 그 지상에 단지 그 소유의 건물을 건축하여 건축물관리대장에 등재하였다거나 토지 위에 과수나무를 식재하고, 그 지상건물을 과수원의 농막으로 사용하고 있다는 사정만으로는 소유자에 대하여 소유의 의사를 표시하였거나 새로운 권원으로 점유를 개시한 것으로 볼 수 없다(대판 94다1449).

(5) 구체적 검토

① **매수인의 점유**

자 주	토지 매수인이 점유를 취득한 경우, 타인의 토지의 매매에 해당하여 곧바로 소유권을 취득할 수 없다는 사실만으로 자주점유의 추정이 번복되는 것은 아니다(대판 97다37661).
타 주	㉠ 악의의 무단점유 : 처분권한이 없음을 알면서 취득한 경우, 어떠한 법률행위가 무효임을 알면서 취득한 경우에는 타주점유가 될 수 있다(대판 99다50705). ㉡ 건물만 매수 : 무허가건물을 매수할 당시에 이미 그 건물의 부지가 타인의 소유라는 사정을 잘 알면서도 건물만을 매수한 후 그 건물 부지에 대한 점유를 개시한 경우, 특별한 사정이 없는 한 타주점유로 보아야 한다(대판 97다55447).

② **경계의 침범**

자 주	토지를 매수하면서 착오로 인접 토지의 일부를 매수한 토지에 속하는 것으로 믿고 점유한 경우에는 자주점유이다(대판 99다58570).
타 주	매매대상 대지의 면적이 등기부상의 면적을 상당히 초과하는 경우에는 특별한 사정이 없다면 초과 부분에 대한 점유는 타주점유이다(대판 2011다111459).

③ **공유부동산**

자 주	구분소유적 공유관계에서 매매 등과 같이 종전의 공유지분권과는 별도의 자주점유가 가능한 권원에 의하여 다른 공유자가 소유·점유하는 특정된 부분을 취득하여 점유를 개시하였다고 주장하는 경우에는 자주점유로 보아야 한다(대판 2012다68750).
타 주	공유자 중의 1인이 공유지분권에 기초하여 부동산 전부를 점유하고 있는 경우 특별한 사정이 없는 한 다른 공유자의 지분비율의 범위 내에서는 타주점유이다.

④ **소유권유보부매매** : 대금을 완납할 때까지 매수인의 점유는 타주점유이다.

⑤ **분묘기지권**

원 칙	타인의 토지 위에 분묘를 설치 또는 소유하는 자는 그 분묘의 보존 및 관리에 필요한 범위 내에서만 타인의 토지를 점유하는 것이므로 타주점유이다(대판 94다31549).
예 외	토지를 매수하면서 인접 토지의 일부를 점유하는 것은 자주점유인데, 그 방법이 분묘를 설치·관리하는 것이었다고 하여도 자주점유이다(대판 2006다84423).

⑥ **수탁자**

원칙	명의신탁의 경우 수탁자의 점유는 특별한 사정이 없는 한 타주점유이다.
예외	신탁법에 따른 신탁의 경우, 수탁자의 점유는 자주점유에 해당한다.

⑦ **국가 등의 무단점유**

원칙	국가나 지방자치단체가 정당한 권원 없이 사유토지를 도로부지로 편입시킨 것은 타주점유이다.
예외	지방자치단체가 도시계획사업인 도로개설공사의 시행자로서 그 사업실시과정에서 그 소유자들의 사용승낙을 받아 도로를 개설함으로써 토지를 점유한 경우에는 자주점유의 추정이 깨어지는 무단점유에 해당하지 않는다(대판 2002다6548).

보충 자주점유와 타주점유의 구별

자 주	타 주
타인소유임을 알면서 매수	처분권한 없음 또는 무효임을 알면서 매수
인접 토지의 일부 경계침범	등기부상 면적의 상당 초과
일부 경계를 침범하여 분묘설치	분묘기지권
구분소유적 공유자 점유	공유자 중 1인의 배타적 점유
신탁법상 수탁자	명의신탁의 수탁자
사용승낙을 받아 도로를 개설한 점유	국가 등의 무단 점유

2. 선의점유와 악의점유

(1) 의의

선의의 점유	본권이 없음에도 불구하고 본권이 있다고 믿고서 하는 점유를 말한다.
악의의 점유	본권이 없음을 알고 있거나 의심을 품으면서 하는 점유를 말한다.

(2) 구별실익

과실(果實)수취권(제201조), 점유자와 회복자에 대한 책임(제202조), 취득시효(제245조), 선의취득(제249조) 등과 관련하여 구별실익이 있다.

(3) 점유의 전환

점유자의 선의는 추정되고(제197조 제1항), 권원 없는 점유였음이 밝혀졌다고 하여 곧 그동안의 점유에 대한 선의의 추정이 깨어졌다고 볼 것은 아니다(대판 99다63350). 그러나 선의의 점유자라도 본권에 관한 소에 패소한 때에는 그 소가 제기된 때로부터 악의의 점유자로 본다(제197조 제2항).

3. 과실 있는 점유와 과실 없는 점유

(1) 의 의

선의의 점유 중에서 본권이 있다고 오신한데 대한 과실유무에 따라 '과실 있는 점유'와 '과실 없는 점유'로 나뉜다. 취득시효, 선의취득 등에서 문제된다.

(2) 입증책임

점유자의 무과실은 명문으로 추정규정이 없으므로 무과실에 대하여는 그 주장자에게 입증책임이 있다(대판 85다카771).

4. 하자 있는 점유와 하자 없는 점유

(1) 의 의

하자 있는 점유	악의, 과실, 강폭, 은비, 불계속의 사정이 있는 점유를 말한다.
하자 없는 점유	선의, 무과실, 평온, 공연, 계속의 사정이 있는 점유를 말한다.

(2) 효 과

취득시효, 선의취득에서 문제된다. 점유자의 선의, 평온 및 공연은 추정되며(제197조 제1항), 전후 양시에 점유한 사실이 있는 때에는 그 점유는 계속한 것으로 추정한다(제198조).

4 점유권의 취득과 소멸

(1) 점유권의 취득

직접점유	원시취득		사실상 지배를 처음으로 하는 취득을 말한다. 무주물 선점, 유실물 습득, 매장물 발견 등이 있다.
	승계취득	특정승계	현실인도, 간이인도 등으로 인한 승계이다.
		포괄승계	상속이나 회사의 합병 등으로 인한 승계이다.
간접점유	① 직접점유자가 점유매개관계를 통해 타인에게 직접점유를 하게 하는 경우, ② 점유개정, ③ 목적물 반환청구권의 양도 등이 있다.		

(2) **점유권의 승계**

① **점유의 분리**: 점유자의 승계인이 자기의 점유만을 주장하는 것이다. 전 점유자의 점유가 타주점유라 하더라도 현 점유자의 점유는 자주점유로 추정된다(대판 2006다82540).

② **점유의 병합**: 점유자의 승계인은 자기의 점유와 전점유자의 점유를 아울러 주장하는 것이다. 이때는 전점유자의 하자도 계승한다.

③ **상속**: 상속인이 새로운 권원에 의하여 자기 고유의 점유를 시작하지 않는 한 피상속인의 점유를 떠나 자기만의 점유를 주장할 수 없다(대판 2004다27273).

④ **선택권**

원칙	점유가 순차 승계된 경우, 취득시효의 완성을 주장하는 자는 자기의 점유만을 주장하거나 또는 자기의 점유와 전 점유자의 점유를 아울러 주장할 수 있는 선택권이 있으며, 전 점유자의 점유를 아울러 주장하는 경우에도 어느 단계의 점유자의 점유까지를 아울러 주장할 것인가도 이를 주장하는 사람에게 선택권이 있다(대판 97다56822).
예외	전 점유자의 점유를 아울러 주장하는 경우에는 그 점유의 개시 시기를 어느 점유자의 점유기간 중의 임의의 시점으로 선택할 수 없다. 그러나 소유자의 변동이 없는 경우에는 가능하다(대판 97다56822).

(3) **점유권의 소멸**

직접점유	원칙	점유자가 물건에 대한 사실상의 지배를 상실한 때 소멸한다.
	예외	① 점유자가 점유의 침탈을 당한 날로부터 1년 내에 점유를 회수한 때에는 그러하지 아니하다(제192조 제1항). ② 점유권은 혼동이나 소멸시효, 점유할 권리의 소멸로 인하여 소멸되지 않는다.
간접점유		① 직접점유자가 점유를 상실한 경우, ② 직접점유자가 횡령 등으로 점유매개자 역할을 그만두면 소멸한다.

5 점유권의 효력

1. 점유의 추정력

(1) **점유의 태양**

점유자는 소유의 의사로 선의, 평온 및 공연하게 점유한 것으로 추정한다(제197조 제1항). 다만 무과실은 추정되지 않으므로 점유자 스스로 무과실을 입증하여야 한다.

(2) **점유의 계속**

전후 양시에 점유한 사실이 있는 때에는 그 점유는 계속한 것으로 추정한다(제198조). 전후 양 시점의 점유자가 다른 경우에도 점유의 승계가 입증되는 한 점유계속은 추정된다(대판 96다24279).

(3) **적법한 권리**

점유자가 점유물에 대하여 행사하는 권리는 적법하게 보유한 것으로 추정한다(제200조). 점유자가 소유권을 주장하면 상대방이 부존재를 입증해야 한다. 다만 부동산의 경우에는 점유자의 권리추정 규정이 적용되지 않으며(대판 81다780) 등기명의인에게 권리가 추정된다.

(4) **불이익**

점유자의 이익을 위한 경우뿐만 아니라 불이익을 위한 경우에도 추정된다.

2. 점유자와 회복자의 관계

(1) **의 의**

본권 없이 물건을 점유하는 자에 대해서 본권이 있는 자가 그 반환을 청구하는 경우, 점유자와 회복자의 관계를 말한다.

(2) **적용범위**

① **매매계약**: 무효이거나 취소되어 물건을 반환하는 경우에도 적용되나(대판 66다939), 해제한 경우에는 부당이득 반환범위에 대한 특칙으로서 원상회복의무가 적용된다.

② **적법한 권원에 따른 점유**: 그 계약관계를 규율하는 법조항이나 법리 등이 적용된다(대판 2001다64752).

③ **불법행위**: 서로 요건을 달리하므로 경합을 긍정한다. 점유자에게 과실이 있어서 토지의 점유가 진정한 소유자에 대하여 불법행위를 구성하는 경우에는 선의의 점유자에게 과실취득권이 있다하더라도 불법행위로 인한 손해배상책임이 배제되는 것은 아니다(대판 66다994).

(3) **과실(果實)수취권**

① **선의의 점유자**: 점유물의 과실을 취득한다. '선의'란 과실수취권을 포함하는 권원이 있다고 오신한 점유자를 말하고, 다만 그와 같은 오신을 함에는 오신할 만한 정당한 근거가 있어야 한다(대판 99다63350). '과실'에는 천연과실과 법정과실(예 사용이익, 차임, 이자 등)이 모두 포함된다.

> **판례**
>
> **토지 사용이익의 반환**
>
> 민법 제201조 제1항에 의하면 선의의 점유자는 점유물의 과실을 취득한다고 규정하고 있고, 한편 토지를 사용함으로써 얻는 이득은 그 토지로 인한 과실과 동시할 것이므로 선의의 점유자는 비록 법률상 원인 없이 타인의 토지를 점유사용하고 이로 말미암아 그에게 손해를 입혔다 하더라도 그 점유사용으로 인한 이득을 그 타인에게 반환할 의무는 없다(대판 86다카1996).

② **악의의 점유자**: 수취한 과실(果實)을 반환하여야 하며 소비하였거나 과실(過失)로 인하여 훼손 또는 수취하지 못한 경우에는 그 과실(果實)의 대가를 보상하여야 한다. 반환범위는 받은 이익에 이자를 붙여 반환하여야 하며, 이자의 이행지체로 인한 지연손해금도 지급하여야 한다(대판 2001다61869).

③ **폭력 또는 은비에 의한 점유자**: 악의의 점유자와 같다.

(4) **멸실, 훼손에 대한 책임**

① **선의의 점유자**: 점유물이 점유자의 책임 있는 사유로 멸실·훼손된 경우, 선의의 자주점유자는 이익이 현존하는 한도 내에서 배상책임을 진다. 다만 선의라 하더라도 타주점유자는 손해의 전부에 대해 배상책임을 져야 한다.

② **악의의 점유자**: 손해의 전부에 대해 배상책임을 져야 한다.

(5) **비용상환청구권**

① **의의**: 점유물에 관하여 점유자가 비용을 지출한 경우, 점유물을 반환할 때 회복자에게 비용을 청구할 수 있는 권리이다. 점유자의 선의, 악의, 자주, 타주를 불문하고 인정된다.

② **종류**

필요비	㉠ 물건의 보존에 필요한 비용을 말한다. 수리비, 조세, 공과금 등 '통상의 필요비'와 태풍 등으로 인한 수선비용 등 '특별필요비'가 있다. ㉡ 선의의 점유자가 과실을 취득한 경우에는 통상의 필요비는 청구할 수 없다(제203조 제1항).
유익비	㉠ 물건의 객관적 가치를 증가시킨 비용을 말한다. ㉡ 그 가액의 증가가 현존한 경우에 한하여 회복자의 선택에 좇아 그 지출금액이나 증가액의 상환을 청구할 수 있다(제203조 제2항). ㉢ 유익비에 대해서 법원은 회복자의 청구에 의하여 상당한 상환기간을 허여할 수 있다(제203조 제3항). 상환기간을 허여한 경우에는 유치권은 성립하지 않는다.

③ **상대방**

원 칙	비용을 지출할 당시의 소유자가 아니라 점유회복 당시의 소유자이다.
예 외	적법한 권원을 가진 경우에는 그 계약관계 등의 상대방에 대하여 청구할 수 있다(대판 2001다64752).

④ **행사시기**: 점유자가 필요비 또는 유익비상환청구권을 행사할 수 있는 시기는 점유자가 회복자로부터 점유물의 반환을 청구받거나 회복자에게 점유물을 반환한 때이다(94다4592).

> **보충** 점유자와 회복자의 관계

구 분	선 의		악 의
과실수취권	○		×
멸실, 훼손 책임	자주점유	현존이익 배상	전부배상
	타주점유	전부배상	
비용청구권	○		○

3. 점유보호청구권

(1) **의 의**

점유가 침탈되거나 방해 또는 방해 받을 우려가 있는 경우에 점유권을 보호하기 위하여 청구할 수 있는 권리이다.

(2) **공통요건**

① **청구권자**: 직접점유자, 간접점유자 모두 청구할 수 있으나, 점유보조자는 청구할 수 없다. 다만 간접점유자는 그 물건을 직접점유자에게 반환할 것을 청구할 수 있고 점유자가 그 물건의 반환을 받을 수 없거나 이를 원하지 아니하는 때에는 자기에게 반환할 것을 청구할 수 있다(제207조 제1항).

② **상대방**: 점유를 침탈한 자와 그의 포괄승계인이다. 선의의 특별승계인에 대하여는 행사할 수 없고(제204조 제2항), 그로부터 전득한 자가 악의라 하더라도 대항할 수 없다.

③ **고의 또는 과실**: 반환을 청구하거나 방해제거를 청구할 때 상대방의 고의나 과실은 요구하지 않지만, 손해배상을 청구하는 경우에는 필요하다.

(3) **반환청구권**(=점유회수청구권)
  ① **의의**: 점유자가 점유의 침탈을 당한 때, 그 물건의 반환 및 손해의 배상을 청구할 수 있는 권리를 말한다(제204조 제1항).
  ② **점유의 침탈**: 점유자의 의사에 반하여 **빼앗긴** 것을 의미하므로 ㉠ 상대방의 사기에 의해 물건을 인도한 경우(대판 91다17443), ㉡ 유실한 경우, ㉢ 직접점유자가 간접점유자의 의사에 반하여 임의로 점유를 타인에게 양도한 경우(대판 92다5300)는 해당하지 않는다.
  ③ **제척기간**: 침탈을 당한 날로부터 1년 내에 행사하여야 한다(제204조 제3항). 이 기간은 출소기간이다.

(4) **점유물방해제거청구권**(=점유보유청구권)
  ① **의의**: 점유자가 점유의 방해를 받은 때에는 그 방해의 제거 및 손해의 배상을 청구할 수 있는 권리를 말한다(제205조 제1항).
  ② **요건**: 점유의 침탈 이외의 행위로 방해를 받고 있는 경우이어야 한다. '방해'란 현재 침해되고 있는 상태를 말한다.
  ③ **제척기간**: 방해가 종료한 날로부터 1년 내에 행사하여야 한다(제205조 제2항). 이 기간은 출소기간이고, 기산점이 되는 '방해가 종료한 날'은 방해 행위가 종료한 날을 의미한다(대판 2016다214483).
  ④ **공사 특례**: 공사로 인하여 점유의 방해를 받은 경우에는 공사착수 후 1년을 경과하거나 그 공사가 완성한 때에는 방해의 제거를 청구하지 못한다(제205조 제3항).

(5) **방해예방청구권**(=점유보전청구권)
  ① **의의**: 점유자가 점유의 방해를 받을 염려가 있는 때에는 그 방해의 예방 또는 손해배상의 담보를 청구할 수 있는 권리를 말한다(제206조 제1항). 제척기간은 없다.
  ② **공사 특례**: 공사로 인하여 점유의 방해를 받을 염려가 있는 경우에는 공사착수 후 1년을 경과하거나 그 공사가 완성한 때에는 방해의 예방 또는 손해배상의 담보를 청구하지 못한다(제206조 제2항).

보충 물권적 청구권 비교

구 분	소유권	점유권
반 환	① 점유의 상실시 반환청구 ② 선의의 특별승계인에게 대항 ○ ③ 제척기간 ×	① 점유의 침탈시 반환 및 배상청구 ② 선의의 특별승계인에게 대항 × ③ 제척기간 ○
제 거	① 제거청구 ② 제척기간 ×	① 제거 및 배상청구 ② 제척기간 ○ ③ 공사특례
예 방	예방 또는 배상담보 청구	① 예방 또는 배상담보 청구 ② 공사특례

(6) **점유의 소와 본권의 소**

① 점유권에 기인한 소와 본권에 기인한 소는 서로 영향을 미치지 아니한다(제208조 제1항).

② 점유권에 기인한 소는 본권에 관한 이유로 재판하지 못한다(제208조 제2항). 따라서 원고가 점유방해 배제청구를 하고 있음에도 불구하고 원고에게 소유권이 있다고 할 수 없다는 이유로 기각한 판결은 부당하다(대판 62다259).

③ 소유권에 근거한 반환청구나 점유권에 근거한 반환청구를 같이 해도 되고, 점유권에 근거하여 제기한 소송에서 패소해도 소유권에 근거해서 제기할 수 있다.

4. 자력구제

(1) **의 의**

권리의 침해가 있는 경우 국가의 공권력에 의하지 않고, 사인 스스로 권리의 내용을 실현하는 것을 말한다. 직접점유자나 점유보조자에게 인정되고, 간접점유자에게는 인정되지 않는다.

(2) **종 류**

자력방위권	점유자는 그 점유를 부정히 침탈 또는 방해하는 행위에 대하여 자력으로써 이를 방위할 수 있다(제209조 제1항).
자력탈환권	① 점유물이 침탈되었을 경우에 부동산일 때에는 점유자는 침탈 후 직시 가해자를 배제하여 이를 탈환할 수 있고 동산일 때에는 점유자는 현장에서 또는 추적하여 가해자로부터 이를 탈환할 수 있다(제209조 제2항). ② '직시'란 "객관적으로 가능한 한 신속히" 또는 "사회관념상 가해자를 배제하여 점유를 회복하는 데 필요하다고 인정되는 범위 안에서 되도록 속히"라는 뜻으로 해석할 것이므로 점유자가 침탈사실을 알고 모르고와는 관계없이 침탈을 당한 후 상당한 시간이 흘렀다면 자력탈환권을 행사할 수 없다(대판 91다14116).

Chapter 04 소유권

1 서 설

(1) 의 의

소유권이란 소유자가 법률의 범위 내에서 그 소유물을 사용·수익·처분할 권리를 말한다(제211조). 목적물을 사용하거나 목적물로부터 생기는 과실을 수취할 수 있으며(사용·수익권능), 양도하거나 담보를 설정할 수 있다(처분권능).

(2) 성 질

관념성	현실적인 지배를 요구하지 않는다.
전면성	사용가치와 교환가치 전부에 대해 작용한다.
혼일성	사용·수익·처분 권능의 단순한 총합이 아니라 하나로 융합된 권리이므로 제한물권과 소유권이 동일인에게 귀속하면 혼동으로 소멸하는 근거가 된다.
항구성	소멸시효에 걸리지 않는다.
탄력성	제한물권이 소멸하면 원래대로 복귀된다.

2 상린(相隣)관계

1. 의 의

(1) 인접하는 부동산 소유자 상호 간의 이용관계를 조절하기 위하여 민법이 규정하는 법률관계를 말한다. 법률규정에 의하여 당연히 인정되는 권리이고, 등기할 수 있는 사항도 아니다.

(2) 강행규정이라고는 볼 수 없으므로 배제특약은 유효하다(대판 80다1634).

(3) 지상권, 전세권, 임차권에도 적용된다.

2. 주위토지통행권

(1) 의 의

어느 토지와 공로 사이에 그 토지의 용도에 필요한 통로가 없는 경우, 그 주위의 토지를 통행할 수 있는 권리를 말한다(제219조 제1항).

(2) 성립요건

주위의 토지를 통행 또는 통로로 하지 아니하면 공로에 출입할 수 없거나 과다한 비용을 요하는 경우이어야 한다(제219조 제1항).

보충 성립여부

성립 ○	성립 ×
기존의 통로가 충분한 기능을 하지 못하고 있는 경우	기존 통로가 있으나 그 통로 사용이 더 편리한 경우

(3) 내 용

① **통행권자**: 토지소유자, 지상권자, 전세권자 등 토지사용권을 가진 자에게도 인정되는 권리이나, 불법점유자나 명의신탁자(대판 2007다22767)에게는 인정되지 않는다.

② **통로개설**: 통행권자는 필요한 경우에는 통로를 개설할 수 있다. 통행지 소유자의 이익을 해하지 않는다면 통로를 포장하는 것도 허용된다(대판 2002다53469). 그러나 이로 인한 손해가 가장 적은 장소와 방법을 선택하여야 한다(제219조 제1항).

통행권자의 의무	통로개설이나 유지비용을 부담하여야 하고, 통행지 소유자의 손해를 보상하여야 한다(대판 2005다30993).
통행지소유자의 의무	원칙적으로 통행권자의 통행을 수인할 소극적 의무를 부담할 뿐 통로개설 등 적극적인 작위의무를 부담하는 것은 아니다(대판 2005다30993). 주위토지통행권에 방해가 되는 담장과 같은 축조물은 적법하게 설치되었던 것이라 하더라도 철거할 의무가 있다(대판 90다5238).

③ **인정범위**: 통행권의 범위는 현재의 토지의 용법에 따른 이용의 범위에서 인정할 수 있을 뿐, 장래의 이용상황까지 미리 대비하여 정할 것은 아니고(대판 2005다30993), 건축 관련 법령에 정하는 도로의 폭이나 면적 등과 일치하는 것도 아니다(대판 2005다30993).

④ **제한**: 쌍방 토지의 용도 및 이용 상황, 통행로 이용의 목적 등에 비추어 토지의 용도에 적합한 범위에서 통행 시기나 횟수, 통행방법 등을 제한하여 인정할 수도 있다(대판 2016다39422).

⑤ **배타적 점유**: 통행권자가 통행지를 통행함에 그치지 아니하고 이를 배타적으로 점유하고 있다면, 통행지 소유자는 통행권자에 대하여 그 인도를 청구할 수 있다(대판 93다25479).

⑥ **변경**: 주위토지통행권은 항상 특정한 장소로 고정되어 있는 것은 아니고, 통행지소유자를 위하여 통행로를 변경할 수 있다(대판 2004다10268).

⑦ **소멸**: 주위토지통행권은 법정의 요건을 충족하면 당연히 성립하고 요건이 없어지게 되면 당연히 소멸한다. 따라서 포위된 토지가 사정변경에 의하여 공로에 접하게 되거나 포위된 토지의 소유자가 주위의 토지를 취득함으로써 주위토지통행권을 인정할 필요성이 없어지게 된 경우에는 통행권은 소멸한다(대판 2013다11669).

⑧ **손해의 보상**

원 칙	통행권자는 통행지소유자의 손해를 보상하여야 한다(제219조 제2항).
예 외	㉠ 분할 또는 일부양도로 인하여 공로에 통하지 못하는 토지가 있는 때에도 무상의 주위토지통행권이 생긴다(제220조). 다만 포위된 토지 또는 피통행지의 특정승계인에 대해서까지 미치는 것은 아니다(대판 90다12670). 일단으로 되어 있던 동일인 소유의 수필의 토지 중 일부가 양도된 경우도 포함된다(대판 93다22906). ㉡ 통행권자의 허락을 얻어 사실상 통행하고 있는 자에게는 그 손해의 보상을 청구할 수 없다(대판 91다19623).

3. 인지(隣地)사용청구권

(1) 의 의

토지소유자가 경계나 그 근방에서 담 또는 건물을 축조하거나 수선하기 위하여 필요한 범위 내에서 이웃 토지의 사용을 청구할 수 있는 권리를 말한다(제216조 제1항). 인지사용으로 인하여 이웃 사람이 손해를 받은 때에는 보상을 청구할 수 있다(제216조 제2항).

(2) 요 건

토지의 경우 승낙이 없으면 판결로 갈음할 수 있으나, 주거의 경우에는 반드시 승낙이 있어야 하고 판결로도 갈음할 수 없다.

4. 경계표, 담의 설치권

(1) 의 의

인접하여 토지를 소유한 자는 공동비용으로 통상의 경계표나 담을 설치할 수 있다(제237조 제1항).

(2) 비용

원칙	설치비용은 쌍방이 절반하여 부담하지만, 측량비용은 토지의 면적에 비례하여 부담한다(제237조 제2항).
예외	① 설치나 비용에 관한 다른 관습이 있으면 그 관습에 의한다(제237조 제3항). ② 인지소유자는 자기의 비용으로 담의 재료를 통상보다 양호한 것으로 할 수 있으며 그 높이를 통상보다 높게 할 수 있고 또는 방화벽 기타 특수시설을 할 수 있다(제238조).

(3) 소유권

원칙	경계에 설치된 경계표, 담, 구거 등은 상린자의 공유로 추정한다. 상린자는 공유를 이유로 공유물분할을 청구하지 못한다.
예외	경계표, 담, 구거 등이 상린자 일방의 단독비용으로 설치되었거나 담이 건물의 일부인 경우에는 그러하지 아니하다(제239조).

5. 수지, 목근의 제거권

(1) **가지**: 인접지의 수목가지가 경계를 넘은 때에는 그 소유자에 대하여 가지의 제거를 청구할 수 있으며(제240조 제1항), 이에 응하지 않으면 청구자가 그 가지를 제거할 수 있다(제240조 제2항).

(2) **뿌리**: 인접지의 수목뿌리가 경계를 넘은 때에는 임의로 제거할 수 있다(제240조 제3항).

6. 토지의 심굴금지

토지소유자는 인접지의 지반이 붕괴할 정도로 자기의 토지를 심굴하지 못한다. 그러나 충분한 방어공사를 한 때에는 그러하지 아니하다(제241조).

7. 경계선부근의 건축

(1) **제한**: 건물을 축조함에는 특별한 관습이 없으면 경계로부터 반미터 이상의 거리를 두어야 한다(제242조 제1항).

(2) **위반한 경우**: 인접지소유자는 건물의 변경이나 철거를 청구할 수 있다. 그러나 건축에 착수한 후 1년을 경과하거나 건물이 완성된 후에는 손해배상만을 청구할 수 있다(제242조 제2항).

8. 차면시설의무

경계로부터 2미터 이내의 거리에서 이웃 주택의 내부를 관망할 수 있는 창이나 마루를 설치하는 경우에는 적당한 차면시설을 하여야 한다(제243조).

9. 지하시설 등에 대한 제한

(1) **거리제한**: 우물을 파거나 용수, 하수 또는 오물 등을 저치할 지하시설을 하는 때에는 경계로부터 2미터 이상의 거리를 두어야 하며 저수지, 구거 또는 지하실공사에는 경계로부터 그 깊이의 반 이상의 거리를 두어야 한다(제244조 제1항).

(2) **조치의무**: 공사를 함에는 토사가 붕괴하거나 하수 또는 오액이 이웃에 흐르지 아니하도록 적당한 조처를 하여야 한다(제244조 제2항).

10. 자연유수의 승수의무와 권리

토지소유자는 이웃 토지로부터 자연히 흘러오는 물을 막지 못한다(제221조 제1항). 고지소유자는 이웃 저지에 자연히 흘러내리는 이웃 저지에서 필요한 물을 자기의 정당한 사용범위를 넘어서 이를 막지 못한다(제221조 제2항).

11. 소통공사권

흐르는 물이 저지에서 폐색된 때에는 고지소유자는 자비로 소통에 필요한 공사를 할 수 있다(제222조).

12. 처마물에 대한 시설의무

토지소유자는 처마물이 이웃에 직접 낙하하지 아니하도록 적당한 시설을 하여야 한다(제225조).

13. 여수급여청구권

토지소유자는 과다한 비용이나 노력을 요하지 아니하고는 가용이나 토지이용에 필요한 물을 얻기 곤란한 때에는 이웃 토지소유자에게 보상하고 여수의 급여를 청구할 수 있다(제228조).

14. 매연 등에 의한 인지에 대한 방해금지

(1) **조치의무** : 토지소유자는 매연, 열기체, 액체, 음향, 진동 기타 이에 유사한 것으로 이웃 토지의 사용을 방해하거나 이웃 거주자의 생활에 고통을 주지 아니하도록 적당한 조처를 할 의무가 있다(제217조 제1항).

(2) **인용의무** : 이웃 거주자는 매연 등이 이웃 토지의 통상의 용도에 적당한 것인 때에는 이를 인용할 의무가 있다(제217조 제2항).

15. 수도 등 시설권

(1) **의의** : 토지소유자는 타인의 토지를 통과하지 아니하면 필요한 수도, 소수관, 까스관, 전선 등을 시설할 수 없거나 과다한 비용을 요하는 경우에는 타인의 토지를 통과하여 이를 시설할 수 있다. 법정의 요건을 갖추면 당연히 인정되는 것이고, 토지 소유자의 동의나 승낙을 받아야 하는 것이 아니다(대판 2015다247325).

(2) **손해보상** : 수도시설로 인한 손해가 가장 적은 장소와 방법을 선택하여 이를 시설할 것이며 타토지의 소유자의 요청에 의하여 손해를 보상하여야 한다(제218조 제1항).

(3) **변경청구** : 시설을 한 후 사정의 변경이 있는 때에는 타토지의 소유자는 그 시설의 변경을 청구할 수 있다. 시설변경의 비용은 토지소유자가 부담한다(제218조 제2항).

3 소유권의 취득

1. 취득원인

(1) **일반적 취득**

법률행위로 인한 취득(제186조)과 법률규정으로 인한 취득(제187조)이 있다.

(2) **특수한 취득**

취득시효, 선의취득, 무주물 선점, 유실물 습득, 매장물 발견, 부합, 혼화, 가공 등이 있다.

2. 취득시효 제도

(1) 의 의

일정기간 계속된 사실상태를 존중하여 그것이 진실한 권리관계와 일치하는지 여부를 묻지 않고, 권리취득의 효과를 부여하는 제도를 말한다.

동 산	장기취득시효	10년
	단기취득시효	5년(+ 선의, 무과실)
부동산	점유취득시효(장기)	20년
	등기부취득시효(단기)	10년(+ 선의, 무과실, 등기)

(2) 시효취득의 가능성

가능	① 소유권, 지상권, 계속되고 표현된 지역권, 질권, 분묘기지권, 광업권, 어업권, 지적재산권 등은 시효취득이 가능하다. ② 전세권에 대해서는 논란이 있으나 인정된다는 것이 다수설이다.
불가능	① 점유권과 유치권은 법률규정으로 성립되고, ② 저당권은 점유를 요건으로 하지 않으며, ③ 취소권, 해제권, 환매권 등은 한번 행사하면 소멸한다는 점에서 시효취득이 인정되지 않는다.

(3) 시효취득의 주체

권리주체는 누구나 될 수 있으므로 자연인, 법인 뿐만 아니라 국가나 지방자치단체도 가능하다. 문중 또는 종중과 같이 법인 아닌 사단 또는 재단에 있어서도 취득시효 완성으로 인한 소유권을 취득할 수 있다(대판 69다2013).

(4) 시효취득의 대상

① **자기소유 부동산**: 증명이 곤란한 경우도 있으므로 시효취득의 목적물이 될 수 있다(대판 2001다17572).

> **판례**
>
> **적법·유효한 등기**
> 적법·유효한 등기를 하여 소유권을 취득한 사람이 당해 부동산을 점유하는 경우에는 특별한 사정이 없는 한 사실상태를 권리관계로 높여 보호할 필요가 없고, 증명의 곤란을 구제할 필요도 없으므로, 그러한 점유는 취득시효의 기초가 되는 점유라고 할 수 없다(대판 2013다206313).

② **성명불상자(姓名不詳者)의 소유물**: 시효로 인한 부동산 소유권의 취득은 원시취득이므로 반드시 타인의 소유물이어야 하거나 그 타인이 특정되어 있어야만 하는 것은 아니므로 성명불상자의 소유물에 대하여 시효취득을 인정할 수 있다(대판 91다9312).

③ **1필 토지의 일부**

점유취득시효	그 부분이 다른 부분과 구분되어 시효취득자의 점유에 속한다는 것을 인식하기에 족한 객관적인 징표가 계속하여 존재하면 가능하나(대판 93다5581), 분필절차를 거친 후 등기해야 한다.
등기부취득시효	1필 토지의 일부에 대해서는 등기할 수 없으므로 시효취득의 대상은 될 수 없다.

④ **국유재산**

행정재산	공적인 목적에 제공되어 있으므로 시효취득할 수 없다.
일반재산	사물(私物)에 해당하므로 시효취득할 수 있다. 다만 일반재산 중에 취득시효가 완성되었다고 하더라도 행정재산으로 되면 시효취득할 수 없다(대판 96다10782).

⑤ **공 유**

원 칙	건물 공유자들이 건물부지의 공동점유로 인하여 건물부지에 대한 소유권을 시효취득하는 경우라면 그 취득시효 완성을 원인으로 한 소유권이전등기청구권은 당해 건물의 공유지분비율과 같은 비율로 건물 공유자들에게 귀속된다(대판 2002다57935).
예 외	집합건물의 공용부분에 대하여 취득시효의 완성을 인정하면 전유부분과 분리하여 공용부분의 처분을 허용하고 일정 기간의 점유로 인하여 공용부분이 전유부분으로 변경되는 결과가 되는 것이므로 허용되지 않는다(대판 2011다78200).

3. 부동산에 대한 점유취득시효

(1) 요 건

① **소유의 의사로 평온, 공연하게 점유할 것**: 선의, 무과실은 요건이 아니다. 직접점유와 간접점유가 모두 포함되므로 제3자를 점유매개자로 하여 농지를 간접적으로 점유하여 온 자는 비록 그가 농민이 아니라고 하더라도 농지를 시효취득할 수 있다(대판 97다49053).

② **20년간 점유할 것**: 전 점유자의 점유를 함께 주장할 수 있으나, 기산점은 점유가 개시된 시점이고, 당사자가 기산점을 임의의 시점으로 선택할 수는 없다. 다만 취득시효기간 중 계속해서 등기명의자가 동일한 경우에는 가능하다(대판 97다8496). 상속인은 새로운 권원으로 자기 고유의 점유를 개시하지 않는 한 자신만의 자주점유를 주장할 수 없다(대판 92다22602).

③ **등기할 것**: 취득시효는 법률규정에 의한 물권변동이지만 등기해야 소유권을 취득한다(제245조 제1항). 미등기 부동산의 경우에도 등기가 필요하다(대판 2006다22074). 시효 완성 당시의 소유권보존등기 또는 이전등기가 무효라면 원칙적으로 그 등기명의인은 시효취득을 원인으로 한 소유권이전등기청구의 상대방이 될 수 없고, 이 경우 시효취득자는 소유자를 대위하여 위 무효등기의 말소를 구하고 다시 위 소유자를 상대로 취득시효 완성을 이유로 한 소유권이전등기를 구하여야 한다(대판 2006다64573).

> **판례**
> ① 대위행사: 시효완성 후 전 점유자의 점유를 승계한 자는 그 점유 자체와 하자만을 승계하는 것이지 그 점유로 인한 법률효과까지 승계하는 것은 아니므로 <u>부동산을 취득시효기간 만료 당시의 점유자로부터 양수하여 점유를 승계한 현 점유자는</u> 자신의 전 점유자에 대한 소유권이전등기청구권을 보전하기 위하여 <u>전 점유자의 소유자에 대한 소유권이전등기청구권을 대위행사할 수 있을 뿐</u>, 전 점유자의 취득시효 완성의 효과를 주장하여 직접 자기에게 소유권이전등기를 청구할 권원은 없다(대판 전합 93다47745).
> ② 소멸시효: 시효 완성으로 발생한 소유권이전등기청구권은 <u>채권적 청구권이므로 10년의 소멸시효에 걸리는 것이 원칙이다</u>. 그러나 그 점유를 계속하는 동안 소멸시효가 진행되지 않는 것이고, 또 일단 취득시효기간의 만료로 점유자가 소유권이전등기청구권을 취득한 이상 그 후 <u>부동산에 대한 점유가 중단되더라도 이를 시효이익의 포기로 볼 수 있는 경우가 아닌 한 이미 취득한 소유권이전등기청구권이 소멸되는 것은 아니다</u>(대판 90다카25352).

(2) **효 과**

① **원시취득**

원 칙	특별한 사정이 없는 한 부동산 위에 존재하던 제한은 소멸한다. 원시취득이지만 실무상 소유권이전등기를 하게 된다.
예 외	취득시효의 기초가 되었던 점유가 지역권을 용인하고 있었던 경우에는 그 제한은 소멸하지 않는다.

② **소급효**: 소유권취득의 효력은 점유를 개시한 때에 소급하므로(제247조 제1항) 시효취득자는 시효기간 중에 취득한 과실을 수취할 수 있다. 다만 원소유자가 시효완성 후 등기 전 제3자에게 한 처분행위는 불법행위가 아니므로 소급효로 대항할 수 없다(대판 2005다75910).

> **판례**
>
> **피담보채무의 변제**
> 취득시효의 완성 이후 그 등기가 있기 전에 설정된 근저당권에 대하여, 시효취득자가 원소유자에 의하여 그 토지에 설정된 근저당권의 피담보채무를 변제하는 것은 시효취득자가 용인하여야 할 그 토지상의 부담을 제거하여 완전한 소유권을 확보하기 위한 것으로서 그 자신의 이익을 위한 행위라 할 것이니, 위 변제액 상당에 대하여 원소유자에게 대위변제를 이유로 구상권을 행사하거나 부당이득을 이유로 그 반환청구권을 행사할 수는 없다(대판 2005다75910).

③ **시효의 중단과 정지**

중단	소멸시효의 중단에 관한 규정을 준용하므로(제247조 제1항) 청구, 가처분, 승인에 의하여 중단된다. 그러나 '압류 또는 가압류'는 금전채권의 강제집행을 위한 수단이거나 그 보전수단에 불과하여 취득시효기간의 완성 전에 부동산에 압류 또는 가압류 조치가 이루어졌다고 하더라도 이로써 종래의 점유상태의 계속이 파괴되었다고는 할 수 없으므로 이는 취득시효의 중단사유가 될 수 없다(대판 2018다296878).
정지	준용규정이 없으나 유추적용되는 것으로 본다(다수설).

④ **시효이익의 포기**: 시효가 완성된 경우 시효취득자는 시효이익을 포기할 수 있다. 특별한 사정이 없는 한 취득시효 완성 당시의 진정한 소유자에 대하여 하여야 그 효력이 발생하므로(대판 2006다19177) 무효인 등기의 등기명의인에 대한 포기는 포기한 것으로 인정되지 않는다.

포기 ○	포기 ×
시효취득자가 제기한 소송에서 상대방의 소유를 인정하여 합의로 소를 취하한 경우	점유자가 시효완성 후 상대방에게 토지의 매수제의를 한 경우

(3) 취득시효의 법률관계

① **시효완성의 주장**: 시효완성당시의 등기명의자에 대하여 주장할 수 있다. 시효완성 후 등기 전에 제3자 명의의 소유권이전등기가 마쳐진 경우에는 주장할 수 없으나, 그 소유권 변동시를 새로운 기산점으로 2차 취득시효의 완성을 주장할 수 있다(대판 전합 2007다15172). 제3자가 불법행위에 적극 가담하였다면 그 행위는 반사회질서행위로서 무효이므로(대판 92다47892) 시효완성자는 등기명의인을 대위하여 소유권이전등기의 말소를 청구할 수 있다.

② **상속등기**: 시효완성 후 등기 전에 상속등기가 경료된 경우, 점유자는 상속인에 대하여 시효취득을 주장할 수 있다(대판 2001다77352).

③ **소유권의 회복**: 시효완성 후 등기 전에 제3자에게 소유권이전등기가 경료되었다가 그 후 시효완성 당시의 소유자에게로 소유권이 회복되면 그 소유자에게 시효취득의 효과를 주장할 수 있다(대판 90다14225).

④ **채무불이행책임**: 시효완성 후 등기 전에 제3자에게 부동산을 처분하더라도 부동산 소유자와 시효취득자 사이에 계약상의 채권·채무관계가 성립하는 것은 아니므로 그 소유자에게 채무불이행 책임을 물을 수 없다(대판 94다4509).

⑤ **불법행위**

원 칙	시효완성 후 등기 전에 등기명의인이 제3자에게 처분하였다고 하더라도 특별한 사정이 없는 한 그 등기명의인 부동산 소유자로서는 그 시효취득 사실을 알 수 없는 것이므로 불법행위가 성립하지 않는다.
예 외	점유자가 그 취득시효를 주장하거나 이로 인한 소유권이전등기청구를 한 경우에는 불법행위가 성립한다(대판 94다4509).

⑥ **방해배제청구**: 시효완성자는 점유할 권리가 있으므로 점유권에 근거한 방해배제를 청구할 수 있다. 따라서 시효 완성 후에 토지소유자가 멋대로 설치한 담장 등의 철거를 구할 수 있다(대판 2004다23899).

⑦ **부당이득반환청구**: 시효완성자는 등기 전이라도 점유할 권리가 인정되고, 소유자는 소유권이전등기 절차를 이행할 의무가 있으므로 소유자는 점유자에 대하여 점유로 인한 부당이득반환을 청구하거나(대판 92다51280), 불법행위에 따른 손해배상을 청구할 수도 없으며, 목적물의 반환을 청구할 수도 없다.

⑧ **대상청구권**: 시효완성 후 토지가 수용되어 소유권이전등기의무가 이행불능이 된 경우 대상청구권을 행사할 수 있으나, 이행불능 전에 시효의 완성을 주장하거나 등기청구권을 행사하였어야 한다(대판 94다43825). 그러나 대상청구권의 행사로서 그 토지의 소유자가 토지의 대가로서 지급받은 수용보상금의 반환을 청구할 수 있다고 하더라도, 시효취득자가 직접 토지의 소유자를 상대로 공탁된 토지수용보상금의 수령권자가 자신이라는 확인을 구할 수는 없다(대판 95다2074).

⑨ **가등기**

시효완성 전	시효완성 전에 경료 된 소유권이전청구권 가등기에 기하여 시효완성 후 등기 전에 본등기를 마친 경우에는 시효의 완성을 주장할 수 없다(대판 92다21258).
시효완성 후	시효완성 후 등기 전에 제3자 명의로 가등기를 마친 경우에도 소유권이전등기의무자의 처분권한이 상실되는 것도 아니므로 시효의 완성을 주장할 수 있다(대판 91다8104). 다만 가등기에 기한 본등기를 하게 되면 시효취득자명의의 소유권이전등기는 중간등기로서 직권말소될 것이다.

⑩ 명의신탁

설 정	시효완성 후 등기 전에 제3자에게 명의신탁 된 경우, 종전 등기명의인으로서는 언제든지 이를 해지하고 소유권이전등기를 청구할 수 있고, 점유시효취득자로서는 종전 등기명의인을 대위하여 이러한 권리를 행사할 수 있으므로 시효취득을 주장할 수 있다(대판 95다24586).
해 지	명의신탁된 부동산에 대하여 시효 완성 후 등기 전에 명의신탁이 해지되어 신탁자에게로 등기가 이전된 경우, 대외적 관계에서는 등기명의자만이 소유권자로 취급되고, 등기의무도 시효완성 당시 명의수탁자에게만 있을 뿐이므로 명의신탁자에게 시효취득을 주장할 수 없다(대판 2000다8861).

⑪ **등기청구권 양도의 대항요건**: 매매로 인한 소유권이전등기청구권의 양도는 통상의 채권양도와 달리 양도인의 채무자에 대한 통지만으로는 채무자에 대한 대항력이 생기지 않으며 반드시 채무자의 동의나 승낙을 받아야 대항력이 생긴다. 그러나 취득시효 완성으로 인한 소유권이전등기청구권은 채권자와 채무자 사이에 아무런 계약관계나 신뢰관계가 없으므로 매매로 인한 소유권이전등기청구권에 관한 양도제한의 법리가 적용되지 않는다(대판 2015다36167).

4. 부동산에 대한 등기부취득시효

(1) **요 건**

① **자주, 평온, 공연, 선의, 무과실로 점유할 것**: 선의·무과실은 등기에 관한 것이 아니고 점유의 취득에 관한 것이므로, 등기경료 이전부터 점유를 하여 온 경우에는 그 점유개시 당시를 기준으로 그 점유의 개시에 과실이 없었는지 여부에 관하여 심리판단하여야 한다(대판 93다28089).

② **소유자로 등기한 자가 점유할 것**: 무효의 등기도 가능하나(대판 2013다215515), 무효인 중복등기에 근거한 경우에는 시효취득을 주장할 수 없다(대판 전합 96다12511).

③ **등기와 점유가 모두 10년일 것**: 점유의 승계와 마찬가지로 등기의 승계도 인정하므로 반드시 10년간 자기 명의로 등기되어 있어야 하는 것은 아니고 앞 사람의 등기까지 아울러 그 기간 동안 부동산의 소유자로 등기되어 있으면 된다(대판 전합 87다카2176).

(2) **효 과**

등기부취득시효는 이미 등기가 되어 있으므로 법률이 정하는 요건을 갖추면 즉시 소유권을 취득한다. 시효 완성 후 등기가 말소되거나 적법한 원인 없이 다른 사람 앞으로 소유권이전등기가 경료되었다 하더라도 취득한 소유권을 상실하는 것은 아니다(대판 98다20110).

5. 첨부

(1) 서설

① '첨부'란 어떤 물건이 일정한 사유로 다른 물건과 결합하는 것으로서, 부합, 혼화, 가공이 있다.

② 첨부에 의하여 동산의 소유권이 소멸한 때에는 그 동산을 목적으로 한 다른 권리도 소멸한다(제260조 제1항).

③ 동산의 소유자가 합성물, 혼화물 또는 가공물의 단독소유자가 된 때에는 그 동산을 목적으로 한 다른 권리는 합성물, 혼화물 또는 가공물에 존속하고 그 공유자가 된 때에는 그 지분에 존속한다(제260조 제2항).

④ **보상**: 부합으로 손해를 받은 자는 부당이득에 관한 규정에 의하여 보상을 청구할 수 있다(제261조). 매도인에게 소유권이 유보된 자재가 제3자와 매수인 사이에 이루어진 도급계약의 이행으로 제3자 소유 건물의 건축에 사용되어 부합된 경우, 제3자의 선악을 불문하고 건물에 부합되지만, 선의의 제3자에 대한 보상은 청구할 수 없다(대판 2009다15602).

(2) 부합

① **의의**: 소유자를 달리하는 수개의 물건이 결합되어 사회통념상 훼손하지 않으면 분리할 수 없거나 분리하는데 과다한 비용이 드는 경우, 하나의 물건으로서 특정인의 소유에 귀속시키는 것을 말한다.

② **부동산에 부합한 물건**: 부동산의 소유자가 그 물건의 소유권을 취득한다(제256조). 부동산에 부합된 동산의 가격이 부동산의 가격을 초과하더라도 부동산의 소유자에게 귀속된다. 그러나 타인의 권원(예 지상권, 임차권 등)에 의하여 부속된 것은 그러하지 아니하다(제256조).

> **판례**
>
> **담보지상권**
> 지상권을 설정하여 토지사용권이 없는 토지소유자로부터 토지를 이용할 수 있는 권리를 취득한 것은 '권원'에 해당하지 않지만, 담보지상권을 설정한 토지소유자로부터 취득한 것은 저당 부동산의 담보가치를 하락시킬 우려가 있는 등의 특별한 사정이 없는 한 '권원'에 해당한다(대판 2015다69907).

③ **토지에 건물의 부합**: 건물은 토지와는 독립한 부동산이므로 권원 없이 타인의 토지에 건물을 신축한 경우에도 토지에 부합하지 않는다.

④ **토지에 수목의 부합**: 수목은 토지에 부합하는 것이 원칙이나, 정당한 권원에 의하여 식재한 경우에는 식재한 자의 소유에 속하므로 토지를 경락받았다고 하더라도 경락인은 수목까지 취득할 수는 없다(대판 89다카21095). 다만 토지임차인의 승낙만 얻어 토지에 나무를 심은 사람은 다른 약정이 없는 한 토지소유자에게 나무의 소유권을 주장할 수 없다.

⑤ **농작물의 부합**: 성숙한 농작물의 소유권은 정당한 권원유무를 불문하고 언제나 경작자의 소유에 속하고 토지에 부합하지 않는다.

⑥ **건물의 증개축 부분**: 타인의 권원에 의하여 부합시켰더라도 그 부동산의 구성부분이 된 경우에는 부동산의 소유자에게 귀속되지만(대판 2007다36933), 구조상, 이용상 독립성이 있는 때에는 증개축한 자에게 귀속된다(대판 99다14518).

> **판 례**
>
> **부합된 증축부분**
> 건물의 증축 부분이 기존건물에 부합하여 기존건물과 분리하여서는 별개의 독립물로서의 효용을 갖지 못하는 이상 기존건물에 대한 근저당권은 부합된 증축 부분에도 효력이 미치는 것이므로 기존건물에 대한 경매절차에서 <u>경매목적물로 평가되지 아니하였다고 할지라도 경락인은 부합된 증축 부분의 소유권을 취득한다</u>(대판 2000다63110).

⑦ **동산간의 부합**

원칙	동산과 동산이 부합하여 훼손하지 아니하면 분리할 수 없거나 그 분리에 과다한 비용을 요할 경우에는 그 합성물의 소유권은 주된 동산의 소유자에게 속한다(제257조).
예외	부합한 동산의 주종을 구별할 수 없는 때에는 동산의 소유자는 부합 당시의 가액의 비율로 합성물을 공유한다(제257조).

(3) 혼 화

동산과 동산이 혼화하여 식별할 수 없는 경우에는 동산간의 부합규정을 준용한다(제258조).

(4) 가 공

원칙	타인의 동산에 가공한 때에는 그 물건의 소유권은 원재료의 소유자에게 속한다.
예외	가공으로 인한 가액의 증가가 원재료의 가액보다 현저히 다액인 때에는 가공자의 소유로 한다(제259조 제1항). 가공자가 재료의 일부를 제공하였을 때에는 그 가액은 증가액에 가산한다(제259조 제2항).

6. 무주물 선점, 유실물 습득, 매장물 발견

(1) 무주물 선점

무주물	① 현재 소유자가 없는 물건을 말한다. 동산과 부동산이 모두 포함된다. ② 야생하는 동물은 무주물로 하고 사양하는 야생동물도 다시 야생상태로 돌아가면 무주물로 한다(제252조 제3항).
선 점	① 소유의 의사로 점유하는 것을 말한다. ② 무주의 동산을 소유의 의사로 점유한 자는 그 소유권을 취득한다(제252조 제1항). ③ 무주의 부동산은 국유로 하므로(제252조 제2항) 선점의 대상은 동산에 한정된다.

(2) 유실물 습득

유실물	점유자의 의사에 반하여 점유를 이탈한 물건으로서 도품이 아닌 것을 말한다.
습 득	① 점유를 취득하는 것으로서 소유의 의사를 요하지 않는다는 점에서 선점과 구별된다. ② 유실물을 습득한 경우 법률에 정한 바에 의하여 공고한 후 6개월 내에 그 소유자가 권리를 주장하지 아니하면 습득자가 그 소유권을 취득한다(제253조).

(3) 매장물 발견

매장물	토지 기타의 물건에 묻혀 있어서 외부에 쉽게 발견되지 않는 물건으로서, 현재 소유자가 불확실한 것을 말한다. 동산과 부동산이 모두 포함된다.
발 견	① 매장물의 존재를 구체적, 객관적으로 인식한 것을 말한다. ② 매장물은 법률에 정한 바에 의하여 공고한 후 1년 내에 그 소유자가 권리를 주장하지 아니하면 발견자가 그 소유권을 취득한다(제254조). ③ 타인의 토지 기타 물건으로부터 발견한 매장물은 그 토지 기타 물건의 소유자와 발견자가 절반하여 취득한다(제254조).

4 공동소유

1. 의 의

공동소유	① 하나의 물건을 2명 이상이 소유하는 것을 말한다. ② 인적 결합의 정도에 따라 공유, 합유, 총유로 나뉜다.
준공동소유	① 소유권 이외의 재산권을 수인이 공유하는 것을 말한다. ② 공동소유에 관한 규정이 준용된다. 그러나 다른 법률에 특별한 규정이 있으면 그에 의한다(제278조).

2. 공유

(1) 의의
하나의 물건을 공동의 목적 없이 2인 이상이 지분으로 소유한 형태를 말한다.

(2) 성립

법률행위	공유하기로 하는 합의에 의하여 성립할 수 있다. 부동산의 경우에는 공유등기와 지분등기가 필요하다.
법률규정	건물의 구분소유에 의한 공용부분(제215조 제1항), 경계에 설치된 경계표, 담, 구거(제239조) 타인의 토지에서 발견된 매장물(제254조), 주종을 구별할 수 없는 동산간의 부합(제257조), 혼화(제258조), 공동상속재산(제1006조), 집합건물의 공용부분(집합건물법 제10조 제1항) 등이 있다.

(3) 공유지분
① **의의**: 각 공유자가 물건에 대하여 가지는 소유권의 비율을 말한다. 1개의 소유권이 분량적으로 분할된 것이므로 1물 1권주의에 위반되는 것이 아니다.

② **비율**: 공유자의 의사표시나 법률규정으로 정해진 것이 없으면 균등한 것으로 추정된다(제262조 제2항). 실제 지분은 등기하지 않으면 제3자에 대항할 수 없다.

③ **처분**: 각 공유자는 자유로이 처분할 수 있다. 지분의 처분금지 특약은 당사자 간에 채권적 효력만 있다.

④ **탄력성**: 공유자가 그 지분을 포기하거나 상속인 없이 사망한 때에는 그 지분은 다른 공유자에게 각 지분의 비율로 귀속한다(제267조). 공유지분권자의 상속인이 있으면 그 지분은 상속인에게 상속된다. 공유지분의 포기는 상대방 있는 단독행위로서 다른 공유자 앞으로 소유권이전등기를 해야 효력이 발생한다.

(4) 공유물의 보존
① **의의**: 공유물의 멸실, 훼손을 방지하고 그 현상을 유지하기 위한 행위이다.

② **요건**: 공유자 각자가 단독으로 할 수 있으므로(제265조) 제3자의 불법점유가 있으면 각 공유자는 그 인도를 청구할 수 있다.

③ **원인무효의 소유권이전등기**
   ㉠ 제3자 명의인 경우: 공유자 각자는 보존행위로서 그 등기 전부의 말소를 구할 수 있다(대판 92다52870).
   ㉡ 공유자 중 1인의 명의인 경우: 등기명의인인 공유자의 공유지분을 제외한 나머지 공유지분 전부에 대하여 말소를 구할 수 있다(대판 2012다2408).

④ **다른 공유자의 지분권 주장**: 공유자의 1인은 다른 공유자의 지분권을 대외적으로 주장할 수 없다. 따라서 공유물에 끼친 불법행위를 이유로 손해배상을 청구하거나 부당이득반환을 청구하는 것은 보존행위가 아니므로 특별한 사유가 없는 한 각 공유자는 자기 지분에 대응하는 비율의 한도 내에서만 이를 행사할 수 있다(대판 70다171).

(5) **공유물의 관리**

① **의의**: 공유물을 이용, 개량하는 행위로서 처분이나 변경에 이르지 않는 것을 말한다. 공유자가 공유물을 타인에게 임대하는 행위 및 그 임대차계약을 해지하는 행위는 공유물의 관리행위에 해당한다(대판 2010다37905).

② **요건**: 공유자의 지분의 과반수로써 결정한다(제265조).

③ **제3자에게 임대한 경우**
  ㉠ 과반수지분권자의 임대: 제3자의 점유는 적법한 점유로서 부당이득이 아니므로 소수지분권자는 제3자에게 직접 인도를 청구할 수 없고, 과반수지분권자에게 자신의 지분비율 범위 내에서 부당이득반환을 청구하여야 한다.
  ㉡ 소수지분권자의 임대: 제3자의 점유는 부적법한 점유이므로 과반수지분권자는 제3자에게 직접 인도를 청구할 수 있고, 다른 소수지분권자도 제3자에게 직접 부당이득반환을 청구할 수 있다.

④ **배타적 점유**
  ㉠ 과반수지분권자의 점유: 소수지분권자는 인도를 청구할 수 없고, 자신의 지분 범위 내에서 부당이득반환을 청구할 수 있다.
  ㉡ 소수지분권자의 점유: 과반수지분권자는 인도를 청구할 수 있으나, 다른 소수지분권자가 공유물의 보존행위로서 공유물의 인도를 청구할 수는 없다. 다만 자신의 지분권에 기초하여 공유물에 대한 방해 상태를 제거하거나 공동 점유를 방해하는 행위의 금지 등을 청구할 수는 있다(대판 전합 2018다287522).

⑤ **관리특약의 효력**

원칙	공유자의 특정승계인에 대하여도 당연히 승계된다.
예외	㉠ 특약이 지분권자로서의 사용·수익권을 사실상 포기하는 등으로 공유지분권의 본질적 부분을 침해하는 경우에는 특정승계인이 그러한 사실을 알고도 공유지분권을 취득하였다는 등의 특별한 사정이 없다면 특정승계인에게 당연히 승계된다고 볼 수 없다(대판 2011다58701). ㉡ 특약 후에 공유자에 변경이 있고 특약을 변경할 만한 사정이 있는 경우에는 공유자의 지분의 과반수의 결정으로 기존 특약을 변경할 수 있다(대판 2005다1827).

(6) **공유물의 처분, 변경**
① **의의**: '처분'이란 공유물을 양도하거나 제한물권을 설정하는 것을 말하고, '변경'이란 물리적 변경으로서 나대지에서의 건물의 건축 등이 있다(대판 2000다33638).
② **요건**: 공유자는 다른 공유자의 동의 없이 공유물을 처분하거나 변경하지 못하므로(제264조) 다른 공유자 전원의 동의가 있어야 처분, 변경할 수 있다.
③ **1인의 무단 처분행위**: 다른 공유자의 동의 없이 그 공유물의 특정부분을 처분하여 소유권이전등기를 마친 경우, 처분공유자의 공유지분 범위 내에서는 실체관계에 부합하는 유효한 등기이므로, 다른 공유자는 전부의 말소를 구할 수 없다.

(7) **공유물의 분할**
① **분할의 자유**

원 칙	공유자는 언제든지 공유물의 분할을 청구할 수 있다.
예 외	㉠ 5년 내의 기간으로 분할금지 특약을 할 수 있고, 갱신한 경우 그 기간은 갱신한 날로부터 5년을 넘지 못한다. ㉡ 건물을 구분소유하는 경우의 공용부분, 경계표, 담, 구거 등은 분할할 수 없다.

② **분할의 방법**

원 칙	협의분할에 의한다. ㉠ 현물분할 ㉡ 대금분할(공유물을 매각하여 대금을 나누는 방법) ㉢ 가격배상(공유자 1인이 단독소유하고 다른 공유자에게 가격을 배상하는 방법) 중에서 자유로이 선택할 수 있다. 판례는 가격배상을 현물분할의 일종으로 본다.
예 외	㉠ 협의가 성립되지 아니한 때에는 법원에 분할을 청구할 수 있다. ㉡ 분할을 청구하는 공유자가 원고가 되어 다른 공유자 전부를 공동피고로 하여야 하는 고유필수적 공동소송이다(대판 2013다78556). ㉢ 재판상 분할은 현물분할이 원칙이나, 현물로 분할할 수 없거나 분할로 인하여 현저히 그 가액이 감손될 염려가 있는 때에는 법원은 물건의 경매를 명할 수 있다. ㉣ 공유물분할판결은 형성판결이므로 등기를 요하지 않는다.

> **판례**
>
> ㉠ **경제적 가치에 따른 분할**: 토지를 분할하는 경우, 원칙적으로는 각 공유자가 취득하는 토지의 면적이 그 공유지분의 비율과 같아야 할 것이나, 제반 사정을 고려하여 <u>경제적 가치가 지분비율에 상응되도록 분할하는 것도 허용된다</u>(대판 93다27819).
> ㉡ **일부 분할**: 여러 사람이 공유하는 물건을 현물분할하는 경우에는 <u>분할청구자의 지분 한도 안에서 현물분할을 하고 분할을 원하지 않는 나머지 공유자는 공유로 남게 하는 방법도 허용된다</u>고 할 것이나, 그렇다고 하더라도 공유물분할을 청구한 공유자의 지분한도 안에서는 공유물을 현물 또는 경매·분할함으로써 공유관계를 해소하고 단독소유권을 인정하여야지, 그 분할청구자 지분의 일부에 대하여만 공유물 분할을 명하고 일부 지분에 대하여는 이를 분할하지 아니한 채 공유관계를 유지하도록 하는 것은 허용될 수 없다(대판 2009다79811).
> ㉢ **협의 성립 후 불협조**: 공유자 사이에 이미 분할에 관한 협의가 성립되었으나, 일부 공유자가 분할에 따른 이전등기에 협조하지 않거나 분할에 관하여 다툼이 있는 경우에는 <u>공유물분할의 소를 제기하는 것은 허용되지 않고, 분할된 부분에 대한 소유권이전등기를 청구하거나 소유권확인을 구할 수 있다</u>(대판 94다30348).

③ **분할의 절차**: 협의에 의한 분할이거나 재판상의 분할을 막론하고 공유자 전원이 분할절차에 참여하여야 한다(대판 68다414).

④ **분할의 효과**: 분할을 하면 공유관계가 해소되고, 각 공유자는 분할된 부분의 단독소유자가 된다. 공유자는 다른 공유자가 분할로 인하여 취득한 물건에 대하여 그 지분의 비율로 매도인과 동일한 담보책임이 있다(제270조).

⑤ **지분위에 설정된 근저당권**: 甲, 乙의 공유인 부동산 중 甲의 지분위에 설정된 근저당권 등 담보물권은 특단의 합의가 없는 한 공유물분할이 된 뒤에도 종전의 지분비율대로 공유물 전부의 위에 그대로 존속하고 근저당권설정자인 甲 앞으로 분할된 부분에 당연히 집중되는 것은 아니다(대판 88다카24868).

(8) **공유물의 사용·수익**

공유자는 공유물 전부를 지분의 비율로 사용·수익할 수 있다(제263조). 일부 공유자가 배타적으로 점유·사용하는 공유 토지의 특정된 한 부분이 그 지분 비율에 상당하는 면적의 범위 내라고 할지라도, 공유 토지를 전혀 사용·수익하지 않고 있는 다른 공유자에 대하여 그 지분에 상응하는 부당이득 반환의무가 있다(대판 2000다13948).

(9) **공유물의 부담**

공유자는 그 지분의 비율로 공유물의 관리비용 기타 의무를 부담한다(제266조 제1항). 공유자가 1년 이상 의무이행을 지체한 때에는 다른 공유자는 상당한 가액으로 지분을 매수할 수 있다(제266조 제2항). 매수청구권을 행사함에 있어서는 매수대상이 되는 지분 전부의 매매대금을 제공한 다음 매수청구권을 행사하여야 한다(대판 92다25656).

3. 합유

(1) 의의

법률의 규정(예 신탁법상 수인의 수탁자) 또는 계약(예 동업계약)에 의하여 수인이 조합체로서 물건을 소유하는 때에는 합유로 한다. '조합체'란 2인 이상이 상호출자하여 공동사업을 경영할 것을 목적으로 하지만 단체의 실질을 갖추지 못한 것을 말한다. 인적 결합관계가 강하다는 점에서 공유와 구별된다. 합유자의 권리는 합유물 전부에 미친다(제271조 제1항).

(2) 합유지분

① **의의**: 공유와 달리 분량적 일부분이 아니라 조합관계에서 생기는 권리, 의무의 총체로서 조합원의 지위를 의미한다. 따라서 합유재산을 합유자 1인 명의로 소유권보존등기를 한 것은 실질관계에 부합하지 않는 원인무효이다(대판 69다22).

② **처분**: 지분의 양도는 조합원 지위를 양도하는 것이므로 전원의 동의 없이는 처분하지 못한다(제273조 제1항).

③ **상속**: 부동산의 합유자 중 일부가 사망한 경우, 특별한 약정이 없는 한 사망한 합유자의 상속인은 합유자로서의 지위를 승계하지 못하고, 잔존 합유자가 2인 이상일 경우에는 잔존 합유자의 합유로 귀속되고 잔존 합유자가 1인인 경우에는 잔존 합유자의 단독소유로 귀속된다(대판 96다23238).

④ **포기**: 법률행위에 의한 권리변동이므로 등기하여야 효력이 있다(96다16896).

(3) 합유물

① **처분, 변경과 보존**: 합유물을 처분 또는 변경함에는 합유자 전원의 동의가 있어야 한다. 그러나 보존행위는 각자가 할 수 있다(제272조).

> **보충** 합유물의 관리 · 사용 · 수익
>
> 공유와 달리 따로 규정이 없으므로 계약으로 따로 정하지 않는 한 견해가 대립한다. "조합의 업무집행은 조합원의 과반수로써 결정한다. 업무집행자 수인인 때에는 그 과반수로써 결정한다(제706조 제2항)"는 규정을 특별규정으로 보아서 조합원의 과반수로 결정된다는 견해도 있다. 판례 입장은 명확하지 않다.

② **분할**: 합유자는 합유물의 분할을 청구하지 못한다(제273조 제2항).

(4) 합유의 종료

합유는 조합체의 해산 또는 합유물의 양도로 인하여 종료한다(제274조 제1항). 합유물의 분할에 관하여는 공유물의 분할에 관한 규정을 준용한다(제274조 제2항).

4. 총유

(1) 의 의

법인이 아닌 사단의 사원이 집합체로서 물건을 소유하는 것을 말한다(제275조 제1항). 총유에 관하여는 사단의 정관 기타 계약에 의한다(제275조 제2항). 교회나 종중의 소유형태이다. 공유나 합유에 비하여 단체성이 강하고 구성원 개인들의 총유재산에 대한 지분권이 인정되지 않는다(대판 전합 2004다44971).

(2) 법률관계

① **보존행위**: 별도 규정이 없으므로 사원총회의 결의에 의하는 것으로 본다. 총유재산에 관한 소송은 법인 아닌 사단이 그 명의로 사원총회의 결의를 거쳐 하거나 또는 그 구성원 전원이 당사자가 되어 필수적 공동소송의 형태로 할 수 있을 뿐 그 사단의 구성원은 설령 그가 사단의 대표자라거나 사원총회의 결의를 거쳤다 하더라도 그 소송의 당사자가 될 수 없다(대판 전합 2004다44971).

② **총유물의 관리·처분과 사용·수익**: 총유물의 관리 및 처분은 사원총회의 결의에 의한다(제276조 제1항). 그러나 피고 종중이 중개업자에게 중개수수료를 지급하기로 하는 약정을 체결하는 것은 총유물 그 자체의 관리·처분이 따르지 아니하는 단순한 채무부담행위에 불과하다(대판 2011다107900).

> **판례**
>
> **교회의 분열**
>
> 법인 아닌 사단의 구성원들의 집단적 탈퇴로써 사단이 2개로 분열되고 분열되기 전 사단의 재산이 분열된 각 사단들의 구성원들에게 각각 총유적으로 귀속되는 결과를 초래하는 형태의 법인 아닌 사단의 분열은 허용되지 않는다. 교인들의 집단 탈퇴로 법인 아닌 사단인 교회가 2개로 분열된 경우에는 <u>종전 교회 재산은 잔존 교인들의 총유가 되는 것이 원칙이나, 의결권을 가진 교인 2/3 이상의 찬성으로 소속 교단을 탈퇴하거나 다른 교단으로 변경한 경우, 종전 교회 재산은 탈퇴한 교회 소속 교인들의 총유가 된다</u>(대판 전합 2004다37775).

③ **총유물에 관한 권리의무의 득상**: 총유물에 관한 사원의 권리의무는 사원의 지위를 취득상실함으로써 취득상실된다(제277조).

보충 공동소유

구 분	공 유	합 유	총 유
보 존	단독	단독	사원총회 결의
관 리	지분 과반수	계약	사원총회 결의
공유물 처분, 변경	전원합의	전원합의	사원총회 결의
지분처분	자유	전원합의	×
분할청구	자유	해산시	×
사용·수익	지분비율	계약	정관이나 규약

5. 구분소유적 공유관계(=상호명의신탁)의 법률관계

(1) 내부관계

① **소유권**: 각자 특정된 구분부분에 대하여 단독으로 소유권을 가지므로 스스로 사용·수익할 수 있으며, 자신의 특정부분을 점유하는 것은 자주점유에 해당한다. 따라서 다른 구분소유자의 방해행위에 대하여는 소유권에 터잡아 그 배제를 구할 수 있다.

② **지분처분**: 구분소유적 공유관계에 있어서도 지분처분의 자유는 인정되므로 각 공유자는 다른 공유자의 동의 없이 자신의 특정 구분부분을 단독으로 처분할 수 있다.

③ **분할청구**: 실질적으로 각자의 소유이므로 일반적인 공유와 달리 분할을 청구할 수 없고, 명의신탁해지를 원인으로 하는 지분이전등기를 청구할 수 있다(대판 95다8430).

④ **법정지상권**

자기 토지	각자 자신의 구분부분에 건물을 신축한 후에 대지소유자가 달라진 경우에는 법정지상권이 성립할 수 있다(대판 89다카24094).
타인 토지	다른 공유자의 구분부분에 건물을 신축한 경우에는 법정지상권이 성립하지 않는다(대판 93다49871).

(2) 외부관계

대외적으로는 공유관계이므로 제3자의 방해행위에 대해서는 자신의 구분부분이 아니라 하더라도 공유물 보존행위로서 그 배제를 청구할 수 있다. 다만 불법행위로 인한 손해배상청구권은 각자의 지분비율 범위 내에서만 청구할 수 있다.

Chapter 05 지상권

1 서 설

(1) 의 의

타인의 토지에 건물 기타 공작물이나 수목을 소유하기 위하여 그 토지를 사용하는 권리를 말한다(제279조).

(2) 법적 성질

① **물권성**: 지상권은 물권이므로 양도성, 상속성을 가지고 물권적 청구권이 인정된다. 타인의 토지를 점유한다는 점에서 점유보호청구권도 인정된다.

② **타인의 토지를 사용하는 권리**: 지상권과 소유권이 동일인에게 귀속되면 혼동으로 소멸하고, 지상권 설정당시 지상물이 존재하지 않더라도 성립할 수 있고, 지상권 설정 후 지상물이 소멸되더라도 존속한다. 1필 토지 일부에 대해서도 성립할 수 있다.

2 지상권의 취득

법률행위	지상권은 설정계약과 등기에 의하여 취득한다(제186조). 지료의 지급은 지상권의 성립요건이 아니다. 다만 법정지상권의 경우에는 지료지급의무가 생긴다.
법률규정	법정지상권은 등기 없이 취득할 수 있고, 제3자에게 대항할 수 있다. 다만 처분할 때나 시효로 취득하는 경우에는 등기가 필요하다.

3 지상권의 존속기간

(1) 존속기간을 정한 경우

① **최장기**: 제한규정이 없으므로 영구 약정도 허용된다(대판 99다66410).

② **최단기**: 다음 기간보다 단축하지 못하고, 단축하여 정하면 최단기간으로 연장된다. 기존건물의 사용을 위한 경우는 적용되지 않는다.

> ㉠ 석조, 석회조, 연와조 또는 이와 유사한 견고한 건물이나 수목의 소유를 목적으로 하는 때: 30년
> ㉡ 기타 건물의 소유를 목적으로 하는 때: 15년
> ㉢ 공작물의 소유를 목적으로 하는 때: 5년

(2) 존속기간을 정하지 않은 경우

원 칙	존속기간을 정한 경우의 최단존속기간으로 한다(제281조 제1항).
예 외	① 지상권설정당시에 공작물의 종류와 구조를 정하지 아니한 때에는 지상권은 15년으로 본다(제281조 제2항). ② 수목은 종류를 정하지 않더라도 30년으로 본다.

(3) 계약을 갱신한 경우

당사자가 계약을 갱신하는 경우에는 지상권의 존속기간은 갱신한 날로부터 최단존속기간보다 단축하지 못한다. 그러나 당사자는 이보다 장기의 기간을 정할 수 있다(제284조). 법정갱신은 허용되지 않는 것으로 본다.

4 지상권의 효력

(1) 지상권자의 토지사용권

지상권자는 설정행위로 정해진 목적 범위 내에서 토지를 사용할 수 있다. 상린관계 규정은 지상권자와 인지소유자 또는 지상권자와의 사이에서도 준용된다.

(2) 지상권자의 비용상환청구권

필요비	지상권은 물권이므로 지상권자에게 필요비상환청구권은 인정되지 않는다.
유익비	명문의 규정은 없으나, 임차인의 유익비상환청구권(제626조 제2항)을 유추하여 인정하는 것이 일반적 견해이다.

(3) 지료지급의무

당사자가 지료의 지급을 약정한 경우에는 등기하지 않아도 지료지급의무가 생긴다. 그러나 제3자에게 대항하기 위해서는 등기가 필요하다(대판 99다24874).

(4) 지료증감청구권

① **의의**: 지료가 토지에 관한 조세 기타 부담의 증감이나 지가의 변동으로 인하여 상당하지 아니하게 된 때에는 당사자는 그 증감을 청구할 수 있다(제286조).
② **법적 성질**: 형성권이므로 상대방 승낙 없이도 효력이 발생한다. 다만 지료에 관하여 다툼이 있으면 법원에서 결정하게 되고, 지료증감의 효력은 판결확정시가 아니라 증감을 청구한 때로 소급한다. 지료에 관하여 등기되지 않은 경우에는 무상의 지상권으로서 지료증액청구권도 발생할 수 없다(대판 99다24874).

(5) **지상권 소멸청구**
   ① **요건**: 지상권자가 2년 이상의 지료를 지급하지 아니한 때에는 지상권설정자는 지상권의 소멸을 청구할 수 있다(제287조). 다만, 지상권자의 지료 지급 연체가 토지소유권의 양도 전후에 걸쳐 이루어진 경우 토지양수인에 대한 연체기간이 2년이 되지 않는다면 양수인은 지상권소멸청구를 할 수 없다(대판 99다17142).
   ② **제한**: 지상권이 저당권의 목적인 때 또는 그 토지에 있는 건물, 수목이 저당권의 목적이 된 때에는 저당권자에게 통지한 후 상당한 기간이 경과함으로써 그 효력이 생긴다(제288조).
   ③ **대항**: 지료에 관한 약정을 등기하지 않은 경우 토지소유자가 구 지상권자의 지료연체 사실을 들어 지상권을 이전받은 자에게 대항할 수 없다(대판 2013다43345).

(6) **지상권의 처분**
   ① **양도성**: 지상권자는 타인에게 그 권리를 양도하거나 그 권리의 존속기간 내에서 그 토지를 임대할 수 있다(제282조). 양도성은 절대적으로 보장되고 있으므로 소유자의 의사에 반하여도 자유롭게 양도할 수 있고, 양도금지 특약은 무효이다.

   > **판례**
   >
   > **지상권과 지상물의 분리양도**
   > 지상권자는 지상권을 유보한 채 지상물 소유권만을 양도할 수도 있고 지상물 소유권을 유보한 채 지상권만을 양도할 수도 있는 것이어서 지상권자와 그 지상물의 소유권자가 반드시 일치하여야 하는 것은 아니며, 또한 지상권설정시에 그 지상권이 미치는 토지의 범위와 그 설정 당시 매매되는 지상물의 범위를 다르게 하는 것도 가능하다(대판 2006다6126).

   ② **취득요건**: 지상물이 양도되면 특별한 사정이 없는 한 지상권도 양도하기로 한 것으로 본다. 다만 지상권을 취득하기 위해서는 따로 등기가 필요하다.

(7) **갱신청구권과 지상물매수청구권**
   ① **갱신청구권**: 지상권이 소멸한 경우에 건물 기타 공작물이나 수목이 현존한 때에는 지상권자는 계약의 갱신을 청구할 수 있다(제283조 제1항). 이때 '소멸'은 존속기간 만료로 소멸한 경우에 한정된다(대판 93다10781). 청구권에 해당하므로 지상권설정자의 승낙이 있어야 효력을 발생한다.
   ② **지상권자의 지상물매수청구권**

원칙	지상권설정자가 계약의 갱신을 원하지 아니하는 때에는 지상권자는 상당한 가액으로 공작물이나 수목의 매수를 청구할 수 있다(제283조 제2항). 형성권에 해당하므로 지상권설정자의 승낙이 없어도 효력이 발생한다.
예외	지료연체 등 의무위반이 있는 경우에는 행사할 수 없다.

(8) 수거의무와 지상물매수청구권

① **지상권자의 수거의무**: 지상권이 소멸한 때에는 지상권자는 건물 기타 공작물이나 수목을 수거하여 토지를 원상에 회복하여야 한다(제285조 제1항).

② **지상권설정자의 지상물매수청구권**: 지상권설정자가 상당한 가액을 제공하여 그 공작물이나 수목의 매수를 청구한 때에는 지상권자는 정당한 이유없이 이를 거절하지 못한다(제285조 제2항).

(9) 편면적 강행규정

존속기간, 지상권의 양도와 임대, 지상권자의 갱신청구권과 매수청구권, 갱신과 존속기간, 수거의무, 지료증감청구권, 지상권소멸청구권 등 규정에 위반되는 계약으로 지상권자에게 불리한 것은 그 효력이 없다(제289조). 지상물철거특약은 지상권자의 매수청구권을 침해하므로 무효이다.

5 지상권의 소멸

(1) 일반적 소멸사유

① 토지의 멸실, 존속기간의 만료, 혼동 등으로 소멸한다. 그러나 지상물이 소멸한 것만으로 소멸하는 것은 아니다.

② 지상권의 포기는 법률행위이므로 등기하면 소멸의 효력이 발생한다. 다만 지상권을 목적으로 저당권을 설정한 자는 저당권자의 동의 없이 지상권을 소멸하게 하는 행위를 하지 못한다(제371조 제2항).

(2) 특수한 소멸사유

지상권자가 2년 이상의 지료를 지급하지 아니한 때에 지상권설정자의 지상권소멸청구에 의하여 소멸할 수 있다(제287조).

6 특수한 지상권

1. 구분지상권

(1) 의 의

건물 기타 공작물을 소유하기 위하여 지하 또는 지상의 공간에 상하의 범위를 정하여 설정한 지상권을 말한다(제289조의2 제1항). 수목의 소유를 위하여는 설정할 수 없다.

(2) 요 건

구분지상권도 보통의 지상권과 마찬가지로 설정계약과 등기에 의하여 성립한다. 등기할 때 효력이 미치는 상하의 범위를 특정하여 등기하여야 한다.

(3) 효 과

설정계약에서 정해진 범위 내에서 상하의 공간을 사용할 수 있다. 구분지상권자는 설정행위로써 지상권의 행사를 위하여 토지의 사용을 제한할 수 있으나(제289조의2 제1항), 이러한 특약은 등기해야 제3자에 대항할 수 있다.

(4) 방해금지

구분지상권은 제3자가 토지를 사용·수익할 권리를 가진 때에도 그 권리자 및 그 권리를 목적으로 하는 권리를 가진 자 전원의 승낙이 있으면 이를 설정할 수 있다. 이 경우 토지를 사용·수익할 권리를 가진 제3자는 그 지상권의 행사를 방해하여서는 아니 된다(제289조의2 제2항).

2. 분묘기지권

(1) 의 의

타인의 토지에 분묘를 설치한 경우, 그 분묘를 소유하기 위하여 분묘의 기지에 대하여 사용할 수 있는 관습법상의 물권이다. '분묘'란 그 내부에 사람의 유골, 유해, 유발 등 시신을 매장하여 사자를 안장한 장소를 말하고, 장래의 묘소로서 설치하는 등 그 내부에 시신이 안장되어 있지 않은 것은 분묘라고 할 수 없다(대판 91다18040).

(2) 법적 성질

자기소유 토지에 분묘를 설치하고 이를 타인에게 양도한 경우, 분묘가 평장되어 외부에서 인식할 수 없는 경우를 제외하고는 당사자간에 특별한 의사표시가 없는 한 양도인은 분묘소유를 위하여 지상권 유사의 물권을 취득한다(대판 67다1920). 그러나 타인소유의 토지 위에 그 소유자의 승낙없이 분묘를 설치한 자가 20년간 평온 공연히 그 분묘의 묘지를 점유한 때에는 그 점유자는 시효에 의하여 그 토지 위에 지상권유사의 물권을 취득하고 이에 대한 소유권을 취득하는 것은 아니다(대판 68다1927).

(3) 성립요건

분묘기지권이 성립하기 위하여는 봉분 등 외부에서 분묘의 존재를 인식할 수 있는 형태를 갖추고 있어야 하고, 평장되어 있거나 암장되어 있어 객관적으로 인식할 수 있는 외형을 갖추고 있지 아니한 경우에는 분묘기지권이 인정되지 아니한다(대판 91다18040).

(4) 취득원인

분묘기지권은 ① 토지소유자의 승낙이 있는 경우, ② 20년간 평온·공연하게 그 분묘의 기지를 점유하여 시효취득하는 경우, ③ 자기 소유 토지에 분묘를 설치한 사람이 그 토지를 양도하면서 분묘를 이장하겠다는 특약을 하지 않은 경우에 성립한다. 분묘기지권은 등기할 수 있는 권리도 아니고, 봉분 자체가 공시기능을 하고 있으므로 시효로 취득하는 경우에도 등기가 필요 없다.

> **판례**
>
> **분묘기지권의 시효취득의 가능성**
> 타인 소유의 토지에 분묘를 설치한 경우에 20년간 평온, 공연하게 분묘의 기지를 점유하면 지상권과 유사한 관습상의 물권인 분묘기지권을 시효로 취득한다는 점은 오랜 세월 동안 지속되어 온 관습 또는 관행으로서 법적 규범으로 승인되어 왔고, 이러한 법적 규범이 장사법(법률 제6158호) 시행일인 2001. 1. 13. 이전에 설치된 분묘에 관하여 현재까지 유지되고 있다고 보아야 한다(대판 전합 2013다17292).

(5) 지료지급의무

① **시효로 취득한 경우**: 토지소유자가 지료를 청구하면 그 청구한 날부터의 지료를 지급할 의무가 있다(대판 전합 2017다228007).

② **이장 특약이 없는 경우**: 분묘기지권이 성립한 때부터 토지 소유자에게 그 분묘의 기지에 대한 토지사용의 대가로서 지료를 지급할 의무가 있다(대판 2020다295892).

③ **승낙으로 성립한 경우**: 성립 당시 토지 소유자와 분묘의 수호·관리자가 지료 지급의무의 존부나 범위 등에 관하여 약정을 하였다면 그 약정의 효력은 분묘 기지의 승계인에 대하여도 미친다(대판 2017다271834).

(6) 주 체

공동선조의 후손들로 구성된 종중이 선조 분묘를 수호 관리하여 왔다면 분묘의 수호 관리권 내지 분묘기지권은 종중에 귀속한다(대판 2005다44114).

(7) 범위

분묘의 기지 자체뿐만 아니라 분묘의 설치목적인 분묘의 수호 및 제사에 필요한 범위 내에서 분묘 기지 주위의 공지를 포함한 지역에까지 미친다(대판 2011다63017). 그러나 분묘기지권은 기존의 분묘 외에 새로운 분묘를 신설할 권능은 포함되지 않으므로 단분 형태(대판 2001다28367) 또는 쌍분 형태로 합장할 수 없으며, 이장하는 것도 허용되지 않는다.

> **판례**
>
> **실정법상 허용범위 제한여부**
> 매장및묘지등에관한법률 제4조 제1항 후단 및 같은법시행령 제2조 제2항의 규정이 분묘의 점유면적을 1기당 20㎡로 제한하고 있으나, 여기서 말하는 분묘의 점유면적이라 함은 분묘의 기지면적만을 가리키며 분묘기지 외에 분묘의 수호 및 제사에 필요한 분묘기지 주위의 공지까지 포함한 묘지면적을 가리키는 것은 아니므로 <u>분묘기지권의 범위가 위 법령이 규정한 제한면적 범위 내로 한정되는 것은 아니라 할 것이다</u>(대판 94다15530).

(8) 존속기간

토지소유자의 승낙을 얻어 분묘가 설치된 경우 분묘기지권의 존속기간은 당사자 사이의 약정에 따르는 것이 원칙이나, 약정이 없으면 분묘의 수호와 봉사를 계속하며 그 분묘가 존속하고 있는 동안 존속한다.

(9) 소멸

① **점유포기**: 분묘기지에 대한 권리를 포기하는 의사표시를 하는 외에 점유까지도 포기하여야만 그 권리가 소멸하는 것은 아니다(대판 92다14762).

② **일시적 멸실**: 분묘가 멸실된 경우에도 유골이 존재하여 분묘의 원상회복이 가능하여 일시적인 멸실에 불과하다면 분묘기지권은 존속한다(대판 2005다44114).

③ **소멸청구**: 자기 소유의 토지 위에 분묘를 설치한 후 토지의 소유권이 경매 등으로 타인에게 이전되면서 분묘기지권을 취득한 자가, 판결에 따라 분묘기지권에 관한 지료의 액수가 정해졌음에도 판결확정 후 책임 있는 사유로 상당한 기간 동안 지료의 지급을 지체하여 지체된 지료가 판결확정 전후에 걸쳐 2년분 이상이 되는 경우, 판결확정 후 지료지급 청구를 받았음에도 책임 있는 사유로 상당한 기간 지료의 지급을 지체한 경우에만 분묘기지권의 소멸을 청구할 수 있는 것은 아니다(대판 2015다206850).

3. 법정지상권

(1) **저당권 실행으로 인한 법정지상권**

① **의의**: 저당권 설정당시 토지와 건물이 동일인의 소유에 속하였으나, 저당물의 경매로 인하여 토지와 그 지상건물이 다른 소유자에 속한 경우, 건물소유자에 대하여 법률규정에 의하여 당연히 설정된 지상권을 말한다. 등기 없이 경락인이 매각대금을 완납한 때 취득한다.

② **요건**: ㉠ 저당권 설정당시에 건물이 존재할 것 ㉡ 토지와 건물 중 어느 하나 또는 양쪽에 저당권이 설정되어 있을 것 ㉢ 저당권 설정당시 토지와 건물이 동일인의 소유에 속할 것, ㉣ 저당권 실행으로 인한 경매로 인하여 소유자가 달라질 것을 요건으로 한다. 미등기건물, 무허가건물이라도 가능하고, 저당권 설정 이전이나 이후에 소유자가 다른 경우에도 성립한다(대판 99다52602).

③ **성질**: 법률규정에 의한 물권변동이므로 대지사용권이 없어서 건물을 철거해야 되는 건물소유자의 위험을 막아주기 위하여 규정된 강행규정이므로 배제특약은 효력이 없다(대판 87다카58467).

④ **효과**
 ㉠ 존속기간은 정함이 없는 것으로 보고, 지료는 법원이 결정한다. 지료가 결정되지 않은 경우에는 지료를 지급하지 않더라도 지료를 연체하지 않은 것이므로 지상권소멸청구는 할 수 없다(대판 93다52297).
 ㉡ 지료의 청구를 받고도 책임 있는 사유로 상당한 기간 동안 지료의 지급을 지체한 때에는 지체된 지료가 판결확정의 전후에 걸쳐 2년분 이상일 경우에도 토지소유자는 지상권의 소멸을 청구할 수 있다(대판 92다44749).

⑤ **행사**
 ㉠ 성립 후 토지가 이전된 경우: 등기 없이 토지의 양수인에게 주장할 수 있다.
 ㉡ 성립 후 건물이 이전된 경우: 양수인은 건물의 소유권 취득만으로 지상권을 주장할 수 없고, 법정지상권을 따로 등기해야 토지소유자에게 주장할 수 있다. 다만 경매로 이전된 경우에는 등기 없이 주장할 수 있다.
 ㉢ 대위 행사: 법정지상권을 취득한 건물소유자가 법정지상권의 설정등기를 경료함이 없이 건물을 양도하는 경우에는 특별한 사정이 없는 한 건물과 함께 지상권도 양도하기로 하는 채권적 계약이 있었다고 할 것이므로 법정지상권자는 지상권설정등기를 한 후에 건물양수인에게 이의 양도등기절차를 이행하여 줄 의무가 있는 것이고 따라서 건물양수인은 건물양도인을 순차대위하여 토지소유자에 대하여 건물소유자였던 최초의 법정지상권자에의 법정지상권설정등기절차 이행을 청구할 수 있다(대판 87다카279).

② 건물철거 청구: 법정지상권을 가진 건물소유자로부터 건물을 양수하면서 지상권까지 양도받기로 한 사람에 대하여 대지소유자가 소유권에 기하여 건물철거 및 대지의 인도를 구하는 것은 지상권의 부담을 용인하고 그 설정등기절차를 이행할 의무있는 자가 그 권리자를 상대로 한 청구라 할 것이어서 신의성실의 원칙상 허용될 수 없다(대판 87다카279).

(2) 관습법상 법정지상권

① **의의**: 동일인 소유의 토지와 건물이 매매, 강제경매 기타의 원인으로 소유자가 달라지는 경우에, 건물소유자에게 인정되는 관습법상의 지상권을 말한다.
② **요건**: ㉠ 처분당시에 토지 위에 건물이 존재할 것 ㉡ 처분당시에 동일인 소유의 토지일 것, ㉢ 건물이 매매, 강제경매, 공매 기타의 원인으로 소유자가 달라질 것, ㉣ 배제특약이 없을 것을 요건으로 한다. 건물철거특약이나 토지소유자와 토지임대차계약을 체결하는 것은 배제특약으로 볼 수 있다.
③ **효과**: 법정지상권과 같다.

(3) 건물전세권설정자의 법정지상권

① **의의**: 대지와 건물이 동일한 소유자에 속한 경우에 건물에 전세권을 설정한 때에는 그 대지소유권의 특별승계인은 전세권설정자에 대하여 지상권을 설정한 것으로 본다.
② **효과**: 지료는 당사자의 청구에 의하여 법원이 정하고(제305조 제1항), 대지소유자는 타인에게 그 대지를 임대하거나 이를 목적으로 한 지상권 또는 전세권을 설정하지 못한다(제305조 제2항).

판례

1. 건물의 존재여부

① 신축 승낙: 토지소유자가 매수인으로부터 토지대금을 다 받기 전에 그 토지위에 건물을 신축할 수 있도록 토지사용을 승낙하였다 하더라도 그 매매계약이 적법하게 해제된 경우에는 토지매수인은 그 토지 위에 건물을 신축 중이었다 하더라도 관습에 의한 법정지상권이 성립하지 않는다(대판 87다카2895).
② 건축에 동의: 나대지의 근저당권자가 토지소유자에 의한 건축에 동의하였다고 하더라도 그러한 사정은 주관적 사항이고 공시할 수도 없는 것이어서 토지를 낙찰받는 제3자로서는 알수 없는 것이므로 법정지상권이 성립되지 않는다(대판 2003다26051).
③ 외형상 예상되는 정도: 저당권이 설정될 당시 토지 소유자에 의하여 그 지상에 건물을 건축 중이었던 경우, 그것이 사회관념상 독립된 건물로 볼 수 있는 정도에 이르지 않았다 하더라도 건물의 규모·종류가 외형상 예상할 수 있는 정도까지 건축이 진전되어 있었고, 그 후 경매절차에서 매수인이 매각대금을 다 낸 때까지 최소한의 기둥과 지붕 그리고 주벽이 이루어지는 등 독립된 부동산으로서 건물의 요건을 갖추면 법정지상권이 성립한다(대판 2004다13533).

④ 가설건축물: 가설건축물은 일시 사용을 위해 건축되는 구조물로서 설치 당시부터 일정한 존치기간이 지난 후 철거가 예정되어 있어 일반적으로 토지에 정착되어 있다고 볼 수 없다. ~ 특별한 사정이 없는 한 독립된 부동산으로서 건물의 요건을 갖추지 못하여 법정지상권이 성립하지 않는다(대판 2020다224821).

⑤ 증개축: 저당권 설정 당시의 건물을 그 후 개축·증축한 경우는 물론이고 그 건물이 멸실되거나 철거된 후 재건축·신축한 경우에도 법정지상권이 성립한다. 다만 그 법정지상권의 내용인 존속기간·범위 등은 구건물을 기준으로 한다(대판 2000다48517).

⑥ 가등기 후 신축: 원래 채권을 담보하기 위하여 나대지상에 가등기가 경료되었고, 그 뒤 대지 소유자가 그 지상에 건물을 신축하였는데, 그 후 그 가등기에 기한 본등기가 경료되어 대지와 건물의 소유자가 달라진 경우에 관습상 법정지상권을 인정하면 애초에 대지에 채권담보를 위하여 가등기를 경료한 사람의 이익을 크게 해하게 되기 때문에 특별한 사정이 없는 한 건물을 위한 관습상 법정지상권이 성립한다고 할 수 없다(대판 94다5458).

⑦ 건물의 합동: 동일인 소유 토지와 그 지상 건물에 공동근저당권이 설정된 후 그 건물이 다른 건물과 합동되어 신건물이 생긴 경우, 법정지상권은 성립하지만 그 내용인 존속기간과 범위 등은 종전 건물을 기준으로 하여 그 이용에 일반적으로 필요한 범위 내로 제한된다(대판 2009다66150).

⑧ 철거 후 신축: 동일인의 소유에 속하는 토지 및 그 지상 건물에 관하여 공동저당권이 설정된 후 그 지상 건물이 철거되고 새로 건물이 신축된 경우에는 그 신축건물의 소유자가 토지의 소유자와 동일하고 토지의 저당권자에게 신축건물에 관하여 토지의 저당권과 동일한 순위의 공동저당권을 설정해 주는 등 특별한 사정이 없는 한 신축건물을 위한 법정지상권은 성립하지 않는다(대판 전합 98다43601).

⑨ 등기부만 폐쇄: 토지와 함께 공동근저당권이 설정된 건물이 그대로 존속함에도 등기부에 멸실의 기재가 이루어지고 이를 이유로 등기부가 폐쇄된 후 토지에 대하여만 경매절차가 진행되어 토지와 건물의 소유자가 달라진 경우, 건물을 위한 법정지상권이 성립한다(대판 2012다108634).

⑩ 환매특약 후 신축: 나대지상에 환매특약의 등기가 마쳐진 상태에서 대지소유자가 그 지상에 건물을 신축하였다면, 대지소유자는 그 신축 당시부터 환매권 행사에 따라 환매권자에게 환매특약 등기 당시의 권리관계 그대로의 토지 소유권을 이전하여 줄 잠재적 의무를 부담한다고 볼 수 있으므로, ~특별한 사정이 없는 한 환매권의 행사에 따라 토지와 건물의 소유자가 달라진 경우 그 건물을 위한 관습상의 법정지상권은 애초부터 생기지 않는다(대판 2010두16431).

⑪ 자기이름으로 다시 신축: 토지와 건물의 소유자가 토지만을 타인에게 증여한 후 구 건물을 철거하되 그 지상에 자신의 이름으로 건물을 다시 신축하기로 합의한 것은 배제특약으로 볼 수 없다(대판 98다58467).

2. 소유자의 동일성 여부

① 미등기건물을 대지와 함께 매도한 경우: 매수인에게 그 대지에 관하여만 소유권이전등기가 경료되고 건물에 관하여는 등기가 경료되지 아니하여 형식적으로 대지와 건물이 그 소유 명의자를 달리하게 되었다 하더라도 매도인에게 관습상의 법정지상권을 인정할 이유가 없다(대판 전합 2002다9660).

② 미등기건물을 그 대지와 함께 매수한 경우: 그 대지에 관하여만 소유권이전등기를 넘겨받고 건물에 대하여는 그 등기를 이전 받지 못하고 있다가, 대지에 대하여 저당권을 설정하고 그 저당권의 실행으로 대지가 경매되어 다른 사람의 소유로 된 경우에는, 그 저당권의 설정 당시에 이미 대지와 건물이 각각 다른 사람의 소유에 속하고 있었으므로 법정지상권이 성립될 여지가 없다(대판 전합 2002다9660).

③ 원인무효로 등기말소: 관습상의 법정지상권의 성립 요건인 해당 토지와 건물의 소유권의 동일인에의 귀속과 그 후의 각기 다른 사람에의 귀속은 법의 보호를 받을 수 있는 권리변동으로 인한 것이어야 하므로, 원래 동일인에게의 소유권 귀속이 원인무효로 이루어졌다가 그 뒤 원인무효임이 밝혀져 그 등기가 말소됨으로써 그 건물과 토지의 소유자가 달라지게 된 경우에는 관습상의 법정지상권을 허용할 수 없다(대판 98다64189).

④ 환지처분: 환지처분으로 인하여 토지와 그 지상건물의 소유자가 달라진 경우, 관습법상 법정지상권은 성립하지 않는다(대판 2001다4101).

⑤ 강제경매로 인한 경우: 강제경매의 목적이 된 토지 또는 그 지상 건물의 소유권이 강제경매로 인하여 그 절차상의 매수인에게 이전된 경우에 건물의 소유를 위한 관습상 법정지상권이 성립하는가 하는 문제에 있어서는 그 매수인이 소유권을 취득하는 매각대금의 완납시가 아니라 그 압류의 효력이 발생하는 때를 기준으로 하여 토지와 그 지상 건물이 동일인에 속하였는지가 판단되어야 하고(대판 전합 2010다52140), 강제경매를 위한 압류나 그 압류에 선행한 가압류가 있기 이전에 저당권이 설정되어 있다가 강제경매로 저당권이 소멸한 경우에는 저당권 설정 당시를 기준으로 판단하여야 한다(대판 2009다62059).

3. 공유의 경우

① 건물공유자: 건물공유자의 1인이 그 건물의 부지인 토지를 단독으로 소유하면서 그 토지에 관하여만 저당권을 설정하였다가 위 저당권에 의한 경매로 인하여 토지의 소유자가 달라진 경우, 토지소유자는 자기뿐만 아니라 다른 건물공유자들을 위하여도 위 토지의 이용을 인정하고 있었다고 할 것인 점, 저당권자로서도 저당권 설정 당시 법정지상권의 부담을 예상할 수 있었으므로 불측의 손해를 입는 것이 아닌 점, 건물의 철거로 인한 사회경제적 손실을 방지할 공익상의 필요성도 인정되는 점 등에 비추어 위 건물공유자들은 민법 제366조에 의하여 토지 전부에 관하여 건물의 존속을 위한 법정지상권을 취득한다(대판 2010다67159).

② 토지공유자 1인의 신축: 토지공유자의 한 사람이 다른 공유자의 지분 과반수의 동의를 얻어 건물을 건축한 후 토지와 건물의 소유자가 달라진 경우 토지에 관하여 관습법상의 법정지상권이 성립되는 것으로 보게 되면 이는 토지공유자의 1인으로 하여금 자신의 지분을 제외한 다른 공유자의 지분에 대하여서까지 지상권설정의 처분행위를 허용하는 셈이 되어 부당하다(대판 2011다73038).

③ 토지공유자 지분 전매: 토지의 공유자 중의 1인이 공유토지 위에 건물을 소유하고 있다가 토지지분만을 전매한 경우에는 관습상의 법정지상권이 성립될 수 없다(대판 86다카2188).

④ 공유지 분할: 공유지상에 공유자의 1인 또는 수인 소유의 건물이 있을 경우 위 공유지의 분할로 그 대지와 지상건물이 소유자를 달리하게 될 때에는 다른 특별사정이 없는 한 건물 소유자는 그 건물부지상에 그 건물을 위하여 관습상의 지상권을 취득한다(대판 73다353).

⑤ 구분소유적 공유관계: 자신의 소유부분이 아닌 대지에 건물을 신축한 경우, 당초부터 건물과 토지의 소유자가 서로 다른 경우에 해당되어 관습상의 법정지상권이 성립될 여지가 없다(대판 93다49871).

4. 담보지상권

(1) 의 의

토지에 대하여 저당권을 설정하는 경우, 담보가치의 하락을 막기 위해 지상권을 설정하는 것을 말한다.

(2) 부종성

피담보채권이 변제로 소멸하면 지상권도 함께 소멸한다(대판 2012다97871). 그러나 지상권의 피담보채무가 존재하는 것은 아니므로 피담보채무의 범위 확인을 구하는 청구는 확인의 이익이 없어 부적법하다(대판 2015다65042).

(3) 방해제거청구권

담보지상권은 저당 부동산의 담보가치를 확보하는 데에 그 목적이 있으므로 제3자가 토지소유자로부터 신축중인 지상 건물에 관한 건축주 명의를 변경받았다 하더라도, 그 지상권자에게 대항할 수 있는 권원이 없는 한 지상권자로서는 제3자에 대하여 목적 토지 위에 건물을 축조하는 것을 중지하도록 요구할 수 있다(대결 2003마1753).

(4) 손해배상청구권

원 칙	담보지상권은 사용수익권이 없으므로 무단점유자에 대하여 지상권 자체의 침해를 이유로 한 임료 상당 손해배상을 구할 수는 없다(대판 2006다586).
예 외	저당부동산에 대한 점유가 저당부동산의 본래의 용법에 따른 사용·수익의 범위를 초과하여 그 교환가치를 감소시키거나, 점유자에게 저당권의 실현을 방해하기 위하여 점유를 개시하였다는 점이 인정되는 경우에는 저당권의 침해로 인정되어 손해배상이 가능할 수 있다(대판 2005다3243).

Chapter 06 지역권

1 서 설

(1) 의 의
일정한 목적을 위하여 타인의 토지를 자기토지의 편익에 이용하는 용익물권이다(제291조). 편익을 받는 토지를 '요역지'라 하고, 편익을 주는 토지를 '승역지'라 한다. 요역지는 1필의 토지이어야 하고, 승역지는 1필 토지의 일부라도 무방하다.

(2) 구 별
① **주위토지통행권**: 법률규정에 의하여 인접한 토지에 성립한다는 점에서 설정계약으로 성립되고, 반드시 인접할 필요가 없는 지역권과 구별된다.
② **인역권**: 개인의 이익을 위하여 설정된다는 점에서 토지의 편익을 위한 지역권과 구별된다.

(3) 성 질
① **비배타성, 공용성**: 승역지 소유자의 사용이 배제되지 않고, 하나의 승역지에 동일한 내용의 지역권이 여러 개 존재할 수 있다.
② **수반성**

원 칙	㉠ 지역권은 요역지소유권의 이전과 함께 이전되므로 요역지에 대한 소유권 이전등기가 있으면 지역권은 이전등기가 없어도 이전된다. ㉡ 지역권은 요역지에 대한 소유권 이외의 권리의 목적이 되므로 요역지에 대하여 설정된 지상권, 전세권, 저당권, 임차권은 지역권에도 미친다.
예 외	특약으로 배제할 수 있으나, 등기하지 않으면 제3자에게 대항할 수 없다.

③ **부종성**: 지역권은 요역지와 분리하여 양도하거나 다른 권리의 목적으로 하지 못한다(제292조 제2항). 따라서 지역권만 양도하거나 저당권의 대상으로 할 수는 없다.
④ **불가분성**
  ㉠ 취득: 공유자의 1인이 지역권을 취득한 때에는 다른 공유자도 이를 취득한다(제295조 제1항).
  ㉡ 소멸: 토지공유자의 1인은 지분에 관하여 그 토지를 위한 지역권 또는 그 토지가 부담한 지역권을 소멸하게 하지 못한다(제293조 제1항).

ⓒ 분할과 일부양도

원 칙	토지의 분할이나 토지의 일부양도의 경우에는 지역권은 요역지의 각 부분을 위하여 또는 그 승역지의 각 부분에 존속한다.
예 외	지역권이 토지의 일부분에만 관한 것인 때에는 다른 부분에 대하여는 그러하지 아니하다(제293조 제2항).

ⓓ 시효의 중단

취득시효	요역지가 수인의 공유인 경우, 점유로 인한 취득시효의 중단은 지역권을 행사하는 모든 공유자에 대한 사유가 아니면 그 효력이 없다.
소멸시효	요역지가 수인의 공유인 경우, 그 1인에 의한 소멸시효의 중단 또는 정지는 다른 공유자를 위하여 효력이 있다.

2 지역권의 취득

(1) 일반적 취득

지역권도 설정계약과 등기에 의하여 성립한다. 존속기간에 대한 규정이 없으므로 영구무한의 지역권도 가능하고, 유상, 무상을 불문한다. 지상권자나 전세권자도 지역권을 설정할 수 있으며, 지상권자, 전세권자, 임차권자는 지역권자가 될 수 있다.

(2) 시효취득

① **요건**: 계속되고 표현된 지역권은 시효취득의 대상이 된다(제294조). 다만 요역지소유자가 스스로 통로를 개설하였어야 하고(대판 91다46861) 오랜 시일 통행로로 사용했다는 사실만으로는 인정되지 않는다. 토지의 불법점유자는 통행지역권의 시효취득 주장을 할 수 없다(대판 76다1694).

② **보상의무**: 통행지역권을 시효취득한 경우, 요역지 소유자가 승역지에 대한 도로 설치 및 사용에 의하여 승역지 소유자가 입은 손해를 보상하여야 한다(대판 2012다17479).

③ **입증**: 어느 토지에 대하여 통행지역권을 주장하려면 그 토지의 통행으로 편익을 얻는 요역지가 있음을 주장 입증하여야 한다(대판 92다22725).

3 지역권의 효력

(1) 승역지사용권

지역권자는 설정계약에서 정해진 목적에 따라 승역지를 사용할 수 있다. 지역권이 설정된 토지의 지상권자 등도 사용할 수 있다.

(2) 승역지소유자의 의무

원 칙	계약에 의하여 승역지소유자가 자기의 비용으로 지역권의 행사를 위하여 공작물의 설치 또는 수선의 의무를 부담한 때에는 승역지소유자의 특별승계인도 그 의무를 부담한다(제298조).
예 외	승역지의 소유자는 지역권에 필요한 부분의 토지소유권을 지역권자에게 위기하여 그 부담을 면할 수 있다(제299조).

(3) 물권적 청구권

지역권도 소유권에 근거한 물권적 청구권 규정이 준용되므로 방해제거나 방해예방청구가 가능하다. 다만 점유를 수반하지 않으므로 반환청구권은 준용되지 않는다.

(4) 공작물의 공동사용

승역지의 소유자는 지역권의 행사를 방해하지 아니하는 범위 내에서 지역권자가 지역권의 행사를 위하여 승역지에 설치한 공작물을 사용할 수 있다(제300조 제1항). 이때 승역지의 소유자는 수익정도의 비율로 공작물의 설치, 보존의 비용을 분담하여야 한다(제300조 제2항).

(5) 용수지역권

① **의의**: 용수승역지의 수량이 요역지 및 승역지의 수요에 부족한 때에는 그 수요정도에 의하여 먼저 가용에 공급하고 다른 용도에 공급하여야 한다. 그러나 설정행위에 다른 약정이 있는 때에는 그 약정에 의한다(제297조 제1항).

② **방해금지**: 승역지에 수개의 용수지역권이 설정된 때에는 후순위의 지역권자는 선순위의 지역권자의 용수를 방해하지 못한다(제292조 제2항).

(6) 특수한 지역권

어느 지역의 주민이 집합체의 관계로 각자가 타인의 토지에서 초목, 야생물 및 토사의 채취, 방목 기타의 수익을 하는 권리가 있는 경우에는 관습에 의하는 외에 본장의 규정을 준용한다(제302조).

4 지역권의 소멸

(1) 일반적 소멸사유

지역권도 물권의 일반적 소멸사유에 의하여 소멸되고, 20년의 소멸시효에 걸린다.

(2) 특별한 소멸사유

승역지소유자가 토지소유권을 위기(委棄)하여 지역권자에게로 소유권이 이전되면 지역권은 혼동으로 소멸한다.

Chapter 07 전세권

1 서 설

(1) 의 의

전세권자가 전세금을 지급하고 타인의 부동산을 점유하여 그 부동산의 용도에 좇아 사용·수익하며, 그 부동산 전부에 대하여 후순위권리자 기타 채권자보다 전세금의 우선변제를 받을 수 있는 권리를 말한다(제303조 제1항).

(2) 법적 성질

① **타물권**: 전세권은 타인의 토지와 건물을 대상으로 한다. 다만 농경지는 대상이 되지 않는다(제303조 제2항).

② **용익물권**
  ㉠ 사용수익권: 전세권은 목적부동산을 점유하여 그 용도에 따라 사용·수익할 수 있다. 따라서 상린관계에 관한 규정이 준용되고, 물권적 청구권이 인정된다. 부동산의 일부에 대하여도 성립할 수 있다.
  ㉡ 제3자에 대항: 전세권이 성립한 후 목적물의 소유권이 이전된 경우, 전세권자의 권리와 의무는 신 소유자에게 이전된다(대판 99다15122).

③ **담보물권**
  ㉠ 통유성: 전세권은 담보물권으로서 부종성, 수반성, 불가분성, 물상대위성을 가진다.
  ㉡ 경매권: 전세권설정자가 전세금의 반환을 지체하면 목적부동산을 경매할 수 있고, 그 부동산 전부에 대하여 후순위권리자 기타 채권자보다 전세금의 우선변제를 받을 수 있다(제303조 제1항).
  ㉢ 존속기간 시작 전 전세권설정등기: 용익물권적인 성격과 담보물권적인 성격을 모두 갖추고 있으므로 특별한 사정이 없는 한 유효한 것으로 추정된다(대결 2017마1093).

보충 담보물권의 통유성	
부종성	피담보채권이 존재하지 않으면 성립할 수 없고, 피담보채권이 소멸하면 함께 소멸한다.
수반성	피담보채권이 이전되면 함께 이전되므로 담보물권만 분리하여 양도하거나 다른 채권의 담보로 하지 못한다.
불가분성	피담보채권 전부의 변제를 받을 때까지 담보목적물 전부에 대하여 권리를 행사할 수 있다.
물상대위성	우선변제권이 있는 담보물권의 경우, 목적물이 멸실, 훼손, 공용징수로 인하여 다른 권리나 물건을 취득하는 경우에 그 권리나 물건에 담보물권의 효력이 미친다.

2 전세권의 취득

(1) **취득요건**: 전세권은 설정계약과 등기에 의하여 취득할 수 있고, 상속이나 시효취득 등 법률규정에 의하여도 취득할 수 있다.

(2) **전세금의 지급**: 성립요건에 해당하지만, 반드시 현실적으로 수수되어야만 하는 것은 아니고 기존의 채권으로 전세금의 지급에 갈음할 수도 있다(대판 94다18508).

(3) **목적물 인도**: 성립요건은 아니므로 당사자가 주로 채권담보의 목적으로 전세권을 설정하였고, 그 설정과 동시에 목적물을 인도하지 아니한 경우라 하더라도, 장차 전세권자가 목적물을 사용·수익하는 것을 완전히 배제하는 것이 아니라면, 그 전세권의 효력을 부인할 수는 없다(대판 94다18508).

(4) **제3자 명의**: 다른 담보권과 마찬가지로 전세권자와 전세권설정자 및 제3자 사이에 합의가 있으면 그 전세권자의 명의를 제3자로 하는 것도 가능하다(대판 98다20981).

3 전세권의 존속기간

(1) **약정이 있는 경우**
① **최장 존속기간**: 전세권의 존속기간은 10년을 넘지 못한다. 당사자의 약정기간이 10년을 넘는 때에는 이를 10년으로 단축한다(제312조 제1항). 토지와 건물 모두에 적용된다.
② **최단 존속기간**: 건물에 대한 전세권의 존속기간을 1년 미만으로 정한 때에는 이를 1년으로 한다(제312조 제2항). 토지에 대해서는 적용되지 않는다.

(2) 약정이 없는 경우

원칙	전세권의 존속기간을 약정하지 아니한 때에는 각 당사자는 언제든지 상대방에 대하여 전세권의 소멸을 통고할 수 있고 상대방이 이 통고를 받은 날로부터 6월이 경과하면 전세권은 소멸한다(제313조 제1항).
예외	건물은 최단 존속기간이 있으므로 1년 이내에는 소멸을 통고할 수 없다.

(3) 전세권의 갱신

① **약정갱신**: 전세권의 설정은 이를 갱신할 수 있다. 그 기간은 갱신한 날로부터 10년을 넘지 못한다(제312조 제3항). 토지와 건물 모두에 대해서 적용되고, 등기해야 효력이 생긴다.

② **법정갱신**
  ㉠ 요건: 건물의 전세권설정자가 전세권의 존속기간 만료전 6월부터 1월까지 사이에 전세권자에 대하여 갱신거절의 통지 또는 조건을 변경하지 아니하면 갱신하지 아니한다는 뜻의 통지를 하지 아니한 경우에는 그 기간이 만료된 때에 전전세권과 동일한 조건으로 다시 전세권을 설정한 것으로 본다.
  ㉡ 존속기간: 정함이 없는 것으로 본다(제312조 제4항).
  ㉢ 적용범위: 건물에 대해서만 적용된다.
  ㉣ 등기여부: 법률의 규정에 의한 물권변동이므로 전세권갱신에 관한 등기를 필요로 하지 아니하고, 전세권자는 등기 없이도 전세권설정자나 그 목적물을 취득한 제3자에 대하여 갱신된 권리를 주장할 수 있다(대판 2009다35743).

4 전세권의 효력

1. 전세권자의 권리와 의무

(1) **사용·수익권**

① **의의**: 전세권자는 타인의 부동산을 점유하여 그 부동산의 용도에 좇아 사용·수익할 수 있다(제303조 제1항).

② **소멸청구**: 전세권자가 전세권설정계약 또는 그 목적물의 성질에 의하여 정하여진 용법으로 이를 사용·수익하지 아니한 경우에는 전세권설정자는 전세권의 소멸을 청구할 수 있다(제311조 제1항). 이때 전세권설정자는 전세권자에 대하여 원상회복 또는 손해배상을 청구할 수 있다(제311조 제2항).

(2) 물권적 청구권, 상린관계

전세권에 대해서도 물권적 청구권과 상린관계에 관한 규정이 준용된다(제319조). 점유보호청구권도 인정된다.

(3) 비용청구권

필요비	전세권자는 목적물의 현상을 유지하고 그 통상의 관리에 속한 수선을 하여야 하므로(제311조) 필요비상환을 청구할 수 없다.
유익비	전세권자가 목적물을 개량하기 위하여 지출한 금액 기타 유익비에 관하여는 그 가액의 증가가 현존한 경우에 한하여 소유자의 선택에 좇아 그 지출액이나 증가액의 상환을 청구할 수 있다(제310조 제1항). 이때 법원은 소유자의 청구에 의하여 상당한 상환기간을 허여할 수 있다(제310조 제2항).

(4) 전세금 증감청구권

전세금이 목적 부동산에 관한 조세·공과금 기타 부담의 증감이나 경제사정의 변동으로 인하여 상당하지 아니하게 된 때에는 당사자는 장래에 대하여 그 증감을 청구할 수 있다. 다만 증액의 경우에는 대통령령이 정하는 기준에 따른 비율을 초과하지 못한다(제312조의2). 형성권이므로 청구한 때 효력이 생긴다.

> **보충** 민법 제312조의2 단서의 시행에 관한 규정
>
> 제2조【증액청구의 비율】전세금의 증액청구의 비율은 약정한 전세금의 20분의 1을 초과하지 못한다.
> 제3조【증액청구의 제한】전세금의 증액청구는 전세권설정계약이 있은 날 또는 약정한 전세금의 증액이 있은 날로부터 1년 이내에는 이를 하지 못한다.

(5) 경매청구권, 우선변제권

① **전부 전세의 경우**: 전세권설정자가 전세금의 반환을 지체한 때에는 전세권자는 민사집행법의 정한 바에 의하여 전세권의 목적물의 경매를 청구할 수 있으며(제318조), 그 부동산 전부에 대하여 후순위권리자 기타 채권자보다 전세금의 우선변제를 받을 수 있다(제303조 제1항).

② **일부 전세의 경우**: 건물 전부에 대하여 우선변제권이 있으나(대결 2001마212) 분할등기를 하지 않는 한, 건물 전부의 경매를 청구할 수 없다. 그 전세권의 목적이 된 부분이 구조상 또는 이용상 독립성이 없어 독립한 소유권의 객체로 분할할 수 없고 그 부분만의 경매신청이 불가능하다고 하더라도 마찬가지이다(대결 2001마212).

(6) **원상회복의무와 수거권**

전세권이 그 존속기간의 만료로 인하여 소멸한 때에는 전세권자는 그 목적물을 원상에 회복하여야 하며 그 목적물에 부속시킨 물건은 수거할 수 있다(제316조 제1항).

(7) **부속물매수청구권**

① **전세권설정자**: 전세권이 그 존속기간의 만료로 인하여 소멸한 경우에 전세권설정자는 그 부속물건의 매수를 청구할 수 있고, 전세권자는 정당한 이유없이 거절하지 못한다(제316조 제1항).

② **전세권자**: 부속물건이 전세권설정자의 동의를 얻어 부속시킨 것이거나 전세권설정자로부터 매수한 경우, 전세권설정자에 대하여 그 부속물건의 매수를 청구할 수 있다(제316조 제2항).

(8) **지상물매수청구권**

토지전세권자의 경우 명문의 규정은 없으나, 토지임차인의 지상물매수청구권에 관한 민법 제643조를 유추하여 인정된다고 본다(대판 2005다41740).

2. 전세권의 처분

(1) **처분의 자유**

원칙	전세권자는 전세권을 타인에게 양도 또는 담보로 제공할 수 있고 그 존속기간 내에서 그 목적물을 타인에게 전전세 또는 임대할 수 있다.
예외	설정행위로 금지할 수 있으나, 등기해야 제3자에게 대항할 수 있다.

(2) **전세권의 양도**

① **요건**: 전세권자와 양수인과의 양도합의와 등기가 있으면 전세권은 이전된다. 전세권설정자의 동의는 필요 없다. 전세권설정자는 전세권 양수인에게 전세금반환의무를 진다.

② **전세금반환채권만의 양도**

㉠ 기간 만료 전: 허용되지 않는 것이 원칙이나, 장래에 그 전세권이 소멸하는 경우에 전세금 반환채권이 발생하는 것을 조건으로 양도하는 것은 가능하다(대판 2001다69122).

㉡ 기간 만료 후: 용익물권적 권능은 소멸하고 담보물권적 권능만 남게 되므로 전세권은 그 피담보채권인 전세금반환채권과 함께 제3자에게 이를 양도할 수 있다(대판 2003다35659).

(3) 전세권의 담보제공

① **저당권 설정**: 전세권을 목적으로 저당권을 설정할 수 있다. 이때 전세권자는 저당권자의 동의없이 전세권을 소멸하게 하는 행위를 하지 못한다(제371조).

② **전세권이 기간만료로 종료된 경우**: 전세권은 말소등기 없이 당연히 소멸하고, 저당권도 당연히 소멸하는 것이므로 전세권의 목적물인 부동산의 소유자에게 더 이상 저당권을 주장할 수 없고, 전세권설정자는 전세금반환채권에 대한 제3자의 압류 등이 없는 한 전세권자에 대하여만 전세금반환의무를 부담한다(대판 98다31301).

③ **기간 만료 후 저당권 행사방법**: 전세권의 존속기간이 만료하면 용익물권적 권능이 소멸하므로 저당권자는 전세권 자체에 대하여 저당권을 실행할 수 없고, 전세권에 갈음하여 존속하는 전세금반환채권에 대하여 추심명령 또는 전부명령을 받거나, 제3자가 전세금반환채권에 대하여 실시한 강제집행절차에서 배당요구를 하는 등의 방법으로 자신의 권리를 행사할 수 있다(대판 2006다29372).

④ **목적물의 멸실 등으로 종료된 경우**: 저당권자는 목적물의 멸실, 훼손, 공용징수로 인하여 전세권자가 받을 금전 기타 물건의 지급 또는 인도 전에 압류하여야 전세권자에 대한 일반채권자보다 우선변제를 받을 수 있다(대판 2006다29372).

(4) 전전세

① **의의**: 전세권자가 그 전세권의 범위 내에서 전세목적물의 전부나 일부에 대하여 제3자에게 다시 전세권을 설정하는 것을 말한다.

② **요건**: 전전세권 설정의 합의와 등기가 있으면 성립한다. 전전세금은 원전세금의 범위 내이어야 하고, 존속기간도 원전세권의 존속기간을 넘지 못한다. 원전세권설정자의 동의는 필요 없다.

③ **책임**: 전세권자는 전전세하지 아니하였으면 면할 수 있는 불가항력으로 인한 손해에 대하여 그 책임을 부담한다.

④ **경매신청 등**: 전전세권자도 경매청구권과 우선변제권이 있으나, 원전세권의 존속기간이 만료하고, 원전세권설정자가 전세금반환을 지체하고 있는 경우이어야 한다.

(5) 전세목적물의 임대

① **의의**: 전세권자가 그 전세권의 범위 내에서 전세목적물의 전부나 일부에 대하여 제3자에게 임대하는 것을 말한다. 원전세권자의 동의가 없어도 가능하다.

② **책임**: 전세권자는 임대하지 아니하였으면 면할 수 있는 불가항력으로 인한 손해에 대하여 그 책임을 부담한다.

3. 전세권의 효력

(1) 건물의 소유를 목적으로 한 지상권 또는 임차권

① **의의**: 타인의 토지에 있는 건물에 전세권을 설정한 때에는 전세권의 효력은 그 건물의 소유를 목적으로 한 지상권 또는 임차권에 미친다(제304조 제1항).

② **제한**: 전세권설정자는 전세권자의 동의 없이 지상권 또는 임차권을 소멸하게 하는 행위를 하지 못한다(제304조 제2항).

③ **지료연체**: 건물에 대하여 전세권 또는 대항력 있는 임차권을 설정하여 준 지상권자가 그 지료를 지급하지 않는 경우, 토지소유자는 전세권자 또는 임차인의 동의가 없이 지상권소멸청구를 할 수 있다(대판 2010다43801).

(2) 건물전세권설정자의 법정지상권

① **성립**: 대지와 건물이 동일한 소유자에 속한 경우에 건물에 전세권을 설정한 때에는 그 대지소유권의 특별승계인은 전세권설정자에 대하여 지상권을 설정한 것으로 본다. 그러나 지료는 당사자의 청구에 의하여 법원이 이를 정한다(제305조 제1항).

② **금지사항**: 법정지상권이 설정된 것으로 보는 경우에 대지소유자는 타인에게 그 대지를 임대하거나 이를 목적으로 한 지상권 또는 전세권을 설정하지 못한다(제305조 제2항).

5 전세권의 소멸

1. 소멸사유

(1) 일반적 소멸사유

① **물권의 일반적 소멸사유**: 목적물의 멸실, 존속기간 만료, 소멸시효, 혼동, 전세권에 우선하는 저당권 실행 등이 있다.

② **불가항력으로 인한 멸실**
 ㉠ 소멸범위: 전세권의 목적물의 전부 또는 일부가 불가항력으로 인하여 멸실된 때에는 그 멸실된 부분의 전세권은 소멸한다(제314조 제1항).
 ㉡ 일부멸실: 전세금은 감액되는 것이나, 잔존부분으로 전세권의 목적을 달성할 수 없는 때에는 전세권설정자에 대하여 전세권 전부의 소멸을 통고하고 전세금의 반환을 청구할 수 있다(제314조 제2항).

③ **귀책사유로 인한 멸실**
  ㉠ 배상책임: 전세권의 목적물의 전부 또는 일부가 전세권자에 책임 있는 사유로 인하여 멸실된 때에는 전세권자는 손해를 배상할 책임이 있다(제315조 제1항).
  ㉡ 일부멸실: 전세권설정자는 용법위반을 이유로 소멸을 청구할 수도 있다(제311조).
  ㉢ 충당: 전세권설정자는 전세권이 소멸된 후 전세금으로써 손해의 배상에 충당하고 잉여가 있으면 반환하여야 하며 부족이 있으면 다시 청구할 수 있다(제315조 제2항).
④ **전세권의 포기**: 자유로운 것이 원칙이나, 등기해야 효력이 발생하고, 저당권의 목적인 경우에는 저당권자의 동의 없이 포기할 수 없다(제371조 제2항).

(2) **특별한 소멸사유**
① **소멸청구**
  ㉠ 요건: 전세권자가 전세권설정계약 또는 그 목적물의 성질에 의하여 정하여진 용법으로 이를 사용·수익하지 아니한 경우에는 전세권설정자는 전세권의 소멸을 청구할 수 있다(제311조 제1항).
  ㉡ 책임: 전세권설정자는 전세권자에 대하여 원상회복 또는 손해배상을 청구할 수 있다(제311조 제2항).
② **소멸통고**: 전세권의 존속기간을 약정하지 아니한 때에는 각 당사자는 언제든지 상대방에 대하여 전세권의 소멸을 통고할 수 있고 상대방이 이 통고를 받은 날로부터 6월이 경과하면 전세권은 소멸한다(제313조).

2. 소멸의 효과

① **동시이행관계**: 전세권이 소멸한 때에는 전세권설정자는 전세권자로부터 그 목적물의 인도 및 전세권설정등기의 말소등기에 필요한 서류의 교부를 받는 동시에 전세금을 반환하여야 한다(제317조).
② **등기서류 미교부**: 전세권자가 그 목적물을 인도하였다고 하더라도 전세권설정등기의 말소등기에 필요한 서류를 교부하거나 그 이행의 제공을 하지 아니하는 이상, 전세권설정자는 전세금의 반환을 거부할 수 있고, 특별한 사정이 없는 한 전세금에 대한 이자 상당액은 부당이득이 아니다(대판 2001다62091).
③ **경매청구의 요건**: 전세권자인 채권자가 전세목적물에 대한 경매를 청구하려면 우선 전세권설정자에 대하여 전세목적물의 인도의무 및 전세권설정등기말소의무의 이행제공을 완료하여 전세권설정자를 이행지체에 빠뜨려야 한다(대결 77마90).

Chapter 08 유치권

1 서 설

(1) 의 의

타인의 물건 또는 유가증권을 점유한 자는 그 물건이나 유가증권에 관하여 생긴 채권이 변제기에 있는 경우에는 변제를 받을 때까지 그 물건 또는 유가증권을 유치할 권리를 말한다(제320조 제1항).

(2) 법적 성질

① **법정 담보물권**: 등기 없이 성립한다. 당사자 간의 합의에 의해 성립하는 질권, 저당권 등과 구별된다.

② **담보물권의 통유성**: 담보물권에 공통되는 부종성, 수반성, 불가분성이 인정된다. 다만 우선변제권이 존재하지 않는다는 점에서 물상대위성은 인정되지 않는다.

> **판 례**
>
> ㉠ 한 세대를 점유한 경우: 다세대주택의 창호 등의 공사를 완성한 하수급인이 공사대금채권 잔액을 변제받기 위하여 다세대주택 중 한 세대를 점유하여 유치권을 행사하는 경우, 그 유치권은 다세대주택 전체에 대하여 시행한 공사대금채권의 잔액 전부를 피담보채권으로 하여 성립한다(대판 2005다16942). 다만 점유하지 않은 세대에 대한 경매청구는 허용되지 않는다.
>
> ㉡ 일부 토지 위반: 하나의 채권을 피담보채권으로 하여 여러 필지의 토지에 대하여 유치권을 취득한 유치권자가 그중 일부 필지의 토지에 대하여 선량한 관리자의 주의의무를 위반한 경우, 위반행위가 있었던 필지의 토지에 대하여만 유치권 소멸청구가 가능하다(대판 2018다301350).

③ **물권적 청구권**: 준용규정이 없으므로 유치권에 기한 물권적 청구권은 인정되지 않고, 점유권에 근거한 점유보호청구권은 인정된다.

2 유치권의 성립요건

(1) 타인의 물건 또는 유가증권일 것

① **제3자 물건**: 자기 소유물에 대해서는 성립하지 않지만, 채무자 소유가 아닌 제3자 소유라 하더라도 성립할 수 있다.

② **수급인 소유**: 수급인의 재료와 노력으로 건축되었고 독립한 건물에 해당되는 기성부분은 수급인의 소유라 할 것이므로 수급인은 공사대금을 지급받을 때까지 이에 대하여 유치권을 가질 수 없다(대판 91다14116).

③ **미완성 건물**: 건물신축공사를 도급받은 수급인이 사회통념상 독립한 건물이 되지 못한 정착물을 토지에 설치한 상태에서 공사가 중단된 경우, 이러한 정착물 또는 토지에 대하여는 유치권을 행사할 수 없다(대결 2007마98).

(2) 채권과 목적물의 견련관계가 있을 것

① **채권이 목적물로부터 발생한 경우**: 견련성이 인정된다.

견련성 ○	견련성 ×
㉠ 목적물의 수리비채권 ㉡ 건물공사 수급인의 공사대금채권 ㉢ 동물의 행위로 인한 손해배상청구권	㉠ 매도인의 매매대금 채권 ㉡ 건축자재에 대한 대금채권 ㉢ 계약명의신탁에서 신탁자의 매매대금 상당의 부당이득반환청구권
임차인의 건물공사비 채권	㉠ 임차인의 보증금 또는 권리금 반환채권 ㉡ 임차인의 부속물 또는 지상물 매수청구권 ㉢ 임대인의 채무불이행으로 인한 손해배상청구권

② **채권이 목적물반환청구권과 동일한 법률관계나 사실관계로부터 생긴 경우**: ㉠ 매매계약이 취소되어 대금반환청구권과 목적물반환의무가 생긴 경우(동일한 법률관계) ㉡ 식당에서 우연히 신발을 바꿔 신은 경우(동일한 사실관계) 견련성이 인정된다.

③ **채권과 목적물의 점유와의 견련성**: 성립요건이 아니다. 유치권자가 유치물을 점유하기 전에 발생된 채권(건축비채권)이라도 그 후 그 물건(건물)의 점유를 취득했다면 유치권은 성립하고(대판 64다1977), 목적물에 대한 점유를 취득한 뒤 그 목적물에 관하여 성립한 채권을 담보하기 위한 유치권도 인정된다.

(3) 채권이 변제기에 있을 것

임대차종료 후 법원이 임차인의 유익비상환청구권에 상환기간을 인정한 경우에는 변제기가 도래한 것이 아니므로 유치권이 성립하지 않는다.

(4) 적법한 점유일 것

① **불법행위로 인한 점유**: 절취한 물건에 지출한 비용, 임대차가 종료된 후 권원 없이 건물에 지출한 비용 등은 유치권이 성립할 수 없다. 유치권의 성립을 부정하는 자가 불법점유라는 사실을 입증하여야 한다.

② **점유의 계속**: 직접점유, 간접점유를 불문하고 점유가 계속되어야 한다. 그러나 채무자를 직접점유자로 하는 간접점유는 허용되지 않는다(대판 2007다27236).

③ **점유의 회복**: 점유를 침탈당한 경우 유치권은 소멸되는 것이 원칙이나, 점유회수청구권을 행사하여 1년 이내에 점유를 회복한 경우에는 유치권은 소멸하지 않았던 것으로 된다. 점유를 회복하지 못한 경우, 유치권 소멸로 인한 손해배상청구권은 10년의 소멸시효에 걸린다(대판 2021다213866).

(5) 유치권을 배제하는 특약이 없을 것

① **배제특약**: 유치권은 임의규정이므로 유효하다. 건물 임차인의 원상복구특약은 건물에 지출한 각종 유익비 또는 필요비의 상환청구권을 미리 포기하기로 하는 배제특약에 해당한다(대판 73다2010).

② **주장**: 유치권 배제 특약의 효력은 특약의 상대방뿐 아니라 제3자도 주장할 수 있으며, 조건을 붙일 수도 있다(대판 2016다234043).

③ **포기**: 유치권을 사후에 포기할 수 있으며, 포기하면 곧바로 유치권은 소멸한다(대판 2014다52087).

3 유치권의 효력

1. 유치권자의 권리

(1) 목적물을 유치할 권리

① **인도거절**: 유치권자는 변제받을 때까지 목적물의 인도를 거부할 수 있다. 유치권자로부터 유치물의 점유 내지 보관을 위탁받은 자도 특별한 사정이 없는 한 소유자의 소유물반환청구를 거부할 수 있다(대판 2011다62618).

② **상대방**
  ㉠ **양수인**: 유치권은 물권이므로 채무자뿐만 아니라 양수인에 대해서도 미친다.
  ㉡ **경락인**: 유치권 보다 먼저 성립한 저당권 실행으로 인한 경락인에 대해서도 주장할 수 있으나, 압류 후에 유치권이 성립한 경우에는 경락인에게 대항할 수 없다. 다만 경락인에게 변제를 청구할 수는 없다(대판 2014마1407).

  > **판례**
  > ① 압류 후 유치권 성립: 채무자 소유의 부동산에 <u>경매개시결정의 기입등기가 마쳐져 압류의 효력이 발생한 후에 유치권을 취득한 경우</u>, 그 경매절차의 매수인에게 대항할 수 없다. 또한 압류효력이 발생하기 전에 건물의 점유를 이전받았다 하더라도 <u>압류의 효력이 발생한 후에 공사를 완공하여 공사대금채권을 취득하여 그때 비로소 유치권이 성립한 경우에도 경매절차의 매수인에게 대항할 수 없다</u>(대판 2011다55214).
  > ② 가압류 등기 후 유치권 성립: <u>건물에 대하여 가압류등기가 경료되고, 건물 점유를 이전받아 그 건물에 관한 공사대금채권을 피담보채권으로 한 유치권을 취득한 경우</u>, 건물의 경락인에 대해서 <u>유치권을 주장할 수 있다</u>(대판 2009다19246).
  > ③ 체납처분 압류 후 유치권 성립: 부동산에 관한 체납처분압류는 경매개시결정에 따른 압류와 동일하게 볼 수는 없다. 따라서 <u>체납처분압류 또는 가압류가 되어 있어도 경매개시결정등기가 되기 전에 부동산에 관하여 민사유치권을 취득한 유치권자는 경매절차의 매수인에게 대항할 수 있다</u>(대판 전합 2009다60336).

③ **상환급부판결**: 법원에서 유치권을 주장하여 인용된 경우에는 원고승소판결이 아니라 원고 일부승소판결, 즉 상환급부판결을 내려야 한다(대판 69다1592).

(2) **비용상환청구권**

필요비	소유자에게 그 상환을 청구할 수 있다(제325조 제1항).
유익비	그 가액의 증가가 현존한 경우에 한하여 소유자의 선택에 좇아 그 지출한 금액이나 증가액의 상환을 청구할 수 있다. 그러나 법원은 소유자의 청구에 의하여 상당한 상환기간을 허여할 수 있다(제325조 제2항).

(3) **과실수취권**
  ① **충당**: 유치권자는 유치물의 과실을 수취하여 다른 채권보다 먼저 그 채권의 변제에 충당할 수 있다. 그러나 과실이 금전이 아닌 때에는 경매하여야 한다(제323조 제1항).
  ② **순서**: 과실은 먼저 채권의 이자에 충당하고 그 잉여가 있으면 원본에 충당한다(제323조 제2항).

(4) 간이변제충당

① **청구**: 정당한 이유 있는 때에는 유치권자는 감정인의 평가에 의하여 유치물로 직접 변제에 충당할 것을 법원에 청구할 수 있다. 이 경우에는 유치권자는 미리 채무자에게 통지하여야 한다(제322조 제2항).

② **결정**: 법원이 허가결정을 하면 유치권자는 유치권의 소유권을 취득한다.

(5) 경매권

① **성질**: 유치권자는 채권의 변제를 받기 위하여 유치물을 경매할 수 있으나(제322조 제1항) 환가를 위한 경매이므로 우선변제권은 인정되지 않고, 일반채권자와 동일한 순위로 배당받는다.

② **소멸**: 유치권자 스스로 경매를 청구한 경우 유치권은 소멸하지만, 다른 채권자의 경매신청으로 매각이 이루어진 경우에는 소멸하지 않는다.

2. 유치권자의 의무

(1) 선량한 관리자 의무

유치권자는 선량한 관리자의 주의로 유치물을 점유하여야 한다(제324조 제1항).

(2) 사용, 대여, 담보제공 금지의무

원칙	채무자의 승낙없이 유치물의 사용, 대여 또는 담보제공을 하지 못한다(제324조 제2항).
예외	유치물의 보존에 필요한 사용은 승낙 없이도 할 수 있다. 다만 차임상당의 부당이득을 소유자에게 반환할 의무가 있다(대판 2009다40684). 그러나 불법행위는 아니므로 손해배상책임은 없다(대판 71다2414).

판례

① **승낙 없는 임대**: 소유자의 승낙 없는 유치권자의 임대차에 의하여 유치권의 목적물을 임차한 자의 점유는 소유자에게 대항할 수 있는 적법한 권원에 기한 것이라고 볼 수 없다(대판 2010다94700).

② **주택사용**: 공사대금채권에 기하여 유치권을 행사하는 자가 스스로 유치물인 주택에 거주하며 사용하는 것은 특별한 사정이 없는 한 유치물인 주택의 보존에 도움이 되는 행위로서 유치물의 보존에 필요한 사용에 해당하므로, 그러한 경우에는 유치권의 소멸을 청구할 수 없다(대판 2009다40683).

(3) 소멸청구

유치권자가 선관주의의무, 승낙 없는 사용금지의무를 위반하면 채무자는 유치권의 소멸을 청구할 수 있다(제324조 제3항).

4 유치권의 소멸

1. 일반적 소멸사유

유치권도 목적물의 멸실, 피담보채권의 소멸, 채무자나 소유자의 변제, 포기, 혼동 등으로 소멸한다. 유치권의 행사는 채권의 소멸시효의 진행에 영향을 미치지 아니한다(제326조).

2. 특별한 소멸사유

(1) 소멸청구

① **선관의무 위반 등**: 유치권자의 위반으로 바로 소멸하는 것은 아니고 채무자의 소멸청구에 의하여 소멸한다(제324조 제3항).

② **타담보제공**
  ㉠ 의의: 채무자는 상당한 담보를 제공하고 유치권의 소멸을 청구할 수 있다(제327조). 당해 유치물에 관하여 이해관계를 가지고 있는 자인 채무자나 유치물의 소유자는 상당한 담보가 제공되어 있는 이상 유치권 소멸 청구의 의사표시를 할 수 있다(대판 2001다59866).
  ㉡ 상당성 판단: 유치물에 의한 담보력을 저하시키지 않는지를 종합하여 판단해야 한다. 따라서 유치물 가액이 피담보채권액보다 많을 경우에는 피담보채권액에 해당하는 담보를 제공하면 되고, 유치물 가액이 피담보채권액보다 적을 경우에는 유치물 가액에 해당하는 담보를 제공하면 된다(대판 2019다216077).

(2) 점유상실

유치권에서 점유는 성립요건이면서 존속요건이므로 점유를 상실하면 소멸한다(제328조). 다만 점유를 침탈당한 경우라도 점유회수의 소를 제기하여 승소판결을 받아 점유를 회복하면 점유를 상실하지 않았던 것으로 되어 유치권이 되살아난다(대판 2011다72189).

Chapter 09 저당권

1 서 설

(1) 의 의

채무자 또는 제3자가 점유를 이전하지 아니하고 채무의 담보로 제공한 부동산에 대하여 다른 채권자보다 자기채권의 우선변제를 받을 수 있는 권리를 말한다(제356조).

(2) 성 질

① **타물권**: 저당권은 타인 소유의 부동산에 대해서 성립하고 자기 물건에 대해서는 성립할 수 없다. 다만 혼동의 예외로서 성립하는 경우는 있다.

② **약정 담보물권**: 계약에 의하여 성립되는 담보물권이다. 예외적으로 법률규정에 의하여 성립하는 법정저당권도 있다. 담보물권의 통유성인 부종성, 수반성, 불가분성, 물상대위성을 가진다.

2 저당권의 성립

(1) 법률행위에 의한 저당권의 성립

① **성립요건**: 저당권설정계약과 저당권설정등기가 있어야 한다. 저당권설정계약은 피담보채권이 존재한다는 점에서 종된 계약이다. 저당권설정행위는 처분행위이므로 처분의 권리 또는 권한을 가진 자만이 저당권을 설정할 수 있다.

② **계약의 당사자**
   ㉠ 저당권설정자: 채무자 또는 제3자(물상보증인)가 될 수 있다.
   ㉡ 저당권자: 채권자인 것이 원칙이나, 채권자, 채무자와 제3자 사이에 합의가 있고 채권이 실질적으로 제3자에게 귀속되었다고 볼 수 있는 사정이 있으면 제3자 명의의 저당권설정등기도 예외적으로 유효하다(대판 2011다71100).

③ **등기사항**
   ㉠ 필요적 기재사항: 채권액과 채무자는 반드시 기재하여야 한다.
   ㉡ 임의적 기재사항: 변제기, 이자 및 그 발생기와 지급시기, 원본 또는 이자의 지급장소, 채무불이행으로 인한 손해배상에 관한 약정, 부합물과 종물에 대한 효력 배제특약, 채권의 조건 등은 등기해야 제3자에 대항할 수 있다.

④ **무효등기의 유용**: 무효인 저당권등기도 이해관계인이 없으면 유용할 수 있다. 저당권이전을 부기등기 하는 방법으로 무효인 저당권등기를 다른 채권자를 위한 담보로 유용할 수도 있다.

⑤ **피담보채권**: 저당권으로 담보되는 채권으로서 금전채권에 한정되지 않는다. 다만 금전채권이 아닌 경우에는 그 채권의 평가액을 등기하여야 한다(등기법 제77조). 채권의 일부나 수개의 채권도 피담보채권으로 할 수 있으며, 조건부 채권이나 기한부 채권과 같이 장래의 특정 채권도 저당권을 설정할 수 있다.

⑥ **저당권의 객체**: 부동산과 일정한 권리이다. 부동산의 일부에 대한 저당권설정은 불가능하고, 일정한 권리에는 지상권과 전세권이 있다.

(2) **법률규정에 의한 저당권의 성립**

토지임대인이 변제기를 경과한 최후 2년의 차임채권에 의하여 그 지상에 있는 임차인소유의 건물을 압류한 때에는 저당권과 동일한 효력이 있다(제649조).

3 저당권의 효력

1. 피담보채권의 범위

> 제360조 【피담보채권의 범위】 저당권은 원본, 이자, 위약금, 채무불이행으로 인한 손해배상 및 저당권의 실행비용을 담보한다. 그러나 지연배상에 대하여는 원본의 이행기일을 경과한 후의 1년분에 한하여 저당권을 행사할 수 있다.

(1) **의 의**

선순위저당권자가 후순위권리자나 일반채권자보다 우선해서 변제받을 수 있는 채권의 범위를 말한다.

(2) **저당권이 실행되는 경우**

포함 ○	① 저당권은 원본, 이자, 위약금, 채무불이행으로 인한 손해배상 및 저당권의 실행비용을 담보한다. ② 원본은 전부 담보되지만, 일부만을 피담보채권으로 할 수도 있다. ③ 원본에 대한 이자는 기간의 제한 없이 담보되는 것이나, 지연이자는 후순위권리자를 보호하기 위하여 1년분에 한정된다. ④ 원본, 이자, 위약금은 등기를 해야 담보되는 것이나, 지연이자와 실행비용은 등기 없이도 담보된다.
포함 ×	저당권은 저당권자가 점유하는 것이 아니므로 저당목적물의 보존비용이나 저당목적물의 하자로 인한 손해배상금은 담보되지 않는다.

(3) 임의로 변제하는 경우

① **채무자**: 지연이자도 1년분에 한정되지 않고 전부 변제해야 저당권의 말소를 청구할 수 있다.

② **물상보증인, 제3취득자**: 지연이자는 1년분만 변제하고 말소를 청구할 수 있다.

2. 목적물의 범위

(1) 부합물과 종물

① 의 의

부합물	수개의 물건이 결합되어 하나의 물건이 되어 분리하는 것이 불가능하거나 과다한 비용이 드는 것을 말한다. 유류저장탱크 등이 있다.
종 물	주물의 상용(常用)에 이바지하는 독립한 물건으로서 소유자가 동일한 물건이다. 주유소의 주유기, 횟집의 수족관, 백화점건물과 지하에 설치된 전화교환설비 등이 있다.

② 효 력

원 칙	저당권의 효력은 저당부동산에 부합된 물건과 종물에 미친다(제358조).
예 외	법률에 특별한 규정 또는 설정행위에 다른 약정이 있으면 그러하지 아니하다(제358조). 다만 특약으로 배제하는 경우에는 등기해야 제3자에 대항할 수 있다.

③ **종된 권리**: 저당권의 설정 전후를 불문하고 유추적용된다. 건물에 대한 저당권의 효력은 그 건물의 소유를 목적으로 하는 지상권, 전세권, 임차권에 미친다. 구분건물의 전유부분에 대한 저당권은 대지사용권이나 공용부분의 지분에 미친다(대판 2005다15048).

(2) 과실(果實)수취권

① 효 력

원 칙	저당권자는 저당목적물을 점유하지 않으므로 과실수취권은 없다.
예 외	저당부동산에 대한 압류가 있은 후에 저당권설정자가 그 부동산으로부터 수취한 과실 또는 수취할 수 있는 과실에 미친다(제359조). 압류 이전의 차임채권에는 미치지 않는다.

② **통지**: 저당권자가 그 부동산에 대한 소유권, 지상권 또는 전세권을 취득한 제3자에 대하여는 압류한 사실을 통지한 후가 아니면 이로써 대항하지 못한다(제359조).

(3) 물상대위

① **의의**: 저당권은 저당물의 멸실, 훼손 또는 공용징수로 인하여 저당권설정자가 받을 금전 기타 물건에 대하여서도 행사할 수 있다. 그러나 매매대금, 협의취득으로 인한 보상금에 대해서는 행사할 수 없다.

② **요건**: 저당권설정자에게 인도 또는 지급하기 전에 저당권자가 압류를 해야 한다. 제3자의 압류도 포함된다.

③ **행사**: 압류하기 전에 저당권설정자가 금전 등을 수령한 경우에는 피담보채권액 상당의 부당이득 반환청구를 할 수 있다(대판 2008다17656). 저당권자가 물상대위권을 행사하지 않아서 우선변제권을 상실한 경우에는 다른 채권자가 이득을 얻었다고 하더라도 부당이득 반환청구를 할 수 없다(대판 2010다46756).

3. 우선변제권

(1) 의 의

피담보채권의 변제기가 도래한 경우에 채무자가 변제하지 않으면 저당권을 실행하여 우선변제를 받거나 일반채권자가 경매를 신청한 경우 배당에 참가하여 우선변제를 받는 것을 말한다. 저당권 실행으로도 변제되지 않은 부분에 대해서는 일반채권자로서 권리를 가진다.

(2) 우선변제의 순위

① **일반채권자에 대한 관계**: 저당권자가 우선하는 것이 원칙이나, ㉠ 대항요건과 확정일자를 먼저 갖춘 주택임차인이나 ㉡ 소액보증금 중 일정액에 대하여 경매신청등기 전에 대항요건을 갖춘 임차인은 그 선후에 따른다.

② **다른 저당권자에 대한 관계**: 그 등기의 선후에 따른다. 다만 후순위저당권자가 경매를 신청한 경우에도 그 부동산 위의 저당권은 모두 소멸하고 순위에 따라 배당을 받는다.

③ **유치권과의 관계**: 압류의 효력이 발생한 이후에 성립한 유치권은 경락인에게 대항하지 못한다.

④ **용익권자에 대한 관계**
  ㉠ 선순위인 경우: 지상권, 전세권, 대항력 있는 임차권이 저당권 보다 먼저 설정된 경우에는 저당권이 실행되더라도 경락인에 대항할 수 있다. 다만 전세권자가 배당에 참가하면 전세권은 소멸하고 순위에 따라 배당을 받는다.
  ㉡ 후순위인 경우: 저당권 설정 후에 설정된 용익권은 저당권의 실행으로 소멸하는데, 이 경우 경매를 신청한 저당권자와의 우열이 아니라 최선순위의 저당권자와의 우열에 따라 결정된다.

보충 경매시 배당순위

1순위	경매비용
2순위	제3취득자가 경매부동산에 지출한 필요비, 유익비 청구권
3순위	소액임차인의 최우선변제권, 최종 3개월분 임금채권, 최종 3년분 퇴직금
4순위	당해세(경매부동산에 부과된 국세, 지방세, 가산금 등) ☝ 단, 법정기일 보다 빠른 대항요건과 확정일자를 갖춘 주택임차인의 보증금은 우선배당
5순위	담보물권, 전세권, 대항력 있는 임차권, 가압류, 당해세 이외의 조세채권은 시간 순서에 따라 배당
6순위	최종 3개월분 임금채권을 제외한 임금채권
7순위	담보물권 보다 법정기일이 늦은 조세채권
8순위	건강보험료, 국민연금보험료 등 각종 공과금
9순위	일반채권

4. 일괄경매청구권

(1) 의 의

토지를 목적으로 저당권을 설정한 후 그 설정자가 그 토지에 건물을 축조한 때에는 저당권자는 토지와 함께 그 건물에 대하여도 경매를 청구할 수 있다(제365조). 저당권의 실행으로 인한 건물의 철거를 방지하면서 아울러 저당권자도 보호하기 위한 규정이다.

(2) 성립요건

① **저당권 설정당시 건물의 부존재**: 토지에 대한 저당권을 설정할 당시 건물이 존재하지 않아야 한다. 이미 건물이 존재하거나 건축 중이라면 법정지상권의 성립여부가 문제될 뿐이다.

② **저당권설정자의 소유일 것**: 저당권설정자가 건물을 축조하거나, 저당권설정자로부터 저당토지에 대한 용익권을 설정받은 자가 그 토지에 건물을 축조한 후 저당권설정자가 그 건물의 소유권을 취득한 경우에는 일괄경매를 청구할 수 있다(대판 2003다3850). 저당권설정자가 아닌 자가 축조하거나 저당권설정자가 축조한 후에 제3자에게 양도한 경우에는 허용되지 않는다(대판 2003다3850).

(3) 효 과

① **일괄경매청구**: 저당권자는 토지와 함께 건물의 경매도 청구할 수 있다. 그러나 건물의 매각대금으로부터는 우선변제를 받지 못한다(제365조).

② **선택권**: 일괄경매청구는 저당권자가 선택할 수 있는 권리이지 의무는 아니다. 토지의 매각만으로 충분한 변제를 받을 수 있는 경우에도 일괄경매를 청구한 것이 위법한 것은 아니다.

5. 저당권 침해에 대한 구제

(1) 의 의

저당목적물에 대한 교환가치를 침해하는 것을 말한다. 저당건물의 파손, 부합된 수목의 부당한 벌채 등이 있다. 저당부동산의 소유자가 행하는 저당부동산의 사용 또는 수익은 원칙적으로 저당권 침해에 해당하지 않지만, 본래의 용법에 따른 사용·수익의 범위를 초과하여 그 교환가치를 감소시키는 등 저당권의 실현이 곤란하게 될 사정이 있는 경우에는 저당권의 침해가 인정될 수 있다(대판 2005다3243).

(2) 물권적 청구권

① **요건**: 저당권에 대한 침해가 있거나 침해할 우려가 있으면 방해제거청구나 방해예방청구가 가능하다.

② **반환청구**: 저당권은 점유를 내용으로 하지 않으므로 반환청구는 허용되지 않는다. 그러나 공장저당권의 목적 동산이 저당권자의 동의를 얻지 아니하고 설치된 공장으로부터 반출된 경우에는 저당권자는 자신에게 반환할 것을 청구할 수는 없지만, 저당목적물이 제3자에게 선의취득되지 아니하는 한 원래의 설치 장소에 원상회복할 것을 청구할 수는 있다(대판 95다55184).

③ **불가분성**: 저당목적물의 잔존가치만으로 피담보채권액을 만족시킬 수 있는 경우에도 행사할 수 있다.

(3) 손해배상청구권

① **요건**: 제3자 또는 저당권설정자의 고의 또는 과실로 인한 위법행위로 저당목적물의 잔존가치가 피담보채권액에 부족하게 되면 손해배상을 청구할 수 있다.

② **저당권 등기가 불법으로 말소된 경우**: 저당권이 소멸한 것은 아니므로 손해배상을 청구할 수 없다. 그러나 회복등기 전에 경매가 실행된 경우에는 말소회복등기가 불가능하므로 손해배상을 청구할 수 있으며, 이때 우선배당받은 후순위권리자에 대하여 부당이득반환을 청구할 수 있다.

(4) 담보물보충청구권

① **요건**: 저당권설정자의 책임 있는 사유로 인하여 저당물의 가액이 현저히 감소된 때에는 저당권자는 저당권설정자에 대하여 그 원상회복 또는 상당한 담보제공을 청구할 수 있다(제362조). 그러나 제3자에 의하여 저당물의 가액이 감소한 경우에는 청구할 수 없다.

② **제한**: 담보물보충청구권을 행사한 경우에는 손해배상청구권이나 즉시변제청구권은 행사할 수 없다.

(5) 즉시변제청구권

채무자가 담보를 손상, 감소, 멸실하게 하거나 담보제공의 의무를 이행하지 아니한 때에는 기한의 이익을 상실하므로(제388조) 저당권자는 즉시 변제를 청구할 수 있고, 변제하지 않으면 저당권을 실행할 수 있다. 그러나 제3자의 담보손상 등의 경우에는 인정되지 않는다.

6. 제3취득자의 지위

(1) 의 의

'저당부동산의 제3취득자'란 저당권 설정 이후에 소유권, 지상권, 전세권을 취득한 자를 말한다. 채무자의 변제 유무에 따라 불이익을 당할 수 있는 자라는 점에서 민법은 보호규정을 두고 있다.

(2) 경매인

저당물의 소유권을 취득한 제3자도 경매인이 될 수 있다(제363조 제2항). 채무자는 경매인이 될 수 없다고 보는 것이 일반적이나, 물상보증인과 제3취득자는 물적 책임만 부담하는 것이므로 경매인이 될 수 있다.

(3) 대위변제

① **소멸청구**: 저당부동산에 대하여 소유권, 지상권 또는 전세권을 취득한 제3자는 저당권자에게 그 부동산으로 담보된 채권을 변제하고 저당권의 소멸을 청구할 수 있다(제364조). 제3취득자는 이해관계 있는 제3자이므로 채무자 의사에 반해서도 변제할 수 있다(제469조 제2항).

② **변제기**: 피담보채권의 변제기가 도래해야 하는지 여부에 대해서 학설이 대립하지만, 판례는 도래해야 한다는 입장이다(대판 79다783).

③ **변제범위**
　㉠ 제한: 제3자 변제의 특칙으로서 '담보된 채권'만을 변제할 수 있도록 하였다. 지연이자는 1년분만 변제하면 되고, 근저당권의 경우에는 채권최고액까지만 변제하면 된다.
　㉡ 전부 변제: 매매대금에서 피담보채권액을 공제하는 등 채무자의 지위를 인수한 것으로 보이는 경우에는 전부를 변제해야 한다.
　㉢ 후순위저당권자: 이해관계 없는 제3자이므로 채무자 의사에 반하여 변제할 수 없다. 변제하는 경우에도 채무의 전부를 변제해야 저당권이 소멸한다.

(4) 비용의 우선상환청구권
① **의의**: 저당물의 제3취득자가 그 부동산의 보존, 개량을 위하여 필요비 또는 유익비를 지출한 때에는 저당물의 경매대가에서 우선상환을 받을 수 있다(제367조).
② **배당방식**: 경매절차의 매각대금에서 배당받는 방법으로 우선변제받을 수 있는 것이고, 직접 저당권설정자, 저당권자 또는 경매절차 매수인 등에 대하여 비용상환을 청구할 수 있는 권리가 인정되는 것은 아니다.
③ **유치권**: 비용상환청구권을 피담보채권으로 주장하면서 유치권을 행사할 수 없다(대판 2022다265093).

(5) 담보책임
저당권의 실행으로 권리를 상실한 제3취득자는 매도인에 대하여 담보책임을 물을 수 있다.

4 저당권의 처분과 소멸

(1) 저당권의 처분
저당권은 부종성이 있으므로 피담보채권과 분리하여 타인에게 양도하거나 다른 채권의 담보로 하지 못한다(제361조). 피담보채권과 함께 저당권을 이전하는 경우, 물상보증인이나 채무자의 동의를 요하지 않는다.

(2) 저당권의 소멸
① **목적물의 멸실 등**: 저당권도 물권이므로 목적물의 멸실, 혼동, 소멸시효 등의 사유로 소멸한다. 다만 저당권은 독립하여 소멸시효에 걸리지 않으며, 피담보채권이 시효완성으로 소멸하면 저당권도 소멸한다.
② **변제**: 피담보채권이 변제 기타 사유로 소멸한 경우 저당권은 말소등기 없이도 당연히 소멸한다. 제3취득자가 변제하는 경우에도 저당권은 소멸한다.

③ **저당권 실행**: 저당목적물이 경매로 제3자에게 매각되면 모든 저당권은 소멸된다. 근저당권설정등기가 불법으로 말소된 이후, 경매가 실행되면 회복등기는 불가능하다(대판 97다43406).

④ **지상권 등에 설정된 저당권**: 지상권이나 전세권의 존속기간이 만료되면 저당권도 소멸한다. 그러나 지상권 또는 전세권을 목적으로 저당권을 설정한 자는 저당권자의 동의없이 지상권 또는 전세권을 소멸하게 하는 행위를 하지 못한다(제371조 제2항).

5 공동저당

(1) 의 의
동일한 채권 담보를 위하여 수개의 부동산에 저당권을 설정한 것을 말한다(제368조 제1항). '동일한 채권'이란 공동저당으로 담보되는 채권이 동일하다는 의미이고, 하나의 채권을 의미하는 것은 아니므로 수개의 채권이라도 피담보채권이 될 수 있다.

(2) 특 징
복수의 부동산에 1개의 저당권이 설정된 것이 아니라 각 부동산마다 1개의 저당권이 성립한다. 각 저당권은 피담보채권액 전부를 담보한다는 점에서 중첩적으로 담보된다.

(3) 성 립
① **요건**: 설정계약과 등기에 의하여 성립한다. 반드시 동시에 의하여 성립하여야 하는 것은 아니고, 소유자나 순위가 달라도 상관없다.

② **등기부 기재요령**: 각 부동산의 등기기록에 그 부동산에 관한 권리가 다른 부동산에 관한 권리와 함께 저당권의 목적으로 제공된 뜻을 기록하여야 한다(부동산등기법 제78조 제1항). 등기관은 부동산이 5개 이상일 때에는 공동담보목록을 작성하여야 한다(부동산등기법 제78조 제2항).

(4) 부동산이 모두 채무자 소유인 경우
① **동시배당**: 각 부동산의 경매대가에 비례하여 그 채권의 분담을 정한다(제368조 제1항). 후순위 저당권자가 없는 경우에도 같다.

주택임차인 소액보증금 배당
주택임차인의 소액보증금에 대하여 대지와 건물이 동시에 매각되어 주택임차인에게 그 경매대가를 동시에 배당하는 때에는 <u>공동저당의 법리를 유추적용하여 대지와 건물의 경매대가에 비례하여 그 채권의 분담을 정하여야 한다</u>(대판 2001다66291).

② 이시배당
- ㉠ 전부 배당: 저당부동산 중 일부의 경매대가를 먼저 배당하는 경우에는 그 대가에서 그 채권전부의 변제를 받을 수 있다.
- ㉡ 후순위자의 대위행사: 경매한 부동산의 차순위저당권자는 선순위저당권자가 동시배당을 하였다면 다른 부동산의 경매대가에서 변제를 받을 수 있는 금액의 한도에서 선순위자를 대위하여 저당권을 행사할 수 있다(제368조 제2항). 선순위저당권자가 일부만 변제받은 경우에도 같다.

(5) 부동산이 채무자와 물상보증인의 소유인 경우

① 동시배당
- ㉠ 우선배당: 채무자 소유 부동산의 경매대가에서 우선적으로 배당을 한다.
- ㉡ 추가배당: 부족분이 있는 경우에 한하여 물상보증인 소유 부동산의 경매대가에서 추가로 배당을 하여야 한다(대판 2014다231965).

② 이시배당
- ㉠ 채무자 소유의 부동산이 먼저 경매된 경우: 공동저당권자는 전부변제를 받을 수 있다. 그러나 후순위 저당권자는 공동저당권자를 대위하여 물상보증인 소유의 부동산에 대하여 저당권을 행사할 수 없다(대판 2013다207996).
- ㉡ 물상보증인 소유의 부동산이 먼저 경매된 경우: 선순위 공동저당권자가 변제를 받은 경우, 물상보증인은 채무자에 대하여 구상권을 취득함과 동시에 저당권을 대위취득하고, 후순위저당권자는 물상보증인이 취득한 저당권에 대하여 물상대위를 할 수 있다(대판 93다25417).

> **보충** 물상보증인 소유의 부동산이 먼저 경매된 경우의 등기청구(대결 2008마109)
>
> ㉠ 채무자 소유 부동산의 선순위 저당권설정등기는 물상보증인 앞으로 대위에 의한 저당권이전의 부기등기가 경료되어야 할 성질의 것이므로 아직 경매되지 아니한 공동저당물의 소유자는 선순위 저당권자에 대한 피담보채무가 소멸하였다는 사정만으로는 그 말소등기를 청구할 수 없다.
> ㉡ 물상보증인 소유 부동산의 후순위 저당권자는 자신의 채권을 보전하기 위하여 물상보증인을 대위하여 선순위 저당권자에게 그 부기등기를 할 것을 청구할 수 있다.

(6) 공동근저당 이시배당의 경우 배당금액

공동근저당권자가 스스로 근저당권을 실행하거나 타인에 의하여 개시된 경매 등의 환가절차를 통하여 공동담보의 목적 부동산 중 일부에 대한 환가대금 등으로부터 다른 권리자에 우선하여 피담보채권의 일부에 대하여 배당받은 경우에, 공동담보의 나머지 목적 부동산에 대하여 공동근저당권자로서 행사할 수 있는 우선변제권의 범위는 피담보채권의 확정 여부와 상관없이 최초의 채권최고액에서 위와 같이 우선변제받은 금액을 공제한 나머지 채권최고액으로 제한된다(대판 전합 2013다16992).

6 근저당권

(1) 의 의
계속적 거래관계로부터 발생하는 불특정 다수의 채권을 장래의 결산기에 있어서 일정한 한도액까지 담보하는 저당권을 말한다.

(2) 특 징
① **부종성 완화**: 피담보채권이 일시적으로 전부 변제되더라도 기본채권이 존속하는 한 소멸하지 않는다.
② **피담보채권의 불특정**: 근저당권은 장래의 증감변동하는 불특정 다수의 채권을 담보한다는 점에서 피담보채권이 특정되어 있지 않다.

(3) 성 립
① **성립요건**: 근저당권설정계약과 근저당권설정등기에 의하여 성립한다. 근저당권이 성립하기 위해서는 그 설정행위와 별노로 피담보채권을 성립시키는 법률행위가 있어야 한다.
② **당사자**
  ㉠ 근저당권설정자: 채무자 또는 물상보증인이다.
  ㉡ 근저당권자: 채권자인 것이 원칙이나, 3자간 합의가 있고, 실질적으로 제3자에게 근저당권이 귀속되었다고 볼 수 있는 특별한 사정이 있으면 제3자 명의의 근저당권도 유효하다.
③ **기재사항**
  ㉠ 필요적 기재사항: 채권최고액, 채무자, 근저당권이라는 뜻이다.
  ㉡ 임의적 기재사항: 존속기간 또는 결산기 등이다. 일단 등기되면 그 이후의 채권은 담보되지 않는다.

(4) 피담보채권의 범위

① **채권최고액**: 근저당권은 채권최고액의 범위 내에서 피담보채권 전액을 담보한다. 채무의 이자는 최고액 중에 산입한 것으로 보므로(제357조 제2항) 지연이자도 1년분에 한정되지 않고 채권최고액 범위 내라면 전액 담보된다. 그러나 근저당권의 실행비용은 채권최고액에 포함되지 않는다.

② **근저당권 실행**: 채권최고액은 후순위 담보권자나 저당목적 부동산의 제3취득자에 대한 우선변제권의 한도를 의미하는 것이고, 책임의 한도는 아니다(대판 92다1896). 따라서 채권최고액을 넘는 채권액은 일반채권으로 존속한다.

③ **변제**: 확정된 채권액이 채권최고액을 초과하는 경우, 채무자는 전액을 변제해야 근저당권의 말소등기를 청구할 수 있으나, 물상보증인이나 제3취득자는 채권최고액까지만 변제하면 된다. 그러나 후순위 근저당권자는 채권최고액을 변제하더라도 선순위 근저당권의 소멸을 청구할 수 없다.

(5) 피담보채권의 확정

① **기간의 도래**: 존속기간이나 결산기를 정한 경우에는 기간이 도래한 때 피담보채권이 확정되는 것이 원칙이나, 기간이 도래하기 전이라도 피담보채권이 전부 소멸하고, 거래의사가 없는 경우에는 계약을 해지함으로써 피담보채권이 확정될 수 있다(대판 2001다47528).

② **기본계약의 해지**: 존속기간이나 결산기의 정함이 없는 때에는 근저당권설정자가 근저당권자를 상대로 언제든지 해지의 의사표시를 함으로써 피담보채무를 확정시킬 수 있다(대판 2001다47528).

③ **거래관계의 종료**: 피담보채무가 더 이상 발생할 가능성이 없게 된 때에는 그 때까지 잔존하는 채무가 근저당권에 의하여 담보되는 채무로 확정된다(대판 95다2494).

④ **경매신청**: 근저당권자가 경매신청을 한 경우에는 경매신청시에 근저당 채무액이 확정되고(2001다73022), 후순위 근저당권자가 경매를 신청한 경우, 선순위 근저당권의 피담보채권은 경락인이 경락대금을 완납한 때에 확정된다(대판 99다26085).

⑤ **채무자의 파산 등**: 채무자가 파산하거나 회생절차개시결정이 있는 때에도 피담보채권액이 확정된다.

⑥ **공동근저당권 이시배당의 경우 확정**: 공동근저당권자가 목적 부동산 중 일부 부동산에 대하여 제3자가 신청한 경매절차에 소극적으로 참가하여 우선배당을 받은 경우, ㉠ 해당 부동산에 관한 근저당권의 피담보채권은 그 근저당권이 소멸하는 시기, 즉 매수인이 매각대금을 지급한 때에 확정되지만, ㉡ 나머지 목적 부동산에 관한 근저당권의 피담보채권은 기본거래가 종료하거나 채무자나 물상보증인에 대하여 파산이 선고되는 등의 다른 확정사유가 발생하지 아니하는 한 확정되지 아니한다(대판 2015다50637).

(6) **근저당권의 변경**

① **채무자 변경**: 피담보채무가 확정되기 이전이라면 채무의 범위나 또는 채무자를 변경할 수 있다. 다만 변경 후의 범위에 속하는 채권이나 채무자에 대한 채권만이 당해 근저당권에 의하여 담보된다(대판 97다15777). 근저당권을 설정한 후에 근저당설정자와 근저당권자의 합의로 피담보채무를 변경할 때, 이해관계인의 승낙은 필요없다(대판 2021다255648).

② **채권최고액 변경**: 피담보채무가 확정되기 이전에 채권최고액을 증액한 경우에는 근저당권변경등기를 하여야 한다. 다만 변경등기 이전의 이해관계인에게 대항할 수는 없다.

(7) **근저당권의 이전**

① **피담보채권 확정 이후**: 보통의 저당권과 마찬가지로 피담보채권과 함께 이전될 수 있다.

② **피담보채권 확정 이전**: 그 채권의 일부를 양도하거나 대위변제하더라도 근저당권이 양수인이나 대위변제자에게 이전한 여지가 없다(대판 95다53812).

PART 03

계약법

Chapter 01 계약법 총론

1 서 설

(1) 계 약
사법(私法)적 효과의 발생을 목적으로 하는 복수 당사자의 의사표시의 합치를 말한다. 채권계약, 물권계약, 준물권계약, 가족법상의 계약 등이 있다.

(2) 계약자유의 원칙
사인간의 계약은 당사자 간의 합의에 따라 정해진다는 원칙이다. 체결의 자유, 상대방 선택의 자유, 내용결정의 자유, 방식의 자유가 포함된다. 다만 경제적 약자를 보호하기 위하여 계약자유의 원칙이 제한되기도 한다.

(3) 약관에 의한 계약
① **약관**: 계약의 한쪽 당사자가 다수의 당사자와 계약을 체결하기 위하여 미리 작성해 둔 계약의 내용을 말한다.
② **구속력**: 「약관의 규제에 관한 법률」에 따라 규율되지만, 사업자와 고객 사이에 교섭이 이루어진 약관 조항에 대해서는 적용되지 않는다(대판 2010다57466). 약관의 구속력은 그 자체가 법규범은 아니고 당사자 사이에서 계약내용에 포섭하기로 하는 합의에 근거한 것이다(대판 99다68027).
③ **해석원칙**
　㉠ 개별약정 우선: 약관에서 정하고 있는 사항에 관하여 사업자와 고객이 약관의 내용과 다르게 합의한 사항이 있을 때에는 그 합의 사항은 약관보다 우선한다.
　㉡ 객관적 해석: 약관은 신의성실의 원칙에 따라 공정하게 해석되어야 하며 고객에 따라 다르게 해석되어서는 아니 된다.
　㉢ 고객 유리 해석: 약관의 뜻이 명백하지 아니한 경우에는 고객에게 유리하게 해석되어야 한다.
④ **약관의 작성 및 설명의무 등**: 사업자는 약관을 작성하고, 고객이 요구하면 사본을 교부하여야 하며, 중요한 내용을 고객이 이해할 수 있도록 설명하여야 한다. 다만, 계약의 성질상 설명하는 것이 현저하게 곤란한 경우에는 그러하지 아니하다. 사업자가 사본교부의무 및 설명의무를 위반하여 계약을 체결한 경우에는 해당 약관을 계약의 내용으로 주장할 수 없다.

⑤ **불공정약관조항**: 신의성실의 원칙을 위반하여 공정성을 잃은 약관 조항은 무효이다. 약관의 일부의 조항이 무효인 경우 계약은 나머지 부분만으로 유효한 것이 원칙이나, 유효한 부분만으로는 계약의 목적 달성이 불가능하거나 그 유효한 부분이 한쪽 당사자에게 부당하게 불리한 경우에는 그 계약은 무효로 한다.

2 계약의 종류

(1) 전형계약, 비전형계약

① 민법에 규정된 15가지 유형의 계약을 '전형계약'이라 하고, ② 그 이외의 계약을 '비전형계약'이라 한다. 부동산중개계약은 비전형계약이다.

(2) 쌍무계약, 편무계약

쌍무계약	① 양 당사자가 서로 대가적 의미의 채무를 부담하는 계약을 말한다(예 매매, 교환, 임대차 등). ② 동시이행의 항변권과 위험부담의 법리가 적용된다.
편무계약	일방만 채무를 부담하거나(예 증여, 사용대차, 현상광고) 양 당사자가 채무를 부담하더라도 서로 대가적 의미가 없는 계약을 말한다.

(3) 유상계약, 무상계약

유상계약	① 서로 대가적 의미를 갖는 재산상 출연을 하는 계약을 말한다(예 매매, 교환, 임대차, 현상광고 등). ② 모든 쌍무계약은 유상계약에 해당한다. 그러나 모든 유상계약이 쌍무계약은 아니다. 현상광고는 유상계약 중에서 편무계약에 해당한다.
무상계약	일방만 출연하거나 양 당사자가 출연하더라도 서로 대가적 의미가 없는 계약을 말한다(예 증여, 사용대차 등).

(4) 낙성계약, 요물계약

낙성계약	당사자간의 의사표시만으로 성립하는 계약이다.
요물계약	의사표시 이외에 물건의 인도, 금전의 지급, 대가의 완성 등 급부가 있어야 성립하는 계약이다(예 계약금계약, 보증금계약, 대물변제, 현상광고 등).

(5) **일시적 계약, 계속적 계약**

일시적 계약	한 번의 급부로 계약의 내용이 실현되는 계약이다(예 매매, 교환 등).
계속적 계약	급부가 일정기간 계속적으로 실현되는 계약이다(예 임대차, 사용대차계약 등).

(6) **예약, 본계약**

'예약'이란 장래에 일정한 계약을 체결할 것을 미리 약정하는 계약이고, 그 장래의 계약을 '본계약'이라 한다. 예약은 본계약을 체결할 의무를 부담한다는 점에서 언제나 채권계약이다.

3 계약의 성립

(1) **합의에 의한 계약 성립**

① **합의**: 계약이 성립하기 위해서는 ㉠ 청약과 승낙의 내용이 합치되어야 하고(객관적 합치) ㉡ 계약의 상대방이 일치하여야 한다(주관적 합치).

② **합의의 정도**: 의사의 합치는 당해 계약의 내용을 이루는 모든 사항에 관하여 있어야 하는 것은 아니나 그 본질적 사항이나 중요 사항에 관하여는 구체적으로 의사의 합치가 있거나 적어도 장래 구체적으로 특정할 수 있는 기준과 방법 등에 관한 합의는 있어야 한다(대판 2000다51650).

③ **불합의**: ㉠ 당사자가 불일치를 인식하고 있는 '의식적 불합의'와 ㉡ 당사자가 불일치를 인식하지 못하는 '무의식적 불합의'가 있다. '무의식적 불합의'는 두 개의 의사표시가 불일치하여 계약이 성립하지 않는 것이고, '착오'는 하나의 의사표시에서 의사와 표시가 불일치하여 취소사유가 되는 것이다.

(2) **청 약**

① **의의**: 상대방의 승낙과 결합하여 계약을 성립시키려고 하는 구체적, 확정적 의사표시를 말한다(대판 2001다53059).

② **청약의 유인**: 자신에게 청약을 하도록 유인하는 의사표시로서 구체적 내용이 없다는 점에서 청약과 구별된다(예 아파트 분양광고). 계약이 성립하기 위해서는 청약을 유인한 자의 승낙이 필요하다.

> 판례

㉠ **분양광고**: 상가를 분양하면서 그 곳에 첨단 오락타운을 조성·운영하고 전문경영인에 의한 위탁경영을 통하여 분양계약자들에게 일정액 이상의 수익을 보장한다는 광고를 하고, 분양계약 체결시 이러한 광고내용을 계약상대방에게 설명하였더라도, 체결된 분양계약서에는 이러한 내용이 기재되지 않은 경우에는 청약의 유인에 불과하다(대판 99다55601).

㉡ **선분양·후시공**: 사회통념에 비추어 수분양자가 분양회사에게 계약 내용으로서 이행을 청구할 수 있다고 보이는 사항에 관한 한 수분양자는 이를 신뢰하고 분양계약을 체결하는 것이고 분양회사도 이를 알고 있었다고 보아야 할 것이므로, 분양계약 시에 달리 이의를 유보하였다는 등의 특별한 사정이 없는 한, 분양회사와 수분양자 사이에 이를 분양계약의 내용으로 하기로 하는 묵시적 합의가 있었다고 봄이 상당하다(대판 2005다5812)

㉢ **선시공·후분양**: 수분양자는 실제로 완공된 아파트 등의 외형·재질 등에 관한 시공 상태를 직접 확인하고 분양계약 체결 여부를 결정할 수 있어 완공된 아파트 등 그 자체가 분양계약의 목적물로 된다고 봄이 상당하다. 따라서 비록 준공 전에 분양안내서 등을 통해 분양광고를 하거나 견본주택 등을 설치한 적이 있고, 그러한 광고내용과 달리 아파트 등이 시공되었다고 하더라도, 완공된 아파트 등의 현황과 달리 분양광고 등에만 표현되어 있는 아파트 등의 외형·재질 등에 관한 사항은 분양계약 시에 아파트 등의 현황과는 별도로 다시 시공해 주기로 약정하였다는 등의 특별한 사정이 없는 한 이를 분양계약의 내용으로 하기로 하는 묵시적 합의가 있었다고 보기는 어렵다(대판 2012다29601).

③ **청약의 상대방**: 불특정 다수인에 대한 청약도 가능하다(예 자동판매기). 청약자가 누구인지 명시할 필요도 없다.

④ **효력발생시기**: 상대방이 있는 의사표시이므로 상대방에게 도달한 때에 그 효력이 생긴다(제111조 제1항).

⑤ **발송 후 사망 등**

원칙	의사표시자가 그 통지를 발송한 후 사망하거나 제한능력자가 되어도 의사표시의 효력에 영향을 미치지 아니한다(제111조 제2항).
예외	위임, 고용, 조합 등과 같이 당사자의 개성을 중시하는 경우에는 효력이 상실된다.

⑥ **청약의 구속력**

원칙	계약의 청약은 이를 철회하지 못한다(제527조).
예외	㉠ 청약의 의사표시가 도달하기 전, ㉡ 처음부터 철회의 자유를 유보한 경우, ㉢ 대화자 사이에서 승낙기간을 정하지 않은 경우에는 철회할 수 있다.

> **판례**
>
> **근로계약**
> 명예퇴직은 근로자가 명예퇴직의 신청(청약)을 하면 사용자가 요건을 심사한 후 이를 승인(승낙)함으로써 합의에 의하여 근로관계를 종료시키는 것으로, 명예퇴직의 신청은 근로계약에 대한 합의해지의 청약에 불과하여 이에 대한 사용자의 승낙이 있어 근로계약이 합의해지되기 전에는 근로자가 임의로 그 청약의 의사표시를 철회할 수 있다(대판 2002다11458).

⑦ **청약의 존속기간**: 승낙만 있으면 바로 계약이 성립되는 기간이다. 청약의 실질적 효력으로서 '승낙적격'이라고도 한다. ㉠ 승낙기간을 정한 경우에는 그 기간 내에, ㉡ 승낙기간을 정하지 않은 경우에는 상당한 기간 내에 승낙의 통지를 받지 못한 때에는 그 효력을 잃는다.

(3) 승 낙

① **의의**: 청약에 대응하여 계약을 성립시키기 위하여 청약자에 대하여 하는 의사표시를 말한다. 승낙여부는 자유이나 청약의 내용과 일치해야 한다.

② **승낙의 상대방**: 청약자에 대해서만 할 수 있다.

③ **변경 승낙**: 승낙자가 청약에 대하여 조건을 붙이거나 변경을 가하여 승낙한 때에는 그 청약의 거절과 동시에 새로 청약한 것으로 본다(제534조). 종전의 청약은 효력을 잃는다(대판 2000다17834).

④ **연착된 승낙**

원칙	승낙기간 또는 상당한 기간 내에 승낙이 도달하지 않으면 계약은 성립하지 않는다. 다만 연착된 승낙을 새 청약으로 볼 수 있다(제530조).
예외	보통 그 기간 내에 도달할 수 있는 발송인 때에는 청약자는 지체없이 상대방에게 그 연착의 통지를 하여야 한다. 연착통지를 하지 않으면 연착되지 않은 것으로 보아(제528조 제3항) 계약이 성립한다. 다만 그 도달 전에 지연의 통지를 발송한 때에는 연착의 통지를 하지 않더라도 계약은 성립하지 않는다(제528조 제2항).

⑤ **계약의 성립시기**: ㉠ 대화자 간의 계약은 승낙의 통지가 도달한 때 성립하지만, ㉡ 격지자 간의 계약은 승낙의 통지를 발송한 때 성립한다(제531조).

(4) 기타의 방법에 의한 계약의 성립

① **의사실현**: 청약자의 의사표시나 관습에 의하여 승낙의 통지가 필요하지 아니한 경우에는 계약은 승낙의 의사표시로 인정되는 사실이 있는 때에 성립한다(제532조). 유료주차장에 주차하는 행위 등을 말한다.

② **교차청약**: 당사자 간에 동일한 내용의 청약이 상호교차된 경우에는 양 청약이 상대방에게 도달한 때에 계약이 성립한다(제533조).

(5) 계약체결상의 과실책임

① **의의**: 계약의 성립과정에서 일방이 고의 또는 과실로 상대방에게 손해를 입힌 경우 배상책임을 지는 것을 말한다. 계약을 체결하기 전에 이미 건물이 소실되어 있는 경우이다.

② **요 건**
  ㉠ 계약이 원시적, 객관적, 전부 불능이어야 한다. 따라서 계약이 성립하지 않은 경우, 계약의 준비 또는 교섭과정에서 손해를 입은 경우(대판 2015다10929)에는 적용되지 않는다. 일부 불능인 경우에는 담보책임만 적용된다(대판 99다47396).
  ㉡ 일방이 알았거나 알 수 있었던 경우이어야 한다.
  ㉢ 상대방은 선의, 무과실이어야 한다.

③ **효 과**

원 칙	불능을 알았거나 알 수 있었을 자는 상대방이 그 계약의 유효를 믿었음으로 인하여 받은 손해를 배상하여야 한다(신뢰이익). 목적물에 대한 조사비용, 대출금에 대한 이자, 제3자로부터 유리한 청약의 거절 등을 말한다.
예 외	배상액은 계약이 유효함으로 인하여 생길 이익액을 넘지 못한다. 이행이익으로서 전매차익 등을 말한다.

4 계약의 효력

1. 동시이행의 항변권

(1) 의 의

쌍무계약의 일방 당사자가 상대방이 그 채무를 이행할 때까지 자기 채무의 이행을 거절할 수 있는 권리를 말한다. 임의규정이므로 배제특약이 가능하다.

(2) 요 건

① **동일한 쌍무계약에서 발생한 대가적 채무가 있을 것**
  ㉠ 당사자 쌍방이 각각 별개의 약정으로 채무를 부담하게 된 경우에는 당사자 간의 특약이 없는 한 동시이행의 항변권은 생기지 않는다(대판 89다카23794).
  ㉡ 당사자가 부담하는 각 채무가 쌍무계약에서 고유의 대가관계에 있는 채무가 아니더라도, 구체적인 계약관계에서 각 당사자가 부담하는 채무에 관한 약정 내용에 따라 그것이 대가적 의미가 있어 이행상의 견련관계를 인정하여야 할 사정이 있는 경우에는 동시이행의 항변권을 인정할 수 있다(대판 91다30927).

ⓒ 상속, 채권양도, 채무인수 등은 채무의 동일성이 인정되는 한 동시이행항변권은 존속하지만, 경개는 동일성이 상실되므로 동시이행항변권은 소멸한다.

② **상대방 채무가 변제기에 있을 것**: 선이행의무자는 동시이행의 항변권을 행사할 수 없다. 그러나 ㉠ 상대방의 이행이 곤란할 현저한 사유가 있는 경우(불안의 항변권), ㉡ 상대방의 채무가 변제기에 도래한 경우에는 행사할 수 있다. 매수인이 중도금을 지급하지 않았으나, 계약이 해제되지 않은 상태에서 잔대금 지급일이 도래한 경우에는 동시이행관계가 인정된다(대판 2000다577).

③ **상대방의 이행제공이 없을 것**: 당사자 일방이 한번 제공하여도 그 이행제공이 계속되지 않으면 항변권은 소멸하지 않는다(대판 98다13754). 매도인이 소유권이전등기에 필요한 서류 등을 현실적으로 제공하거나 그렇지 않더라도 이행장소에 그 서류 등을 준비하여 두고 매수인에게 그 뜻을 통지하고 수령하여 갈 것을 최고하면 이행의 제공은 계속되는 것으로 본다(대판 93다777).

(3) 효 과

① **연기적 항변권**: 동시이행의 항변권은 영구적으로 이행을 거절할 수 있는 것이 아니라 상대방이 채무를 이행하거나 이행의 제공을 할 때까지 이행을 거절할 수 있는 권능에 불과하다.

② **이행지체 책임의 면제**: 항변권이 존재하는 한 이행거절 의사를 구체적으로 밝히지 아니하였다고 할지라도 이행지체책임은 발생하지 않으며(대판 98다13754), 이행의 제공이 중지된 이후에 이행지체를 전제로 하는 손해배상청구도 할 수 없다(대판 98다13754).

③ **상계금지**: 동시이행 항변권이 붙어 있는 채권을 자동채권으로 하는 상계는 상대방의 항변권 행사의 기회를 일방적으로 상실하게 하는 것이므로 허용되지 않는다(대판 2010다11323).

④ **소멸시효**

원 칙	동시이행의 항변권이 있어도 채권의 소멸시효는 진행된다. 부동산에 대한 매매대금채권이 소유권이전등기청구권과 동시이행의 관계에 있다고 할지라도 매매대금청구권은 그 지급기일 이후 시효가 진행된다(대판 90다9797).
예 외	주택임대차보호법에 따른 임대차에서 임차인이 임대차 종료 후 동시이행항변권을 근거로 임차목적물을 계속 점유하고 있는 경우, 보증금반환채권에 대한 소멸시효는 진행하지 않는다(대판 2016다244224).

⑤ **일부승소판결**: 동시이행의 항변권이 인정되면 원고 일부승소판결(＝상환급부판결)을 하여야 한다. 동시이행 항변권은 직권조사사항이 아니므로(대판 90다카25222) 당사자가 주장하지 않으면 원고 전부승소판결을 할 수밖에 없다.

(4) 동시이행항변권 인정여부

인정 ○	인정 ×
① 매도인의 소유권이전등기의무 및 인도의무와 매수인의 잔금지급의무(가압류 등 기말소의무도 포함)	① 토지거래허가신청협력의무와 매매대금지급의무
② 계약이 무효, 취소된 경우 부당이득반환의무	② 임대차 종료시 임차인의 목적물반환의무와 임대인의 권리금 회수 방해로 인한 손해배상의무
③ 계약이 해제된 경우 원상회복의무	③ 임차권등기명령에 의한 임차권 등기시 임대인의 보증금 반환의무와 임차권등기 말소의무
④ 전세권 소멸시 전세금반환의무와 목적물 인도의무 및 전세권설정등기 말소의무	④ 채무변제와 저당권등기말소의무
⑤ 임대차 종료시 보증금반환의무와 목적물의 반환의무	⑤ 변제와 채권증서의 반환
⑥ 구분소유적 공유관계 해소시 상호간의 지분이전등기의무	⑥ 가등기담보에서 채무자의 채무변제와 가등기담보말소
⑦ 가등기담보에서 청산금지급의무와 소유권이전등기의무	⑦ 양도담보에서 채무자의 변제와 양도담보권자의 소유권이전의무
⑧ 채무이행과 어음의 반환	⑧ 근저당권 실행을 위한 경매가 무효인 경우, 낙찰자의 소유권이전등기말소의무와 채권자의 배당금반환의무
⑨ 변제와 영수증 교부	

(5) 유치권과의 구별

구 분	유치권	항변권
성 질	물권(제3자에게도 행사)	채권의 권능(당사자 사이에서만 행사)
점 유	필요(목적물 인도 거절만)	불요(거절 급부에 제한 없음)
효 력	타담보제공, 경매권	×
공통점	① 법률규정으로 당연 발생(배제특약 가능) ② 변제기 도래, 채권이 소멸하면 함께 소멸 ③ 상환급부판결 ④ 병존 가능	

2. 위험부담

(1) 의 의
쌍무계약의 당사자 일방의 채무가 당사자 쌍방의 책임 없는 사유로 이행할 수 없게 된 때, 반대급부의 위험을 누가 부담할 것인지의 문제를 말한다. 계약체결 후 잔금을 지급하기 전에 화재로 소실되거나, 공용수용되는 경우 등을 말한다. 채무자 위험부담주의가 원칙이나 배제특약이 가능하다.

(2) 채무자 위험부담주의
① 요건: ㉠ 쌍무계약의 일방의 채무가 쌍방의 책임 없이 불능일 것, ㉡ 후발적 불능일 것을 요건으로 한다. 편무계약에서는 적용되지 않으며, 채무자의 귀책사유가 있으면 채무불이행의 문제가 된다. 불능의 원인은 묻지 않으므로 천재지변, 국가의 행위, 제3자의 행위가 모두 포함된다. 원시적 불능인 경우에는 계약체결상 과실책임이나 매도인의 담보책임이 문제될 뿐이다.

② 효 과
㉠ 쌍방의 채무 소멸: 채무자는 상대방의 이행을 청구하지 못한다(제537조).
㉡ 반환청구: 상대방으로부터 받은 급부는 부당이득이므로 매도인은 이미 지급받은 계약금을 반환하여야 하고 매수인은 목적물을 점유·사용함으로써 취득한 임료 상당의 부당이득을 반환할 의무가 있다(대판 2008다98655).
㉢ 대상청구: 채권자가 채무자의 급부불능으로 인하여 발생한 가치의 변형물(예 화재보험금, 공용수용으로 인한 수용보상금)에 대하여 대상청구권을 행사할 수 있는 경우에는 상대방에 대하여 반대급부를 이행하여야 한다.

(3) 채권자 위험부담주의
① 요건: ㉠ 쌍무계약의 일방의 채무가 채권자의 책임 있는 사유로 이행불능일 경우, ㉡ 채권자의 수령지체 중에 당사자 쌍방의 책임 없는 사유로 이행할 수 없게 된 경우에는 채무자는 상대방의 이행을 청구할 수 있다(제538조 제1항).

② 효 과
㉠ 채무자 급부의무 소멸: 채무자는 채권자에게 본래의 급부를 청구할 수 있다.
㉡ 이익 상환: 채권자가 위험을 부담하는 경우, 채무자는 자기의 채무를 면함으로써 이익을 얻은 때에는 이를 채권자에게 상환하여야 한다(제538조 제2항).

3. 제3자를 위한 계약

(1) 의 의

당사자 일방이 제3자에게 이행할 것을 약정하고, 그 제3자는 채무자에게 직접 그 이행을 청구할 수 있는 계약을 말한다(제539조 제1항). ① 제3자에게 이행할 것을 청구하는 자를 '요약자', ② 승낙한 자를 '낙약자(채무자)', ③ 제3자는 '수익자'라고 한다.

(2) 3면 관계

① **보상관계(기본관계)**: 요약자와 낙약자 사이의 계약관계를 말한다. 그 하자는 제3자를 위한 계약의 효력에 영향을 미치므로 기본계약이 적법하게 취소되면 제3자의 급부청구권은 소멸한다.

② **대가관계**: 요약자와 수익자 사이의 내부관계를 말한다. 그 하자는 제3자를 위한 계약에 아무런 영향을 미치지 않으므로 낙약자는 대가관계에 기한 항변으로 수익자에게 대항하지 못하고, 요약자도 대가관계의 부존재나 효력의 상실을 이유로 낙약자에게 부담하는 채무의 이행을 거부할 수 없다(대판 2003다49771).

③ **수익관계**: 낙약자와 수익자 사이의 관계를 말한다. 기본관계의 하자에 영향을 받는다.

(3) 계약의 성립

① **요건**: 요약자와 낙약자 사이에서 유효한 계약이 체결될 것, 제3자에게 권리를 취득시키는 것을 내용으로 할 것을 요건으로 한다.

② **제3자**: 계약체결당시 현존하지 않아도 되므로 태아나 설립 중의 법인도 가능하다. 다만 수익의 의사표시를 할 때에는 현존, 특정되어야 한다.

③ **채무면제**: 제3자의 채무를 면제하는 계약도 제3자를 위한 계약에 준하는 것으로서 유효하다(대판 2002다37405).

④ **채무인수**: ㉠ 기존 채무의 채무자(요약자)와 인수인(낙약자)의 계약으로 체결되는 '병존적 채무인수'도 제3자를 위한 계약의 하나로 볼 수 있으나(대판 97다28698) ㉡ '면책적 채무인수'는 그러하지 아니하다.

(4) 효 과
① **요약자의 지위**: 계약의 당사자로서 낙약자에 대하여 이행을 청구할 수 있고, 취소권, 해제권을 가진다. 낙약자의 채무불이행을 이유로 제3자의 동의 없이 계약을 해제할 수 있다(대판 69다1410).

② **낙약자의 지위**
  ㉠ 계약의 당사자: 요약자에 대하여 이행을 청구할 수 있고, 취소권, 해제권을 가진다. 계약이 무효이거나 해제된 경우, 낙약자가 이미 제3자에게 급부한 것이 있더라도 제3자를 상대로 반환을 청구할 수는 없고, 계약의 당사자 사이에서 이루어져야 한다(대판 2010다31860).
  ㉡ 항변: 채무자는 기본관계에 기한 항변으로 그 계약의 이익을 받을 제3자에게 대항할 수 있다(제542조).
  ㉢ 최고: 채무자는 상당한 기간을 정하여 계약의 이익의 향수여부의 확답을 제3자에게 최고할 수 있다. 채무자가 그 기간내에 확답을 받지 못한 때에는 제3자가 계약의 이익을 받을 것을 거절한 것으로 본다(제540조).

③ **수익자의 지위**
  ㉠ 권리의 취득: 제3자는 낙약자에 대하여 수익의 의사를 표시하면 낙약자에 대하여 직접 권리가 생긴다(제539조 제2항). 수익의 의사표시는 제3자의 권리발생요건이고, 제3자를 위한 계약의 성립요건이나 효력요건은 아니다.
  ㉡ 취소권 등: 제3자는 계약의 당사자가 아니므로 기본계약의 취소권이나 해제권이 없고, 해제를 원인으로 한 원상회복청구권도 없다. 제3자의 수익의 의사표시 이후에도 계약의 당사자인 요약자나 낙약자는 기본계약의 하자를 이유로 취소할 수 있다.
  ㉢ 손해배상청구: 수익의 의사표시를 한 이후에 낙약자의 채무불이행을 이유로 요약자가 계약을 해제한 경우에는 낙약자에게 자기가 입은 손해의 배상을 청구할 수 있다(대판 92다41559).
  ㉣ 대항력: 제3자가 수익의 의사표시를 한 이후에는 당사자 간의 합의로 제3자의 권리를 변경 또는 소멸시키는 행위를 하더라도 제3자에 대항할 수 없다. 다만 미리 유보하였거나, 제3자의 동의가 있는 경우에는 가능하다(대판 2001다30285).
  ㉤ 제3자성: 제3자는 계약에 의하여 권리를 직접 취득하는 자이므로 통정허위표시 등에서 보호되는 선의의 제3자에 포함되지 않는다.

5 계약의 해제

1. 서 설

(1) 의 의

일단 유효하게 성립한 계약을 소급하여 소멸시키는 일방적 의사표시를 말한다. ① 당사자 간의 계약으로 발생하는 '약정해제권'과 ② 법률규정에 의해 발생하는 '법정해제권'이 있다. 형성권에 해당한다.

(2) 구 별

① **합의해제**(해제계약)
   ㉠ 의의: 당사자 간의 합의로 기존의 계약을 소급적으로 소멸시키는 계약이라는 점에서 상대방 있는 단독행위인 '해제'와 구별된다.
   ㉡ 묵시적 합의: 가능하지만, 계약의 일부가 이행된 상태에서 당사자 쌍방이 장기간에 걸쳐 나머지 의무를 방치한 것만으로는 부족하고, 당사자 쌍방에게 계약을 실현할 의사가 없거나 계약을 포기할 의사가 있다고 볼 수 있을 정도에 이르러야 한다(대판 2010다77385).
   ㉢ 해제규정: 제3자 보호규정을 제외하고는 적용되지 않는다(대판 2005다6341).
   ㉣ 매도인의 원상회복청구권: 소유권에 기한 물권적 청구권이라고 할 것이고, 소멸시효의 대상이 되지 아니한다(대판 80다2968).

② **취소**: 취소하면 부당이득반환의무가 발생하나(제741조), 해제하면 그 특칙으로서 원상회복의무가 인정된다(제548조). 상대방 있는 단독행위로서 소급효를 가진다는 점은 해제와 같다.

보충 해제와 취소의 구별

구 분	해 제	취 소
적용영역	계약만	모든 법률행위
발생사유	법률규정, 약정	법률규정
효 과	원상회복의무	부당이득반환의무
제척기간	10년	추인할 수 있는 날로부터 3년 내 법률행위를 한 날로부터 10년 내

③ 해제조건(실권약관)
  ㉠ 의의: 채무자의 채무불이행이 있으면 해제의 의사표시 없이 당연 소멸하는 조건이다.
  ㉡ 중도금 미지급 조건: 해제의 의사표시 없이 당연 소멸한다(대판 91다13717).
  ㉢ 잔금 미지급 조건: 당연소멸하지 않고, 매도인이 이행의 제공을 하여 매수인을 이행지체에 빠지게 하였을 때에 비로소 해제된다(대판 98다505).

④ 해 지
  ㉠ 의의: 임대차 등 계속적 계약에 있어서 계약의 효력을 장래에 향하여 소멸시키는 일방적 의사표시를 말한다. 상대방 있는 단독행위이고, 불가분성이 있다는 점은 해제와 같다.
  ㉡ 유형: ⓐ 당사자 간의 계약으로 성립하는 '약정해지권'과 ⓑ 법률규정으로 발생하는 '법정해지권'이 있다. 다만 민법상 법정해지권에 대해서는 일반적 규정이 없으므로 개별적 규정에 따른다. 임대차의 경우 차임을 2기 연체하면 임대인이 해지할 수 있다(제640조)고 규정하고 있다.
  ㉢ 효과: 장래효를 가지고, 청산의무를 진다는 점에서 해제와 구별된다. 손해배상에 영향을 미치지 않는다(제551조)는 점은 해제와 같다.

> **판 례**
>
> **퇴사한 경우**
> 회사의 이사라는 지위에서 부득이 회사의 제3자에 대한 계속적 거래로 인한 채무에 대하여 연대보증인이 된 자가 그 후 퇴사하여 이사의 지위를 떠난 때에는 보증계약 성립 당시의 사정에 현저한 변경이 생긴 경우에 해당하므로 이를 이유로 보증계약을 해지할 수 있다(대판 95다17533).

2. 약정해제

(1) 의 의

당사자 간의 특약으로 장래의 사정변경에 대비하여 해제사유를 정한 것을 말한다.

(2) 효 과

① 약정해제는 상대방 있는 단독행위로서 특약이 없는 한 법정해제에 관한 규정이 준용된다.
② 약정해제권의 행사는 채무불이행으로 인한 것이 아니므로 이행의 최고 없이 즉시 해제할 수 있으며, 손해배상은 청구할 수 없다(대판 81다89).
③ 약정해제권의 유보는 채무불이행으로 인한 법정해제권의 성립에 아무런 영향을 미칠 수 없다(대결 89다카14110).
④ 계약금은 해제권을 유보한 것으로 추정된다. 그러나 약정해제권은 일방이 이행에 착수하더라도 행사할 수 있다.

3. 법정해제

(1) 이행지체로 인한 해제

① **채무자의 귀책사유에 의한 이행지체**
  ⊙ 귀책사유 : 채무가 이행기에 있고, 이행이 가능한데 채무자의 고의 또는 과실로 인하여 이행을 하지 않는 것을 말한다.
  ⓒ 채무자에게 동시이행의 항변권이 있는 경우 : 채권자가 자기 채무의 이행을 제공하여 채무자를 이행지체에 빠뜨려야 해제할 수 있다.
  ⓒ 일부 지체 : 전부를 해제할 수 있으나, 이행한 부분만으로도 계약의 목적을 달성할 수 있다면 일부만 해제하는 것도 가능하다.
  ⓔ 제한 : 채무자가 최고기간 또는 상당한 기간 내에 이행하지 아니한 데에 정당한 사유가 있다고 여겨질 경우에는 신의칙상 그 최고기간 또는 상당한 기간 내에 이행 또는 이행의 제공이 없다는 이유로 해제권을 행사하는 것이 제한될 수 있다(대판 2013다14880).

② **상당한 기간을 정하여 이행 최고**
  ⊙ 이행최고 : 채권자가 상당한 기간을 정하여 채무자에게 급부할 것을 요구하는 의사의 통지를 말한다. 최고의 방법에는 제한이 없으며, 최고 후에 해제할 수 있다.
  ⓒ 상당한 기간 : 객관적으로 채무의 이행에 필요한 통상의 기간을 의미한다. 이행최고는 반드시 미리 일정한 기간을 명시하여 최고하여야 하는 것은 아니고 최고한 때로부터 상당한 기간이 경과하면 해제권이 발생한다(대판 89다카14110).

> **판례**
>
> **채무액을 초과한 이행최고**
> 채권자의 이행최고가 본래 이행하여야 할 채무액을 초과하는 경우에도 <u>본래 급부하여야 할 수량과의 차이가 비교적 적거나 채권자가 급부의 수량을 잘못 알고 과다한 최고를 한 것으로서 과다하게 최고한 진의가 본래의 급부를 청구하는 취지라면, 그 최고는 본래 급부하여야 할 수량의 범위 내에서 유효</u>하다고 할 것이나, <u>과다한 정도가 현저하고 채권자가 청구한 금액을 제공하지 않으면 그것을 수령하지 않을 것이라는 의사가 분명한 경우에는 그 최고는 부적법</u>하고, 이러한 최고에 터잡은 계약해제는 그 효력이 없다(대판 93다47615).

③ 최고 없이 해제하는 경우

정기행위	계약의 성질 또는 당사자의 의사표시에 의하여 일정한 시일 또는 일정한 기간 내에 이행하지 아니하면 계약의 목적을 달성할 수 없는 경우, 당사자 일방이 그 시기에 이행하지 아니한 때에는 상대방은 최고를 하지 아니하고 계약을 해제할 수 있다(제545조). 다만 해제의 의사표시는 있어야 한다.	
미리 거절	원 칙	계약해제 시를 기준으로 하여(대판 2014다210531) 채무자가 미리 이행하지 아니할 의사를 표시한 경우에는 최고를 하지 않고 해제할 수 있다(제544조).
	예 외	이행거절의 의사표시가 적법하게 철회된 경우에는 최고하고 해제하여야 한다(대판 2000다40995).

판례

거절의사의 위법성

채무자가 채무를 이행하지 아니할 의사를 명백히 표시한 경우에 채권자는 신의성실의 원칙상 이행기 전이라도 이행의 최고 없이 채무자의 이행거절을 이유로 계약을 해제하거나 채무자를 상대로 손해배상을 청구할 수 있지만, 이러한 <u>이행거절이라는 채무불이행이 인정되기 위해서는 채무를 이행하지 아니할 채무자의 명백한 의사표시가 위법한 것으로 평가되어야 한다</u>(대판 2014다227225).

(2) 이행불능으로 인한 해제

① **행사방법**: 채무자의 책임 있는 사유로 이행이 불능하게 된 때에는 채권자는 계약을 해제할 수 있다(제546조). 이때는 최고 없이 계약을 해제할 수 있으며, 상대방은 이행을 제공할 필요가 없다.

② **판단시기**

원 칙	이행불능인지 여부는 이행기를 기준으로 판단한다.
예 외	이행기 도래 전이라도 이행불능이 확정적이면 해제할 수 있다.

③ **해제여부**
   ㉠ 매수인 귀책사유: 매도인의 매매목적물에 관한 소유권이전의무가 이행불능이 되었다고 할지라도, 그 이행불능이 매수인의 귀책사유에 의한 경우에는 매수인은 그 이행불능을 이유로 계약을 해제할 수 없다(대판 2000다50497).
   ㉡ 일부불능: 계약의 일부의 이행이 불능인 경우에는 이행이 가능한 나머지 부분만의 이행으로 계약의 목적을 달할 수 없을 경우에만 계약 전부의 해제가 가능하다(대판 94다57817).

ⓒ 매매목적물이 가압류된 경우

원 칙	매매에 따른 소유권이전등기가 불가능한 것은 아니므로 매수인은 계약을 해제할 수 없다(대판 99다11045).
예 외	매도인이 그 가압류 또는 가처분 집행을 모두 해제할 수 없는 무자력의 상태에 있으면 해제할 수 있다(대판 2005다39211).

(3) **기타 사유로 인한 해제**

① **불완전 이행**
  ㉠ 추완이 가능한 경우: 상당한 기간을 정하여 이행을 최고하고, 그 기간 내에 이행하지 않으면 계약을 해제할 수 있다.
  ㉡ 추완이 불가능한 경우: 최고 없이 계약을 해제할 수 있다.

② **사정변경**: 계약의 기초가 되었던 사정변경으로 인한 해제는 판례상 부정된다(대판 전합 2013다26746). '사정'이란 객관적인 사정으로서, 일방 당사자의 주관적 또는 개인적인 사정을 의미하는 것은 아니다.

③ **부수적 의무 불이행**: 채무불이행을 이유로 계약을 해제하려면, 당해 채무가 계약의 목적 달성에 있어 필요불가결하고 이를 이행하지 아니하면 계약의 목적이 달성되지 아니하여 채권자가 그 계약을 체결하지 아니하였을 것이라고 여겨질 정도의 주된 채무이어야 하고 그렇지 아니한 부수적 채무를 불이행한 데에 지나지 아니한 경우에는 계약을 해제할 수 없다(대판 2001다20394).

4. 해제권의 행사

(1) **행사방법**

① **의사표시**: 해제는 상대방에 대한 의사표시로 한다(제543조 제1항). 방법에는 제한이 없으므로 서면, 말 등으로 가능하다.

② **부관**: 상대방 있는 단독행위이므로 조건이나 기한을 붙이지 못하는 것이 원칙이나, 상대방에게 유리한 경우에는 가능하다. 일정한 기간 내에 이행하지 않을 것을 정지조건으로 하는 해제는 가능하다(대판 70다1508).

③ **철회 등**: 해제의 의사표시가 도달하기 전에는 철회할 수 있다. 도달 한 후에는 제한능력, 착오, 사기, 강박을 이유로 취소할 수도 있다.

(2) **불가분성**(제547조)

① **의의**: 당사자의 일방 또는 쌍방이 수인인 경우, 계약의 해제는 그 전원이 행사하고, 전원에 대하여 행사하여야 한다(행사의 불가분성). 해제권이 당사자 1인에 대하여 소멸하거나 포기하면 다른 당사자에 대하여도 소멸한다(소멸의 불가분성). 임의규정이므로 배제특약은 가능하다.

② **행사방식**: 반드시 공동으로 하여야 하는 것은 아니고 한명이 대리권을 수여받아 할 수도 있고, 동시 또는 순차적으로 할 수 있다.

③ **공동매수인 중 1인이 잔금을 지급하지 않은 경우**: 배제특약이 없는 한 공동매수인 모두에 대하여 해제의 의사표시를 하여야 그 효력이 발생한다(대판 93다46209).

④ **공유물을 하나의 매매계약에 의하여 동일한 매수인에게 매도하는 경우**: 각 지분에 관한 소유권이전의무, 대금지급의무를 불가분으로 하는 특약이 없는 한 각 공유자는 각 그 소유의 지분을 자유로이 처분할 수 있으므로 매수인의 매매대금지급의무불이행을 원인으로 한 그 공유지분에 대한 매매계약을 해제하는 것은 가능하다(대판 94다59745).

5. 해제의 효과

(1) **원상회복의무**

① **의의**: 계약이 해제된 경우, 계약이 없었던 것과 같은 상태로 복귀해야 하는 의무를 말한다. 해제권자와 상대방 모두에게 부여된다.

② **방법**: 원상회복은 현물반환이 원칙이나, 이행불능인 경우에는 가액반환으로 한다.

③ **범위**
　㉠ 전액반환: 부당이득에 관한 특칙으로서 이익의 현존 여부나 선의, 악의에 불문하고 특단의 사유가 없는 한 받은 이익의 전부이다(대판 98다43175).
　㉡ 이자: 수령한 금전을 반환할 때에는 받은 날부터 법정이자를 가산하여 지급하여야 한다(제548조 제2항). 법정이자의 지급은 계약해제로 인한 원상회복의 범위에 속하므로 부당이득반환의 성질을 가지는 것이지 반환의무의 이행지체로 인한 손해배상이 아니다(대판 95다28892).
　㉢ 과실: 당사자 일방이 목적물을 이용한 경우에는 그 사용에 의한 이익을 상대방에게 반환하여야 한다(대판 97다30066).

(2) 손해배상

① **해제와의 관계**: 계약의 해제는 손해배상의 청구에 영향을 미치지 아니하므로(제551조) 해제와 손해배상은 함께 청구할 수도 있다.

② **범위**
  ㉠ 채무불이행을 이유로 계약해제와 아울러 손해배상을 청구하는 경우: 이행이익의 배상을 구하는 것이 원칙이지만, 그에 갈음하여 그 계약이 이행되리라고 믿고 채권자가 지출한 비용 즉 신뢰이익의 배상을 구할 수도 있다(대판 2002다2539).
  ㉡ 이행불능의 경우: 이행불능당시의 시가를 기준으로 한다.

③ **동시이행관계**: 계약이 해제되면 계약당사자는 상대방에 대하여 원상회복의무와 손해배상의무를 부담하는데, 이때 계약당사자가 부담하는 원상회복의무뿐만 아니라 손해배상의무도 함께 동시이행의 관계에 있다(대판 95다25138).

(3) 소급효

① 계약이 해제되면 그 계약의 이행으로 변동이 생겼던 물권은 당연히 그 계약이 없었던 원상태로 복귀한다(대판 75다1394).

② 해제권은 형성권이므로 계약을 위반한 당사자도 계약해제의 효과를 주장할 수 있으며(대판 2001다21441), 소제기로 해제권을 행사한 후 소송을 취하하더라도 그 행사의 효력에는 영향이 없다(대판 80다916).

(4) 제3자 보호

① **제3자의 의미**: 제3자란 일반적으로 그 해제된 계약으로부터 생긴 법률효과를 기초로 하여 해제 전에 새로운 이해관계를 가졌을 뿐 아니라 등기, 인도 등으로 완전한 권리를 취득한 자를 말한다(대판 2002다33502).

② **보호되는 제3자의 범위**

해제 전	계약을 해제하기 전에는 선의, 악의를 불문하고 보호된다(대판 2008다57746).
해제 후	계약해제 후 원상회복등기 전에는 선의인 경우에 한하여 보호된다(대판 84다카130).

③ 보호되는 제3자에 해당하는 경우
  ㉠ 가등기: 매수인과 매매예약을 체결한 후 그에 기한 소유권이전청구권 보전을 위한 가등기를 마친 사람(대판 2013다14569)
  ㉡ 목적물 가압류: 해제된 계약에 의하여 채무자의 책임재산이 된 계약의 목적물을 가압류한 가압류채권자(대판 99다40937)
  ㉢ 주택 임차인: 소유권을 취득하였다가 계약해제로 인하여 소유권을 상실하게 된 임대인으로부터 그 계약이 해제되기 전에 주택을 임차받아 주택의 인도와 주민등록을 마침으로써 주택임대차보호법에 의한 대항요건을 갖춘 임차인(대판 2003다12717)

④ 보호되는 제3자에 해당하지 않는 경우
  ㉠ 채권 양수인: 계약해제 이전에 해제로 인하여 소멸되는 채권을 양수한 자(대판 2000다22850)
  ㉡ 건물매수인: 토지를 매도하였다가 대금지급을 받지 못하여 그 매매계약을 해제한 경우에 있어 그 토지 위에 신축된 건물의 매수인(대판 90다카16761)
  ㉢ 대장상 소유자: 미등기 무허가건물에 관한 매매계약이 해제되기 전에 매수인으로부터 해당 무허가건물을 다시 매수하고 무허가건물관리대장에 소유자로 등재된 자(대판 2011다64782)

6. 해제권의 소멸

(1) 일반적 소멸사유

해제권은 ① 해제권을 행사하기 전 채무이행, ② 제척기간 경과, ③ 해제권 포기 등으로 소멸한다. 해제권은 형성권이므로 10년 이내에 행사하지 않으면 소멸된다.

(2) 특수한 소멸사유

① **최고에 의한 소멸**: 해제권의 행사의 기간을 정하지 아니한 때에는 상대방은 상당한 기간을 정하여 해제권행사여부의 확답을 해제권자에게 최고할 수 있고, 그 기간 내에 해제의 통지를 받지 못한 때에는 해제권은 소멸한다(제552조). 그러나 그 이후 새로운 사유에 의하여 발생한 해제권까지 행사할 수 없게 되는 것은 아니다(대판 2003다41463).

② **훼손 등으로 인한 해제권의 소멸**: 해제권자의 고의나 과실로 인하여 계약의 목적물이 현저히 훼손되거나 이를 반환할 수 없게 된 때 또는 가공이나 개조로 인하여 다른 종류의 물건으로 변경된 때에는 해제권은 소멸한다(제553조).

Chapter 02 매 매

1 서 설

(1) 의 의

'매매'는 당사자 일방이 재산권을 상대방에게 이전할 것을 약정하고 상대방이 그 대금을 지급할 것을 약정함으로써 그 효력이 생기는 계약을 말한다(제563조). 타인의 권리나 물건도 대상이 될 수 있으나 반대급부는 금전에 한정된다. 금전 이외의 물건을 반대급부로 하는 '교환'과 구별된다.

(2) 법적 성질

① 낙성, 불요식의 쌍무, 유상계약이다. 매매에 관한 규정은 다른 유상계약에도 준용된다.

② 매매계약의 당사자인 매도인과 매수인이 누구인지는 구체적으로 특정되어 있어야만 매매계약이 성립할 수 있으나(2018다223054), 목적물과 대금은 반드시 계약체결 당시에 구체적으로 특정될 필요는 없고 사후적으로 특정할 수 있는 방법과 기준이 정해져 있으면 족하다(96다26176). 대금지급의 시기, 장소, 매매비용 등은 반드시 합의 할 사항에 해당하지 않는다.

2 매매의 예약

(1) 의 의

'예약'이란 장래의 본계약을 체결할 것을 미리 약속하는 계약을 말한다. 장래에 본계약을 체결할 의무를 진다는 점에서 언제나 채권계약에 속한다.

(2) 종 류

① **편무예약, 쌍무예약**

편무예약	당사자 일방만 본계약의 체결을 청약할 수 있고 상대방은 승낙의무를 지는 예약을 말한다.
쌍무예약	당사자 쌍방이 모두 본계약의 체결을 청약할 수 있고 상대방은 승낙의무를 지는 예약을 말한다.

② **일방예약, 쌍방예약**

일방예약	① 예약완결권을 당사자 일방만 가지는 예약을 말한다. 상대방의 승낙은 필요없다. ② 특약이 없는 한 매매예약은 일방예약으로 추정된다. ③ 적어도 일방예약이 성립하려면 그 예약에 터잡아 맺어질 본계약의 요소가 되는 매매목적물, 이전방법, 매매가액 및 지급방법 등의 내용이 확정되어 있거나 확정할 수 있어야 한다(대판 93다4908).
쌍방예약	예약완결권을 당사자 쌍방이 모두 가지는 예약이다.

(3) **예약완결권**

① **의의**: 당사자 일방이 매매를 완결할 의사를 표시하면 매매의 효력이 생기게 할 수 있는 권리를 말한다(제564조 제1항).

② **성질**: ㉠ 형성권이므로 상대방의 승낙이 필요 없고, ㉡ 재산권이므로 양도할 수 있고, 가등기도 할 수 있다. 가등기하면 제3자에게 대항할 수 있다.

③ **행사방법**
  ㉠ 예약의무자에 대한 의사표시로 행사한다. 가등기 후 소유자가 변경된 경우에도 예약당시의 예약의무자에 대해서 행사한다.
  ㉡ 매매예약완결권이 수인에게 귀속되는 경우, 내용을 명시적으로 정하지 않은 한 반드시 공동으로 행사하여야 하는 것은 아니고, 채권자가 각자의 지분별로 별개의 독립적인 매매예약완결권을 행사할 수 있다(대판 전합 2010다82530).
  ㉢ 매매예약이 성립한 이후 목적물이 멸실 기타의 사유로 이전할 수 없게 되어 예약완결권의 행사가 이행불능이 된 경우에는 상대방이 매매예약 완결의 의사표시를 하여도 매매의 효력이 생기지 아니한다(대판 2013다28247).

④ **존속기간**
  ㉠ 약정이 있는 경우: 그 기간 내에 행사하여야 한다.
  ㉡ 약정이 없는 경우: 그 예약이 성립한 때로부터 10년 내에 이를 행사하여야 한다. 그 기간이 지난 때에는 상대방이 예약 목적물인 부동산을 인도받은 경우라도 제척기간의 경과로 소멸한다(대판 96다47494). 제척기간의 도과여부는 법원의 직권조사사항이다.

⑤ **최고**: 행사기간을 정하지 아니한 때에는 예약자는 상당한 기간을 정하여 매매완결여부의 확답을 상대방에게 최고할 수 있고, 예약자가 기간 내에 확답을 받지 못한 때에는 예약은 그 효력을 잃는다(제564조).

③ 계약금

1. 의 의

계약을 체결할 때 부수적으로 당사자 일방이 상대방에 대하여 지급하는 금전 기타의 유가물을 말한다.

2. 법적 성질

(1) **계약금 계약의 성질**

① **요물계약**
  ㉠ 계약금계약은 금전 기타 유가물의 교부를 요건으로 하는 요물계약이므로 단지 계약금을 지급하기로 약정만 한 단계에서는 아직 계약금으로서의 효력이 발생하지 않는다.
  ㉡ 계약금 일부만 지급된 경우 수령자가 매매계약을 해제할 수 있다고 하더라도 해약금의 기준이 되는 금원은 '실제 교부받은 계약금'이 아니라 '약정 계약금'이라고 봄이 타당하므로, 매도인이 계약금의 일부로서 지급받은 금원의 배액을 상환하는 것으로는 매매계약을 해제할 수 없다(대판 2014다231378).

② **종된 계약**
  ㉠ 주계약이 무효 또는 취소가 되면 계약금 계약도 효력을 잃는다. 주된 계약과 반드시 동시에 체결되어야 하는 것은 아니다.
  ㉡ 교부자가 계약금의 잔금 또는 전부를 지급하지 않으면 계약금계약은 성립하지 않으므로 계약금약정을 해제할 수는 있어도 주계약을 해제할 수는 없다. 그러나 계약금 약정이 없었다면 주계약을 체결하지 않았을 것이라는 사정이 인정되는 경우에는 주계약을 해제할 수도 있을 것이다(대판 2007다73611).

(2) **계약금의 성질**

① **증거금**: 계약을 체결한 증거로서의 의미를 가지는 것을 말한다. 계약금은 최소한 증거금(증약금)으로서의 효력을 가진다.

② **해약금**: 해제권을 유보하기 위하여 수수된 것을 말한다. 민법은 특약이 없는 한 계약금은 해약금으로 추정한다(제565조).

③ **위약금**
  ㉠ 일방의 채무불이행에 대하여 상대방에게 지급하는 것이다. 특약이 없는 한 계약금은 위약금이 아니다.

ⓒ 계약금을 위약금으로 약정한 경우, 민법은 손해배상액의 예정으로 추정되므로(제398조 제4항) 실제 손해와 상관없이 약정된 위약금만을 지급한다. 다만 부당하게 과다한 경우에는 법원은 적당히 감액할 수 있다(제398조 제2항).
ⓒ 계약금을 위약금으로 하는 특약이 없는 한 계약이 당사자 일방의 귀책사유로 인하여 해제되었다 하더라도 상대방은 계약불이행으로 입은 실제 손해만을 배상받을 수 있을 뿐 계약금이 위약금으로서 상대방에게 당연히 귀속되는 것은 아니다(대판 2007다24930).

④ **위약벌**
㉠ 일방의 채무불이행에 대하여 상대방에게 지급하기로 하는 것이다. 특약이 있어야 인정된다.
ⓒ 별도로 손해배상을 청구할 수 있다는 점에서 위약금과 구별된다. 법원이 직권으로 감액할 수는 없으나, 지나치게 과도한 경우에는 반사회질서행위로서 무효가 될 수 있다.

3. 해약금에 의한 해제

(1) 해제요건

① 당사자 간에 다른 약정이 없는 한 당사자의 일방이 이행에 착수할 때까지 교부자는 이를 포기하고 수령자는 그 배액을 상환하여 매매계약을 해제할 수 있다(제565조 제1항). 임의규정이므로 배제특약은 유효하다.

② 매수인은 해제의 의사표시만 하면 된다. 매도인은 해제의 의사표시 이외에 계약금의 배액을 제공해야 하지만, 상대방이 수령하지 않더라도 반드시 공탁할 필요는 없다(대판 80다2784).

③ '당사자 일방'이란 매매 쌍방 중 어느 일방을 지칭하는 것이므로 매도인이 매매계약의 이행에는 전혀 착수한 바가 없다 하더라도 매수인이 중도금을 지급하여 이미 이행에 착수한 이상 매수인은 해제할 수 없다(대판 99다62074).

④ '이행의 착수'란 객관적으로 외부에서 인식할 수 있는 정도로 채무의 이행행위의 일부를 하거나 또는 이행을 하기 위하여 필요한 전제행위를 하는 경우를 말하는 것이고, 단순히 이행의 준비를 하는 것만으로는 부족하나 반드시 계약내용에 들어맞는 이행의 제공의 정도에까지 이르러야 하는 것은 아니다(대판 2002다46492). ㉠ 토지거래허가를 받은 경우(대판 2008다62427) ⓒ 매도인이 매수인에게 매매계약의 이행을 최고하고 매매잔대금의 지급을 구하는 소송을 제기한 것만으로 이행에 착수하였다고 볼 수 없다(대판 2007다72274).

⑤ 이행기의 약정이 있다 하더라도 당사자가 채무의 이행기 전에는 착수하지 아니하기로 하는 특약이 없는 한 그 이행기 전에 이행에 착수할 수도 있다(대판 2002다46492).

(2) 해제효과

① **원상회복의무**: 해제권을 행사하면 소급해서 계약이 소멸하는 것이나, 당사자 일방이 이행에 착수하기 전에 해제하는 것이므로 원상회복의 의무는 발생하지 않는다.

② **손해배상청구**: 채무불이행이 아니므로 별도로 손해배상청구를 할 수는 없다. 그러나 상대방의 채무불이행이 별도로 있으면 손해배상청구는 가능하다.

4 매매의 효력

(1) 매매비용

매매계약에 관한 비용은 당사자 쌍방이 균분하여 부담한다(제566조). 측량비용, 평가비용, 계약서작성비용 등 계약을 체결할 때 드는 비용이다. 다만 부동산등기비용은 여기에 포함되지 않으며 통상 매수인이 부담한다. 임의규정이므로 일방이 부담하기로 하는 약정은 유효하다.

(2) 매도인의 의무

① **재산권이전의무**: 부동산은 등기를 이전하고, 동산은 인도를 하여야 한다. 재산권은 부담이 없는 완전한 권리이어야 하므로 저당권, 가압류 등 제한이 있으면 말소해야 한다.

② **목적물 인도의무**: 매매의 목적이 부동산의 점유를 내용으로 하는 경우에는 목적물의 점유도 이전하여야 한다. 특약이 없는 한 종물이나 종된 권리도 이전하여야 한다.

(3) 매수인의 권리와 의무

① **대금지급의무**: 당사자 일방에 대한 의무이행의 기한이 있는 때에는 상대방의 의무이행에 대하여도 동일한 기한이 있는 것으로 추정한다(제585조).

② **대금지급장소**

원 칙	대금은 채권자인 매도인의 주소지에서 지급하여야 한다.
예 외	매매의 목적물의 인도와 동시에 대금을 지급할 경우에는 그 인도장소에서 이를 지급하여야 한다(제586조).

③ **대금지급거절권**
  ㉠ 매매의 목적물에 대하여 권리를 주장하는 자가 있는 경우에 매수인이 매수한 권리의 전부나 일부를 잃을 염려가 있는 때에는 매수인은 그 위험의 한도에서 대금의 전부나 일부의 지급을 거절할 수 있다. 그러나 매도인이 상당한 담보를 제공한 때에는 그러하지 아니하다(제588조).
  ㉡ 매수인이 대금의 지급을 거절하는 경우 매도인은 매수인에 대하여 대금의 공탁을 청구할 수 있다(제589조).

(4) **동시이행관계**
매도인의 재산권이전 및 목적물 인도의무와 매수인의 대금지급의무는 특별한 약정이나 관습이 없으면 동시에 이행하여야 한다(제568조).

(5) **과실수취권**
① **귀속시기**: 목적물로부터 생긴 과실은 매수인에게 인도된 이후에 매수인에게 속한다. 그러나 인도 전이라도 매수인이 매매대금을 완납한 때에는 그 이후의 과실수취권은 매수인에게 귀속된다(대판 93다28928).
② **손해배상**: 매매목적물이 인도되지 아니하고 또한 매수인이 대금을 완제하지 아니한 때에는 매도인의 이행지체가 있더라도 과실은 매도인에게 귀속되는 것이므로 매수인은 인도의무의 지체로 인한 손해배상금의 지급을 구할 수 없다(대판 2004다8210).
③ **등기만 경료된 경우**: 부동산매매에 있어 목적부동산을 제3자가 점유하고 있어 인도받지 아니한 매수인이 명도소송제기의 방편으로 미리 소유권이전등기를 경료받았다고 하여도 아직 매매대금을 완급하지 않은 이상 부동산으로부터 발생하는 과실은 매수인이 아니라 매도인에게 귀속되어야 한다(대판 91다32527).

(6) **이자의 지급**

원칙	매수인은 목적물의 인도를 받은 날로부터 대금의 이자를 지급하여야 한다.
예외	① 대금의 지급에 대하여 기한이 있는 때에는 그러하지 아니하다(제587조). ② 매수인이 매매목적물을 미리 인도받은 경우에도 대금지급을 거절할 정당한 사유가 있으면 이자지급의무가 발생하지 않는다(대판 2011다98129).

5 매도인의 담보책임

1. 서 설

(1) 의 의
매매의 목적인 권리나 물건에 하자가 있는 경우 매수인에게 부담하는 매도인의 책임을 말한다. 권리의 하자, 물건의 하자, 경매의 하자, 채권의 하자에 대한 책임 등이 있다.

(2) 내 용
담보책임의 내용으로서는 계약해제권, 손해배상청구권, 대금감액청구권, 완전물급부청구권 등이 있다. 다른 유상계약에 대해서도 준용된다.

(3) 법적 성질
① **무과실책임**: 매도인의 귀책사유를 요건으로 하지 않고, 당사자 간의 약정과 상관없이 법이 특별히 인정한 무과실책임으로 본다(대판 94다23920).

② **배제특약**

원칙	담보책임규정은 임의규정이므로 배제 또는 감경하는 특약은 유효하다.
예외	매도인이 알고 고지하지 아니한 사실 및 제3자에게 권리를 설정 또는 양도한 행위에 대하여는 책임을 면하지 못한다(제584조).

2. 권리의 하자에 대한 담보책임

보충 권리의 하자로 인한 매도인 담보책임

구 분	해제권	손해배상청구권	대금감액청구권	제척기간
전부 타인의 권리	(선악불문)	선의만	×	×
일부 타인의 권리	선의만	선의만	(선악불문)	1년
수량부족, 일부멸실	선의만	선의만	선의만	1년
용익권에 의한 제한	선의만	선의만	×	1년
저당권 실행으로 인한 권리 상실	(선악불문)	(선악불문)	×	×

(1) **권리의 전부가 타인에게 속하는 경우**
① **요건**: 매매의 목적이 된 권리가 전부 타인에게 속하여, 매도인이 이전할 수 없는 경우에 성립한다. 계약체결당시 목적물이 존재하지 않는 경우에는 계약체결상의 과실책임이 문제될 수 있고, 매도인의 소유였으나 매수인에게 이전하기 전에 멸실되어 이전할 수 없는 경우에는 채무불이행 또는 위험부담의 문제가 될 뿐이다.
② **담보책임**
  ㉠ 해제권: 매수인의 선의, 악의를 불문하고 인정된다(제570조).
  ㉡ 손해배상청구권: 선의의 매수인에 대해서만 인정된다(제570조). 불능 당시의 이행이익을 배상할 의무가 있다. 다만 매도인의 귀책사유로 인하여 이행불능이 된 경우에는 채무불이행에 관한 일반규정에 의하여 악의의 매수인도 손해배상을 청구할 수 있다(대판 93다37328).
③ **매도인이 선의인 경우의 해제권**
  ㉠ 배상 후 해제: 매도인이 계약당시에 매매의 목적이 된 권리가 자기에게 속하지 아니함을 알지 못한 경우에 그 권리를 취득하여 매수인에게 이전할 수 없는 때에는 매도인은 손해를 배상하고 계약을 해제할 수 있다(제571조 제1항).
  ㉡ 통지 후 해제: 매수인이 계약당시 그 권리가 매도인에게 속하지 아니함을 안 때에는 매도인은 매수인에 대하여 그 권리를 이전할 수 없음을 통지하고 계약을 해제할 수 있다(제571조 제2항).

(2) **권리의 일부가 타인에게 속하는 경우**
① **요 건**
  ㉠ 매매의 목적이 된 권리의 일부가 타인에게 속하여, 매도인이 이전할 수 없는 경우에 성립한다(제572조). 甲이 토지 100평을 1억원에 乙에게 매도하였는데 그 중 20평이 丙의 소유인 경우 甲이 乙에게 지는 책임이다.
  ㉡ 수개의 권리를 일괄하여 매매의 목적으로 정한 경우에도 그 가운데 이전할 수 없게 된 권리부분이 차지하는 비율에 따른 대금산출이 불가능한 경우 등 특별한 사정이 없는 한 역시 적용된다(대판 88다카13547).
② **담보책임**
  ㉠ 해제권: 선의의 매수인은 잔존한 부분만이면 매수인이 이를 매수하지 아니하였을 때에는 계약전부를 해제할 수 있다(제572조 제2항).
  ㉡ 감액청구권: 매수인은 선의, 악의를 불문하고 그 부분의 비율로 대금의 감액을 청구할 수 있다(제572조 제1항).
  ㉢ 손해배상청구권: 선의의 매수인은 손해배상을 청구할 수 있다(제572조 제3항).

③ **제척기간** : 매수인이 선의인 경우에는 사실을 안 날로부터, 악의인 경우에는 계약한 날로부터 1년 내에 행사하여야 한다(제573조). '안 날'이란 단순히 권리의 일부가 타인에게 속한 사실을 안 날이 아니라 그 때문에 매도인이 이를 취득하여 매수인에게 이전할 수 없게 되었음이 확실하게 된 사실을 안 날을 말한다(대판 99다58136).

(3) 수량부족, 일부멸실의 경우

① **요 건**
  ㉠ 수량을 지정한 매매의 목적물이 부족되는 경우와 매매목적물의 일부가 계약당시에 이미 멸실된 경우에 성립한다(제574조). 매매목적물의 일부가 원시적, 객관적, 일부불능인 경우에만 적용된다.
  ㉡ 甲이 평당 100만원에 토지 100평을 乙에게 매도하였으나 실제로는 90평 불과한 경우, 甲이 창고 딸린 건물을 乙에게 매도하였으나 창고가 계약 전에 멸실된 경우에 甲이 지는 책임이다.

② **수량을 지정한 매매의 의미**
  ㉠ 당사자가 매매의 목적인 특정물이 일정한 수량을 가지고 있다는 데 주안을 두고 대금도 그 수량을 기준으로 하여 정한 경우이므로(대판 90다15433) 불특정물은 해당하지 않는다.
  ㉡ 계약당사자가 면적을 가장 중요한 요소로 파악하고, 그 객관적 수치를 기준으로 가격을 정하는 경우라면 매매계약서에 평당 가격을 기재하지 않았다 하더라도 '수량을 지정한 매매'에 해당한다(대판 2001다12256).
  ㉢ 토지의 매매에 있어 목적물을 등기부상의 평수에 따라 특정한 경우라도 당사자가 그 지정된 구획을 전체로서 평가하였고 평수에 의한 계산이 하나의 표준에 지나지 아니하여 그것이 당사자들 사이에 대상토지를 특정하고 그 대금을 결정하기 위한 방편이었다고 보일 때에는 이를 가리켜 수량을 지정한 매매라 할 수 없다(대판 90다15433).

③ **담보책임**
  ㉠ 선의의 매수인에 한하여 잔존한 부분만이면 매수하지 아니하였을 것이라고 인정되는 때에는 계약의 전부를 해제할 수도 있고, 대금의 감액을 청구하거나 손해배상을 청구할 수 있다(제574조).
  ㉡ 수량을 지정한 부동산매매계약에 있어서 실제면적이 계약면적에 미달하는 경우, 미달 부분만큼 일부 무효를 이유로 별도로 부당이득반환청구를 하거나 그 부분의 원시적 불능을 이유로 계약체결상의 과실에 따른 책임의 이행을 구할 수는 없다(대판 99다47396).

④ **제척기간**: 선의의 매수인만 가능하므로 매수인이 그 사실을 안 날로부터 1년 내에 행사하여야 한다(제574조).

(4) 용익권에 의한 제한이 있는 경우

① **요 건**
  ㉠ 매매의 목적물이 지상권, 지역권, 전세권, 질권 또는 유치권의 목적이 된 경우에 성립한다(제575조 제1항). 甲이 乙에게 건물을 매도하였는데 丙의 전세권이 설정되어 있어서 乙이 사용하지 못하게 된 경우이다.
  ㉡ 매매의 목적이 된 부동산을 위하여 존재할 지역권이 없거나 그 부동산에 등기된 임대차계약이 있는 경우에도 준용한다(제575조 제2항).

② **담보책임의 내용**: 선의의 매수인은 용익권 등으로 인하여 계약의 목적을 달성할 수 없는 경우에 한하여 계약을 해제할 수 있다. 기타의 경우에는 손해배상만을 청구할 수 있다(제575조). 대금감액은 청구할 수 없다.

③ **제척기간**: 선의의 매수인만 가능하므로 매수인이 그 사실을 안 날로부터 1년 내에 행사하여야 한다(제575조 제3항).

(5) 저당권, 전세권에 의한 제한이 있는 경우

① **요 건**
  ㉠ 매매의 목적이 된 부동산에 설정된 저당권 또는 전세권의 행사로 인하여 매수인이 그 소유권을 취득할 수 없거나 취득한 소유권을 잃은 때 성립한다(제576조 제1항). 甲이 乙에게 건물을 매도하였는데 건물에 설정된 저당권이 실행되어 乙이 소유권을 잃게 된 경우이다.
  ㉡ 저당권의 목적이 된 지상권 또는 전세권이 매매의 목적이 된 경우에 준용한다(제577조).
  ㉢ 매수인이 피담보채무의 일부를 인수한 경우, 매수인이 인수한 부분을 이행하지 않음으로써 근저당권이 실행되어 매수인이 취득한 소유권을 잃게 되는 경우에는 담보책임을 부담하지 않는다(대판 2002다11151).

② **담보책임**
  ㉠ 매수인은 선악을 불문하고 계약을 해제할 수 있으며(제576조 제1항), 매수인이 손해를 받은 때에는 손해배상을 청구할 수 있다(제576조 제3항).
  ㉡ 매수인의 출재로 그 소유권을 보존한 때에는 매도인에 대하여 그 상환을 청구할 수 있다(제576조 제2항).
  ㉢ 담보가등기에 기한 본등기로 인하여 그 부동산의 소유권을 상실하거나(대판 92다21784), 가압류에 기한 강제집행으로 부동산 소유권을 상실하게 된 경우에 유추적용한다(대판 2011다1941).

3. 물건의 하자에 대한 담보책임(하자담보책임)

(1) 요 건

매매의 목적물에 하자가 있고, 매수인이 선의, 무과실인 경우에 성립한다(제580조 제1항). 경매로 인하여 취득한 물건에 하자가 있는 경우에는 적용되지 않는다.

(2) 하 자

① **의의**: 매매의 목적물이 거래통념상 기대되는 객관적 성질이나 성능을 갖추지 못한 경우 또는 당사자가 예정하거나 보증한 성질을 갖추지 못한 경우를 말한다(대판 2017다202050).

② **판단시기**: 하자의 존부는 매매계약 성립시를 기준으로 판단하여야 한다(대판 98다18506).

③ **법률상 장애**: 건축을 목적으로 매매된 토지에 대하여 건축허가를 받을 수 없어 건축이 불가능한 경우는 매매목적물의 하자에 해당한다(대판 98다18506).

④ **보증미달**: 매도인이 매수인에게 기계를 공급하면서 당해 기계의 카탈로그와 검사성적서를 제시한 경우, 매도인이 공급한 기계가 매도인이 카탈로그와 검사성적서에 의하여 보증한 일정한 품질과 성능을 갖추지 못한 경우에는 그 기계에 하자가 있다(대판 2000다30554).

(3) 담보책임

① **해제권과 손해배상청구권**: 물건의 하자로 인하여 계약의 목적을 달성할 수 없는 경우에 한하여 매수인은 계약을 해제할 수 있다. 기타의 경우에는 손해배상만을 청구할 수 있다(제580조, 제575조 제1항).

② **완전물급부청구권**: 매매의 목적물을 종류로 지정한 경우에도 그 후 특정된 목적물에 하자가 있으면 담보책임이 발생한다(제581조 제1항). 이때 매수인은 계약의 해제 또는 손해배상의 청구를 하지 아니하고 하자 없는 물건을 청구할 수 있다(제581조 제2항).

(4) 제척기간

매수인이 그 사실을 안 날로부터 6월내에 행사하여야 한다(제582조). 재판상 또는 재판 외에서 행사할 수 있으며, 재판 외에서의 권리행사는 특별한 형식을 요구하는 것이 아니다(대판 2003다20190).

(5) 소멸시효

하자담보책임에 기한 손해배상청구권에 대해서 제척기간 규정이 있더라도 소멸시효 규정의 적용이 배제되는 것은 아니므로 매수인이 목적물을 인도받은 때부터 소멸시효가 진행되어 10년이 경과하면 소멸된다(대판 2011다10266).

4. 경매로 인한 담보책임

(1) 요건

① 경매로 취득한 권리에 하자가 있는 경우 채무자가 지는 담보책임을 말한다(제578조 제1항). 물건의 하자에 대해서는 적용되지 않으며(제580조 제2항), 경매가 유효인 경우이어야 한다(대판 2003다59259).

② 민사집행법상의 강제집행이나 담보권 실행을 위한 경매 또는 국세징수법상의 공매 등과 같이 국가나 그를 대행하는 기관 등이 법률에 기하여 목적물 권리자의 의사와 무관하게 행하는 매도행위만을 의미한다(대판 2014다80839).

③ 채무자 명의의 소유권이전등기가 원인무효인 경우에는 강제경매는 무효이므로 경락인은 채권자에게 경매대금 중 그가 배당받은 금액에 대하여 일반 부당이득의 법리에 따라 반환을 청구할 수 있으나 경매의 채무자나 채권자의 담보책임은 인정될 여지가 없다(대판 2003다59259).

(2) 담보책임

① **해제와 감액청구**: 경락인은 권리의 하자에 대한 담보책임과 마찬가지로 채무자에게 계약의 해제 또는 대금감액의 청구를 할 수 있다(제578조 제1항). 채무자가 자력이 없는 때에는 경락인은 대금의 배당을 받은 채권자에 대하여 그 대금전부나 일부의 반환을 청구할 수 있다(제578조 제2항).

② **배상청구**: 매도인 의사와 무관하게 재산권이 이전되는 것이므로 부정되는 것이 원칙이다. 다만 채무자가 물건 또는 권리의 흠결을 알고 고지하지 아니하거나 채권자가 이를 알고 경매를 청구한 때에는 경락인은 그 흠결을 안 채무자나 채권자에 대하여 손해배상을 청구할 수 있다(제578조 제3항).

5. 채권매매와 매도인의 담보책임

원칙	채권의 매도인이 채무자의 자력을 담보한 때에는 매매계약당시의 자력을 담보한 것으로 추정한다(제579조 제1항).
예외	변제기에 도달하지 아니한 채권의 매도인이 채무자의 자력을 담보한 때에는 변제기의 자력을 담보한 것으로 추정한다(제579조 제2항).

6 환 매

(1) 의 의
매도인이 매매계약과 동시에 특약으로 환매할 권리를 보류하고 일정 기간 내에 환매권을 행사하여 그 목적물을 다시 매수하는 것을 말한다(제590조 제1항). 환매의 특약은 소유권이전형식에 의한 채권담보의 기능을 한다.

(2) 환매권의 법적 성질
① 형성권이므로 환매권자의 일방적 의사표시에 의하여 효력이 발생하고, ② 재산권이므로 양도, 상속이 가능하고, 채권자대위권 행사도 가능하다.

(3) 환매요건

① **환매특약**
  ⊙ 특약의 시기: 환매특약은 매매계약과 동시에 하여야 한다. 매매계약의 종된 계약이므로 매매계약이 무효, 취소가 되면 환매계약도 실효된다.
  ⊙ 특약의 등기: 환매특약은 등기하지 않으면 제3자에 대항할 수 없다(제592조). 환매특약이 등기된 경우에도 매수인의 처분권이 제한되는 것은 아니므로 이를 제3자에게 양도할 수 있으나, 환매권자는 제3자에게 직접 환매권을 행사할 수 있다.
  ⊙ 등기 거절: 매수인은 전득자에 대하여 환매특약이 등기되어 있다는 이유로 소유권이전등기청구를 거절할 수 없다(대판 94다35527).

② **환매의 목적물**: 제한이 없으므로 동산, 부동산 외에 재산권도 그 대상이 될 수 있다.

③ **환매대금**: 매매대금과 매수인이 부담한 매매비용이다. 다만 환매대금에 관하여 특별한 약정이 있으면 그 약정에 의한다(제590조 제2항).

④ **환매기간**
  ⊙ 약정이 있는 경우: 환매기간은 부동산은 5년, 동산은 3년을 넘지 못한다. 약정기간이 이를 넘는 때에는 부동산은 5년, 동산은 3년으로 단축한다(제591조 제1항). 환매기간을 정한 때에는 다시 이를 연장하지 못한다(제591조 제2항).
  ⊙ 약정이 없는 경우: 환매기간을 정하지 아니한 때에는 그 기간은 부동산은 5년, 동산은 3년으로 한다(제591조 제3항).

(4) 환매권의 실행

① **행사방법**
   ⊙ 매도인은 기간 내에 대금과 매매비용을 매수인에게 제공하여 환매권을 행사하여야 한다. 기간 내에 행사하지 않으면 환매할 권리를 잃는다(제594조 제1항).
   ⓒ 기간 내에 환매권을 행사한 경우에도 환매로 인한 소유권이전등기를 하지 않으면 그 부동산을 가압류한 자에 대해서 대항할 수 없다.
   ⓒ 환매권의 행사로 발생한 소유권이전등기청구권은 환매권을 행사한 때로부터 일반채권과 같이 10년의 소멸시효 기간이 진행되는 것이고, 환매의 제척기간 내에 이를 행사하여야 하는 것은 아니다(대판 90다13420).

② **비용상환의무**: 매수인이나 전득자가 목적물에 대하여 비용을 지출한 때에는 매도인은 점유자의 상환청구권 규정에 의하여 상환하여야 한다. 그러나 유익비에 대하여는 법원은 매도인의 청구에 의하여 상당한 상환기간을 허여할 수 있다(제594조 제1항).

③ **과실수취권**: 환매의 목적물의 과실과 대금의 이자는 특별한 약정이 없으면 이를 상계한 것으로 본다(제590조 제3항).

④ **환매권의 대위행사와 매수인의 권리**: 매도인의 채권자가 매도인을 대위하여 환매하고자 하는 때에는 매수인은 법원이 선정한 감정인의 평가액에서 매도인이 반환할 금액을 공제한 잔액으로 매도인의 채무를 변제하고 잉여액이 있으면 이를 매도인에게 지급하여 환매권을 소멸시킬 수 있다(제593조).

⑤ **공유지분의 환매**: 공유자의 1인이 환매할 권리를 보류하고 그 지분을 매도한 후 그 목적물의 분할이나 경매가 있는 때에는 매도인은 매수인이 받은 또는 받을 부분이나 대금에 대하여 환매권을 행사할 수 있다. 그러나 매도인에게 통지하지 아니한 매수인은 그 분할이나 경매로써 매도인에게 대항하지 못한다(제595조).

Chapter 03 교환

1 서 설

(1) 의의
당사자 쌍방이 금전 이외의 재산권을 상호 이전할 것을 약정함으로써 그 효력이 생기는 계약을 말한다(제596조).

(2) 법적 성질
당사자 간의 의사합치로 성립하는 낙성계약이고, 쌍무, 유상계약이다.

2 성립요건

(1) 목적물
교환계약은 당사자 쌍방이 금전 이외의 재산권을 상호 이전할 것을 약정하면 성립한다. 노무나 일의 완성은 목적이 될 수 없다.

(2) 보충금의 지급
① **준용규정**: 당사자 일방이 재산권이전과 금전의 보충지급을 약정한 때에는 그 금전에 대하여는 매매대금에 관한 규정을 준용한다(제597조). 그러나 보충금을 지급한 경우에도 교환계약이 매매계약으로 전환되는 것은 아니다.

② **채무인수**: 보충금의 지급에 갈음하여 상대방으로부터 이전받을 목적물에 관한 근저당권의 피담보채무를 인수하기로 약정한 경우, 특별한 사정이 없는 한 채무를 인수한 일방은 위 보충금을 제외한 나머지 재산권을 상대방에게 이전하여 줌으로써 교환계약상의 의무를 다한 것이 된다(대판 98다13877).

③ **해제**: 보충금을 지급한 경우에 기한까지 지급하지 않으면 교환계약을 해제할 수 있다.

3 효과

(1) 매도인 담보책임
교환계약도 유상계약이라는 점에서 매도인의 담보책임에 관한 규정이 준용된다.

(2) 위험부담 등
쌍무계약이라는 점에서 위험부담이나 동시이행의 항변권 법리가 적용된다.

Chapter 04 임대차

1 서 설

(1) 의 의
당사자 일방이 상대방에게 목적물을 사용·수익하게 할 것을 약정하고 상대방이 이에 대하여 차임을 지급할 것을 약정함으로써 그 효력이 생기는 계약을 말한다(제618조).

(2) 법적 성질
① **낙성계약**: 당사자 간의 합의로 성립하는 낙성계약이며, 불요식의 쌍무, 유상계약이다. 차임의 지급은 계약의 성립요건이 아니다.

② **채권계약**: 처분할 능력이나 권한이 없어도 유효하게 성립한다. 임대목적물의 소유권이 매매로 이전되면 임차인은 양수인에게 대항할 수 없으나, 등기된 임차권이나 대항요건을 갖춘 임차권은 대항할 수 있다.

③ **편면적 강행규정**

원 칙	편면적 강행규정에 해당하는 경우 임차인이나 전차인에게 불리한 것은 효력이 없다(제652조).
예 외	일시적 사용으로 인한 임대차의 경우에는 적용되지 않는다(제653조).

2 임대차의 존속기간

(1) 존속기간을 약정한 경우
① **최장기**: 헌재 위헌판결로 현재는 최장기간의 제한은 삭제되었다.

② **최단기**: 민법은 제한규정이 없다. 다만 특별법에는 2년(주임법), 1년(상임법)의 제한이 있다.

③ **단기임대차**: 처분의 능력이나 권한이 없는 자(예 권한을 정하지 않은 대리인)가 임대차를 하는 경우에는 최장기간을 제한하고 있다.

> **제619조【처분능력, 권한없는 자의 할 수 있는 단기임대차】** 처분의 능력 또는 권한없는 자가 임대차를 하는 경우에는 그 임대차는 다음 각호의 기간을 넘지 못한다.
> 1. 식목, 채염 또는 석조, 석회조, 연와조 및 이와 유사한 건축을 목적으로 한 토지의 임대차는 10년
> 2. 기타 토지의 임대차는 5년
> 3. 건물 기타 공작물의 임대차는 3년
> 4. 동산의 임대차는 6월
>
> **제620조【단기임대차의 갱신】** 전조의 기간은 갱신할 수 있다. 그러나 그 기간만료전 토지에 대하여는 1년, 건물 기타 공작물에 대하여는 3월, 동산에 대하여는 1월내에 갱신하여야 한다.

(2) 존속기간을 약정하지 않은 경우

① **해지통고**: 당사자는 언제든지 계약해지의 통고를 할 수 있다(제635조 제1항).

② **해지의 효력**: 상대방이 해지의 통고를 받은 날로부터 토지, 건물 기타 공작물에 대하여는 임대인이 해지를 통고한 경우에는 6월, 임차인이 해지를 통고한 경우에는 1월이 경과하면 해지의 효력이 생긴다(제635조 제1항).

(3) 임대차의 갱신

① **약정갱신**: 임대차는 당사자 간의 합의로 갱신할 수 있으며, 그 횟수에는 제한이 없다.

② **법정갱신(묵시적 갱신)**

  ㉠ 요건: 임대차기간이 만료한 후 임차인이 임차물의 사용·수익을 계속하는 경우에 임대인이 상당한 기간 내에 이의를 하지 아니한 때에는 전임대차와 동일한 조건으로 다시 임대차한 것으로 본다. 그러나 기간은 약정이 없는 것으로 보아 당사자는 언제든지 해지의 통고를 할 수 있다(제639조 제1항).

  ㉡ 제3자가 제공한 담보: 기간의 만료로 인하여 소멸한다(제639조 제2항). 담보를 제공한 자의 예상하지 못한 불이익을 방지하기 위한 것이므로 당사자들의 합의에 따른 임대차 기간연장의 경우에는 적용되지 않는다(대판 2004다63293). '담보'란 질권, 저당권 그 밖의 보증등을 가리키는 것이고, 건물의 임차보증금채권이 양도되었을 경우까지도 포함되는 개념은 아니다(대판 76다951).

3 임대차의 효력

1. 임대인의 권리

(1) 차임청구권

임대인은 임차인에게 차임의 지급을 청구할 수 있다. 차임은 반드시 금전에 한정되지 않는다.

(2) 차임증액청구권

① **요건**: 임대물에 대한 공과부담의 증감 기타 경제사정의 변동으로 인하여 약정한 차임이 상당하지 아니하게 된 때에는 당사자는 장래에 대한 차임의 증감을 청구할 수 있다(제628조). 다만 일시사용을 위한 임대차의 경우에는 적용되지 않는다(제653조).

② **효력발생시기**: 차임증감청구권은 형성권이므로 청구가 상당하다고 인정되는 한 그 효력은 청구한 때 발생하는 것이고, 재판시를 표준으로 할 것이 아니다(대판 74다1124).

③ **성질**: 편면적 강행규정이므로 임차인에게 불리한 것은 효력이 없다. 임대차계약 체결시에 임대인이 일방적으로 차임을 인상할 수 있고 상대방은 이의를 할 수 없다고 한 약정은 무효이다(대판 92다31163). 그러나 차임을 증액하지 않는다는 특약이 있더라도 그 약정 후 그 특약을 그대로 유지시키는 것이 신의칙에 반한다고 인정될 정도의 사정변경이 있다고 보여지는 경우에는 형평의 원칙상 임대인에게 차임증액청구를 인정하여야 한다(대판 96다34061).

(3) 차임연체시 계약해지권

① **요건**: 건물 기타 공작물의 임대차에는 임차인의 차임연체액이 2기의 차임액에 달하는 때에는 임대인은 계약을 해지할 수 있다(제640조). 반드시 연속하여 2기의 차임액이 연체되어야 하는 것은 아니다.

② **적용범위**: 건물 기타 공작물의 소유 또는 식목, 채염, 목축을 목적으로 한 토지임대차의 경우에도 준용한다(제641조). 그러나 일시사용을 위한 임대차의 경우에는 적용되지 않는다(제653조).

③ **성질**: 편면적 강행규정이므로 임차인에게 불리한 것은 효력이 없다.

④ **통지**: 토지임대차 계약을 해지하는 경우에 그 지상에 있는 건물 기타 공작물이 담보물권의 목적이 된 때에는 담보물권자에게 통지한 후 상당한 기간이 경과함으로써 그 효력이 생긴다(제642조, 제288조).

(4) 사용ㆍ수익의무 위반시 계약해지권

임차인이 용법에 따른 사용ㆍ수익을 하지 않은 경우, 계약을 해지하거나 손해배상을 청구할 수 있다. 임대인이 손해배상을 청구하는 경우에는 물건의 반환을 받은 날로부터 6월내에 하여야 한다(제654조, 제617조).

(5) 법정담보물권

① **토지임대인의 법정질권**: 토지임대인이 임대차에 관한 채권에 의하여 임차지에 부속 또는 그 사용의 편익에 공용한 임차인의 소유동산 및 그 토지의 과실을 압류한 때에는 질권과 동일한 효력이 있다(제648조). 일시사용을 위한 임대차의 경우에는 적용되지 않는다(제653조).

② **토지임대인의 법정저당권**: 토지임대인이 변제기를 경과한 최후 2년의 차임채권에 의하여 그 지상에 있는 임차인소유의 건물을 압류한 때에는 저당권과 동일한 효력이 있다(제649조).

③ **건물 등 임대인의 법정질권**: 건물 기타 공작물의 임대인이 임대차에 관한 채권에 의하여 그 건물 기타 공작물에 부속한 임차인소유의 동산을 압류한 때에는 질권과 동일한 효력이 있다(제650조). 일시사용을 위한 임대차의 경우에는 적용되지 않는다(제653조).

2. 임대인의 의무

(1) 목적물의 인도의무

임대인은 목적물을 임차인이 목적물을 사용·수익할 수 있도록 임차인에게 목적물을 인도할 의무를 부담한다(제623조).

(2) 사용·수익하게 할 의무

① **의의**: 임대인은 계약존속 중 목적물을 그 사용·수익에 필요한 상태를 유지하게 할 의무를 부담한다(제623조). 다만 특약이 없는 한 그 목적물이 통상의 사용수익에 필요한 상태를 유지하면 되는 것이지, 임차인의 특별한 용도를 위한 유지의무까지 부담하는 것은 아니다(대판 96다28172).

② **사용·수익상태 유지의무**: 임대인 자신에게 귀책사유가 있어 하자가 발생한 경우는 물론, 자신에게 귀책사유가 없이 하자가 발생한 경우에도 면해지지 아니한다. 또한 임대인이 그와 같은 하자 발생 사실을 몰랐다거나 반대로 임차인이 이를 알거나 알 수 있었다고 하더라도 마찬가지이다(대판 2021다202309).

③ **수선의무**
　㉠ 사소한 경우: 목적물에 파손 또는 장해가 생긴 경우 그것이 임차인이 별 비용을 들이지 아니하고도 손쉽게 고칠 수 있을 정도의 사소한 것이어서 임차인의 사용·수익을 방해할 정도의 것이 아니라면 임대인은 수선의무를 부담하지 않는다(대판 2009다96984).

ⓒ 목적 불능인 경우: 수선하지 아니하면 임차인이 계약에 의하여 정하여진 목적에 따라 사용·수익할 수 없는 상태로 될 정도의 것이라면, 임대인은 그 수선의무를 부담한다 할 것이고, 이는 자신에게 귀책사유가 있는 임대차 목적물의 훼손의 경우에는 물론 자신에게 귀책사유가 없는 훼손의 경우에도 마찬가지다(대판 2009다96984).

ⓒ 면제특약: 임대인의 수선의무는 특약에 의하여 이를 면제하거나 임차인의 부담으로 돌릴 수 있으나, 특약이 없는 한 통상 생길 수 있는 파손의 수선 등 소규모의 수선에 한정되고, 대파손의 수리, 건물의 주요 구성부분에 대한 대수선, 기본적 설비부분의 교체 등과 같은 대규모의 수선은 이에 포함되지 아니한다(대판 94다34692).

(3) 방해제거의무

임차목적물을 제3자가 점유하여 임차인의 사용·수익을 방해하는 경우, 임대인은 방해를 제거해 줄 의무가 있다.

(4) 보호의무

① **통상의 임대차**: 임차인의 안전을 배려하여 주거나 도난을 방지하는 등의 보호의무까지 부담한다고 볼 수는 없다(대판 99다10004).

② **일시사용을 위한 임대차**: 보호의무를 부담한다.

3. 임차인의 권리

(1) 목적물을 사용·수익할 권리

임차인은 계약 또는 그 목적물의 성질에 의하여 정하여진 용법으로 이를 사용·수익할 수 있다(제654조, 제610조 제1항).

(2) 등기청구권

부동산임차인은 당사자간에 반대약정이 없으면 임대인에 대하여 그 임대차등기절차에 협력할 것을 청구할 수 있다(제621조 제1항). 부동산임대차를 등기한 때에는 그때부터 제3자에 대하여 효력이 생긴다(제621조 제2항).

> **판례**
>
> **등기된 임차권**
> 용익권적 권능 외에 임차보증금반환채권에 대한 담보권적 권능이 있고, <u>임대차기간이 종료되면 용익권적 권능은 임차권등기의 말소등기 없이도 곧바로 소멸하나 담보권적 권능은 곧바로 소멸하지 않는다</u>고 할 것이어서, 임차권자는 임대차기간이 종료한 후에도 <u>임차보증금을 반환받기까지는 임대인이나 그 승계인에 대하여 임차권등기의 말소를 거부할 수 있다</u>고 할 것이고, 따라서 임차권등기가 <u>원인 없이 말소된 때에는 그 방해를 배제하기 위한 청구를 할 수 있다</u>(대판 99다67079).

(3) 건물등기 있는 차지권의 대항력

① **의의**: 건물의 소유를 목적으로 한 토지임대차는 이를 등기하지 아니한 경우에도 임차인이 그 지상건물을 등기한 때에는 제3자에 대하여 임대차의 효력이 생긴다(제622조 제1항).

② **효력 상실**: 건물이 임대차기간 만료 전에 멸실 또는 후폐한 때에는 대항력을 잃는다(제622조 제2항).

③ **제3자 등기**: 지상건물을 등기하기 전에 제3자가 그 토지에 관하여 물권취득의 등기를 한 때에는 임차인이 그 지상건물을 등기하더라도 그 제3자에 대하여 임대차의 효력이 생기지 아니한다(대판 2000다65802).

(4) 비용상환청구권

① **필요비**: 임차인이 임차물의 보존에 관한 필요비를 지출한 때에는 임대인에 대하여 그 상환을 청구할 수 있다(제626조 제1항). 필요비는 비용을 지출한 즉시 청구할 수 있으며, 임대인이 지급하지 않으면 그 금액의 한도에서 차임의 지급을 거절할 수 있다(대판 2016다227694).

② **유익비**: 임차인이 유익비를 지출한 경우에는 임대인은 임대차종료시에 그 가액의 증가가 현존한 때에 한하여 임차인의 지출한 금액이나 그 증가액을 상환하여야 한다. 이 경우에 법원은 임대인의 청구에 의하여 상당한 상환기간을 허여할 수 있다(제626조 제2항).

③ **유치권**: 견련성이 인정되므로 성립할 수 있으나, 유익비의 경우에 상환기간을 허여한 경우에는 성립할 수 없다.

④ **배제특약**: 임의규정이므로 당사자 간의 특약으로 배제할 수 있다. ㉠ 임대차 종료시 원상복구하기로 한 특약은 유익비 상환청구권을 포기한 것이고(대판 94다20389) ㉡ 임차인 비용으로 증축부분의 소유를 임대인에게 귀속시키는 특약도 배제특약으로서 유효하다(대판 94다44705).

⑤ **행사기간**: 임차인이 지출한 비용의 상환청구는 임대인이 물건의 반환을 받은 날로부터 6월내에 하여야 한다(제654조, 제617조).

⑥ **적용범위**: 비용상환청구권은 채무불이행으로 인하여 계약이 해지된 경우에도 청구할 수 있으며, 일시사용을 위한 임대차의 경우에도 준용된다.

(5) 차임감액청구권

① **경제사정 변동**: 임대물에 대한 공과부담의 증감 기타 경제사정의 변동으로 인하여 약정한 차임이 상당하지 아니하게 된 때에는 임차인은 장래에 대한 차임의 감액을 청구할 수 있다(제628조).

② **일부멸실**: 임차물의 일부가 임차인의 과실없이 멸실 기타 사유로 인하여 사용·수익할 수 없는 때에는 임차인은 그 부분의 비율에 의한 차임의 감액을 청구할 수 있다(제627조 제1항). 그러나 잔존부분으로 임차의 목적을 달성할 수 없는 때에는 임차인은 계약을 해지할 수 있다(제627조 제2항).

③ **성질**: ㉠ 형성권이므로 임차인의 일방적 의사표시로 효력이 생기는 것이고, 법률규정에 따라 당연히 감액되는 것은 아니다. ㉡ 편면적 강행규정이므로 임차인에게 불리한 약정은 효력이 없다.

(6) 갱신청구권

건물 기타 공작물의 소유 또는 식목, 채염, 목축을 목적으로 한 토지임대차의 기간이 만료한 경우에 건물, 수목 기타 지상시설이 현존한 때에는 계약의 갱신을 청구할 수 있는 토지임차인의 권리를 말한다(제643조, 제283조 제1항). 청구권이므로 임대인은 거절할 수 있다.

(7) 지상물매수청구권

① **의의**: 토지임차인이 계약의 갱신을 청구하였으나 임대인이 계약의 갱신을 원하지 아니하는 때, 임차인이 상당한 가액으로 공작물이나 수목의 매수를 청구할 수 있는 권리를 말한다(제643조, 제283조 제2항). 건물 등 임차인의 경우에는 인정되지 않는다.

② **매수 대상**
  ㉠ 객관적으로 경제적 가치가 있는지 여부나 임대인에게 소용이 있는지 여부는 행사요건이 아니다(대판 2001다42080).
  ㉡ 반드시 임대차계약 당시의 기존건물이거나 임대인의 동의를 얻어 신축한 것에 한정되는 것은 아니다(대판 93다34589).
  ㉢ 미등기 무허가건물(대판 2013다48364), 근저당권이 설정된 건물도 대상이 될 수 있다(대판 2007다4356).
  ㉣ 임차인 또는 제3자 소유의 토지 위에 걸쳐서 건립되어 있는 경우에는, 임차지 상에 서 있는 건물 부분 중 구분소유의 객체가 될 수 있는 부분에 한하여 임차인에게 매수청구가 허용된다(대판 전합 93다42634).

③ **매수청구권자**

원 칙	지상물의 소유자에 한하여 행사할 수 있으므로(대판 93다6386) 임차인이 지상물을 이전한 경우, 임차인은 행사할 수 없다.
예 외	건물 소유를 목적으로 하는 토지 임대차에서 종전 임차인으로부터 미등기 무허가건물을 매수하여 점유하고 있는 임차인은 특별한 사정이 없는 한 비록 소유자로서의 등기명의가 없어 소유권을 취득하지 못하였다 하더라도 임대인에 대하여 지상물매수청구권을 행사할 수 있다(대판 2013다48364).

④ 매수청구의 상대방

원 칙	㉠ 임차권 소멸 당시의 토지소유자인 임대인이다(대판 93다59717). ㉡ 토지 소유자가 아닌 제3자가 임대차계약의 당사자로서 토지를 임대한 경우, 임차인은 토지 소유자가 임대인의 지위를 승계하였다는 등의 특별한 사정이 없는 한 임대인이 아닌 토지 소유자에게 직접 지상물매수청구권을 행사할 수 없다(대판 2014다72449).
예 외	임차권이 소멸한 후 토지를 제3자에게 양도한 경우에, 토지 임차인이 건물에 대한 보존등기를 하여 대항력이 생긴 경우에는 제3자에 대항할 수 있으므로 신소유자에 대하여도 행사할 수 있다(대판 75다348).

⑤ 매수청구권의 행사
 ㉠ 계약의 갱신요구가 거절당한 경우에 인정된다. 다만 기간의 정함이 없는 임대차에 있어서 임대인에 의한 해지통고에 의하여 그 임차권이 소멸한 경우에는 임차인의 계약갱신 청구의 유무에 불구하고 인정된다(대판 95다42195).
 ㉡ 형성권이므로 임차인의 일방적 의사표시에 의하여 매매의 효력이 발생한다.
 ㉢ 토지임차인의 차임연체 등 채무불이행을 이유로 임대차계약이 해지되는 경우 토지임차인으로서는 토지임대인에 대하여 지상건물의 매수를 청구할 수 없다(대판 96다54249).
 ㉣ 토지임차인이 건물매수청구권을 행사하지 않는 동안에 임대인이 제기한 토지인도 및 건물철거청구 소송에서 임차인이 패소하여 패소판결이 확정되었다고 하더라도, 그 확정판결에 의하여 건물철거가 집행되지 아니한 이상 토지의 임차인으로서는 건물매수청구권을 행사하여 별소로써 임대인에 대하여 건물매매대금의 지급을 구할 수 있다(대판 95다42195).

⑥ 건물의 매수가격
 ㉠ 매수청구권 행사 당시 건물이 현재하는 대로의 상태에서 평가된 시가를 말한다.
 ㉡ 임대인이 기존 건물의 철거비용을 포함하여 임차인이 임차지상의 건물을 신축하기 위하여 지출한 모든 비용을 보상할 의무를 부담하게 되는 것은 아니다(대판 2002다46003).
 ㉢ 근저당권이 설정된 건물의 경우, 근저당권의 채권최고액이나 피담보채무액을 공제한 금액을 매수가격으로 정할 것은 아니다. 다만, 매수청구권을 행사한 지상건물 소유자가 위와 같은 근저당권을 말소하지 않는 경우 토지소유자는 민법 제588조에 의하여 위 근저당권의 말소등기가 될 때까지 그 채권최고액에 상당한 대금의 지급을 거절할 수 있다(대판 2007다4356).

⑦ **동시이행**: 임대인의 대금지급의무와 임차인의 지상물인도의무는 동시이행의 관계에 있다. 그러나 매수청구권을 행사한 후에 그 임대인인 대지의 소유자로부터 매수대금을 지급받을 때까지 그 지상건물 등의 인도를 거부할 수 있다고 하여도, 지상건물 등의 점유·사용을 통하여 그 부지를 계속하여 점유·사용하는 한 그로 인한 부당이득으로서 부지의 임료 상당액은 이를 반환할 의무가 있다(대판 99다60535).

⑧ **성질**: 편면적 강행규정이므로 임차인에게 불리한 약정은 효력이 없다. 건물 기타 지상 시설 일체를 포기하기로 하는 약정은 임대차계약의 조건이나 계약이 체결된 경위 등 제반 사정을 종합적으로 고려하여 실질적으로 임차인에게 불리하다고 볼 수 없는 특별한 사정이 인정되지 아니하는 한 무효이다(대판 2001다42080).

(8) 부속물매수청구권

① **의의**: 건물 기타 공작물의 임차인이 그 사용의 편익을 위하여 임대인의 동의를 얻어 부속한 물건이 있거나 임대인으로부터 매수한 부속물에 대하여 임대차의 종료시에 임대인에 대하여 그 부속물의 매수를 청구할 수 있는 것을 말한다(제646조 제1항).

② **매수대상**
  ㉠ 부속물: 건물에 부속된 물건으로 임차인의 소유에 속하고, 건물의 구성부분이 되지 아니한 것으로서 건물의 사용에 객관적인 편익을 가져오게 하는 물건이다(대판 92다41627).
  ㉡ 건물의 구성부분: 비용상환청구권을 행사하여야 한다. 건물자체의 수선 내지 증·개축부분은 특별한 사정이 없는 한 건물자체의 구성부분을 이루고 독립된 물건이 아니므로 부속물 매수청구권의 대상이 될 수 없다(대판 80다589).
  ㉢ 임차인 특수목적: 부속된 물건이 오로지 임차인의 특수목적에 사용하기 위하여 부속된 것일 때는 부속물매수청구권의 대상이 되는 물건이라 할 수 없다(대판 92다41627).

③ **적용범위**: 토지임차인에게는 인정되지 않으며, 일시사용을 위한 임대차의 경우에는 적용되지 않는다(제653조).

④ **행사요건**: 존속기간의 만료, 계약의 해지 등 임대차가 종료한 경우에 행사할 수 있다. 그러나 채무불이행으로 인한 계약의 해지의 경우에는 허용되지 않는다(대판 88다카7245).

⑤ **청구권자**
  ㉠ 임차인이 행사할 수 있다.
  ㉡ 최초 임차인이 부속시킨 물건에 대하여 임차인의 원상회복의 특약이 없는 한, 종전 임차인의 지위를 승계한 현 임차인이 임대인에 대하여 부속물매수청구권을 행사할 수 있다(대판 95다12927).

⑥ **청구의 상대방**: 임대인에게 행사하여야 하는 것이 원칙이나, 대항력 있는 임차권의 경우에는 임차목적물을 양수한 자에 대해서도 행사할 수 있다.

⑦ **동시이행관계**: 임대인의 대금지급의무와 임차인의 부속물인도의무는 동시이행관계에 있다.

⑧ **성질**: 형성권이고, 편면적 강행규정이다. 다만 건물 임대인이 임차보증금과 임료를 저렴하게 해 주는 대신 임차인이 부속물에 대한 시설비, 필요비, 권리금 등을 일체 청구하지 않기로 약정한 것은 임차인에게 일방적으로 불리한 것이라고 볼 수 없다(대판 92다24998).

4. 임차인의 의무

(1) 차임지급의무

① **지급시기**

원 칙	㉠ 동산, 건물, 대지에 대하여는 매월 말에 지급하여야 한다. ㉡ 기타 토지에 대하여는 매년 말에 지급하여야 한다.
예 외	수확기 있는 것에 대하여는 그 수확 후 지체 없이 지급하여야 한다(제633조).

② **지급거절**
  ㉠ 임대인이 목적물을 사용·수익하게 할 의무를 불이행하여 목적물의 사용·수익이 부분적으로 지장이 있는 상태인 경우, 임차인은 그 지장의 한도 내에서 차임의 지급을 거절할 수 있다.
  ㉡ 임대인이 수선의무를 이행함으로써 목적물의 사용·수익에 지장이 초래된 경우에도 마찬가지이다(대판 2014다65724).

(2) 임차물보관의무

① **의의**: 임차인은 임대차가 종료한 후 목적물을 인도해야 할 의무가 있으므로 그 물건을 인도하기까지 선량한 관리자의 주의로 보존하여야 한다(제374조).

② **위반에 대한 입증책임**

원 칙	임차건물이 화재로 소훼된 경우에 있어서 그 화재의 발생원인이 불명인 때에도 임차인이 그 책임을 면하려면 그 임차건물의 보존에 관하여 선량한 관리자의 주의의무를 다하였음을 입증하여야 한다. 임대인의 수선의무 지체로 해지된 경우에도 마찬가지이다(대판 2009다96984).
예 외	건물의 일부에 대하여 임차한 경우, 임차 외 건물 부분이 구조상 불가분의 일체를 이루는 관계에 있는 부분이라 하더라도, 그 부분에 발생한 손해에 대하여 임대인이 배상을 구하려면, 임차인의 의무 위반과 임차 외 건물 부분의 손해 사이에 상당인과관계를 임대인이 주장·증명하여야 한다(대판 전합 2012다86895).

(3) 통지의무

원 칙	임차물의 수리를 요하거나 임차물에 대하여 권리를 주장하는 자가 있는 때에는 임차인은 지체없이 임대인에게 이를 통지하여야 한다.
예 외	임대인이 이미 이를 안 때에는 그러하지 아니하다(제634조).

(4) 임차인의 인용의무

① **거절 금지**: 임대인이 임대물의 보존에 필요한 행위를 하는 때에는 임차인은 이를 거절하지 못한다(제624조).

② **해지**: 임대인이 임차인의 의사에 반하여 보존행위를 하는 경우에 임차인이 이로 인하여 임차의 목적을 달성할 수 없는 때에는 계약을 해지할 수 있다(제625조).

(5) 임차물반환의무

① **원상회복의무**: 임차인이 임차물을 반환하는 때에는 이를 원상에 회복하여야 한다. 이에 부속시킨 물건은 철거할 수 있다(제654조, 제615조). 임대인의 귀책사유로 임대차계약이 중도에 해지된 경우에도 임차인은 그로 인한 손해배상을 청구할 수 있음은 별론으로 하고 원상회복의무를 부담한다(대판 2002다42278).

② **입증책임**: 임차인의 임대차 목적물 반환의무가 이행불능이 된 경우 임차인이 그 이행불능으로 인한 손해배상책임을 면하려면 그 이행불능이 임차인의 귀책사유로 말미암은 것이 아님을 입증할 책임이 있다(대판 2009다96984).

(6) 공동임차인의 의무

수인이 공동하여 물건을 임차한 때에는 연대하여 그 의무를 부담한다(제654조, 제616조).

4 임차권의 양도와 전대

1. 의 의

양 도	임차인이 임차인의 지위를 벗어나고, 임차권이 동일성을 가지고 양수인에게 이전되는 계약을 말한다.
전 대	임차인이 임차인의 지위를 유지하면서 임차목적물의 전부나 일부를 제3자에게 다시 임대하는 것을 말한다. 이때 제3자를 '전차인', 종전 임차인은 '전대인'이라 한다.

2. 임대인의 동의

(1) 성 질

임차인은 임대인의 동의 없이 그 권리를 양도하거나 임차물을 전대하지 못한다(제629조 제1항). 동의는 양도나 전대계약의 효력발생요건이 아니라 임대인에 대한 대항요건에 불과하므로 임대인의 동의가 없어도 당사자 사이의 계약 자체는 유효하다.

(2) 금지특약

임대차계약의 당사자들이 '임차인은 임대인의 동의 없이는 임차권을 양도 또는 담보제공하지 못한다'고 약정한 경우에 그 약정의 취지를 임대보증금반환채권의 양도를 금지하는 것으로 볼 수 없다(대판 2012다104366).

3. 임대인의 동의가 있는 양도

원 칙	임차권은 동일성을 유지하면서 양수인에게 이전하므로 차임지급의무 등 임차인의 의무는 양수인에게 이전된다.
예 외	연체차임에 대한 배상의무 등은 특약이 없는 한 이전하지 않는다.

4. 임대인의 동의가 없는 양도

(1) 임차인과 양수인의 관계

당사자 사이의 양도계약은 유효하다. 다만 임차인은 양수인을 위하여 임대인의 동의를 받아 줄 의무가 있다(대판 85다카1812). 이행하지 못하면 매도인의 담보책임을 준용하여 계약을 해제하거나 손해배상을 청구할 수 있다.

(2) 임대인과 임차인의 관계

① **계약해지권**: 임대인은 계약을 해지할 수 있다(제629조 제1항). 임대차계약을 해지하지 않으면 여전히 임차인에게 차임의 지급을 청구할 수 있다.

② **해지권이 부정되는 경우**
   ㉠ 건물의 소부분을 타인에게 사용하게 하는 경우에는 해지할 수 없다(제632조).
   ㉡ 임차권의 양수인이 임차인과 부부로서 임차건물에 동거하면서 함께 가구점을 경영하고 있는 등 임차인의 당해 행위가 임대인에 대한 배신적 행위라고 인정할 수 없는 특별한 사정이 있는 경우에는 해지권은 발생하지 않는다(대판 92다45308).

(3) 임대인과 양수인의 관계

① **방해배제청구**: 양수인의 점유는 불법점유가 되므로 임대인은 방해배제청구권을 행사할 수 있다. 양수인은 임대인에게 대항할 수 없고, 임대인의 권한을 대위 행사할 수도 없다(대판 84다카188).

② **손해배상청구 등**

원 칙	임대인은 계약을 해지하지 않는 한 임차인에 대하여 여전히 차임청구권을 가지므로 양수인에 대하여 불법점유를 이유로 한 차임상당 손해배상청구나 부당이득반환청구를 할 수 없다(대판 2006다10323).
예 외	임대차 계약을 해지하면 손해배상을 청구할 수 있다.

③ **반환청구**

원 칙	임대인이 계약을 해지하지 않으면 자신에게 직접 반환을 청구할 수 없고, 임차인에게 반환할 것을 청구할 수 있다.
예 외	계약을 해지하면 소유권에 근거하여 직접 자신에게 반환할 것을 청구할 수 있다.

5. 임대인의 동의가 있는 전대

(1) 임차인과 전차인의 관계

① **차임지급**: 전대차계약의 내용에 따라 결정된다. 다만 전차인이 임대인에게 차임을 지급하면 그 한도 내에서 임차인에 대한 차임지급의무를 면한다.

② **목적물 반환**: 임대차 기간 및 전대차 기간이 모두 만료된 경우, 임대인의 동의유무와 상관없이 임대인은 전차인에 대하여 소유권에 기하여 목적물을 자신에게 직접 반환해줄 것을 요구할 수 있고, 전차인으로서도 목적물을 임대인에게 직접 명도하면 임차인에 대한 목적물 명도의무를 면한다(대판 95다23996).

(2) 임대인과 임차인의 관계

전대차계약의 성립에 아무런 영향을 받지 않으므로(제630조 제2항) 임대인은 임차인에게 차임지급을 청구할 수 있고 차임을 연체하면 계약을 해지할 수 있다.

(3) 임대인과 전차인의 관계

① **직접 의무부담**: 전차인은 직접 임대인에 대하여 의무를 부담하고, 전차인은 전대인에 대한 차임의 지급으로써 임대인에게 대항하지 못한다(제630조 제1항). 건물의 소부분을 사용하는 전차인은 의무를 부담하지 않는다(제632조).

② **차임지급시기 이후의 차임지급**: 임대인에게 대항할 수 있고, 전대차계약상의 차임지급시기 전에 전대인에게 지급한 차임이라도, 임대인의 차임청구 전에 차임지급시기가 도래한 경우에는 그 지급으로 임대인에게 대항할 수 있다(대판 2018다200518).

(4) 전차인 보호규정

① **전차인 권리의 확정**

원 칙	임차인이 임대인의 동의를 얻어 임차물을 전대한 경우에는 임대인과 임차인의 합의로 계약을 종료한 때에도 전차인의 권리는 소멸하지 아니한다(제631조).
예 외	건물의 소부분을 전차한 전차인의 권리는 소멸한다(제632조).

② **해지통고의 통지**

원 칙	⊙ 임대차계약이 해지의 통고로 인하여 종료된 경우에 그 임대물이 적법하게 전대되었을 때에는 임대인은 전차인에 대하여 그 사유를 통지하지 아니하면 해지로써 전차인에게 대항하지 못한다(제638조 제1항). ⓒ 전차인이 통지를 받은 때에는 부동산의 경우에는 6월이 경과해야 해지의 효력이 생긴다(제638조 제2항).
예 외	일시사용을 위한 임대차의 경우에는 적용되지 않는다(제653조).

③ **차임연체로 인한 해지**: 전차인에 대하여 그 사유를 통지하지 않더라도 해지로써 전차인에게 대항할 수 있고, 해지의 의사표시가 임차인에게 도달하는 즉시 임대차관계는 해지로 종료된다(대판 2012다55860).

④ **전차인의 임대청구권, 매수청구권**

⊙ **임대청구권**: 건물 기타 공작물의 소유 또는 식목, 채염, 목축을 목적으로 한 토지 임차인이 적법하게 그 토지를 전대한 경우에 임대차 및 전대차의 기간이 동시에 만료되고 건물, 수목 기타 지상시설이 현존한 때에는 전차인은 임대인에 대하여 전전대차와 동일한 조건으로 임대할 것을 청구할 수 있다(제644조 제1항).

ⓒ **매수청구권**: 임대인이 임대할 것을 원하지 아니하는 때에는 전차인은 상당한 가액으로 공작물이나 수목의 매수를 청구할 수 있다(제644조 제2항, 제283조 제2항).

⑤ **전차인의 부속물매수청구권**
  ㉠ 요건: 건물 기타 공작물의 임차인이 적법하게 전대한 경우에 전차인이 그 사용의 편익을 위하여 임대인의 동의를 얻어 이에 부속한 물건이 있는 때에는 전대차의 종료시에 임대인에 대하여 그 부속물의 매수를 청구할 수 있다(제647조 제1항).
  ㉡ 대상: 임대인으로부터 매수하였거나 그 동의를 얻어 임차인으로부터 매수한 부속물에 대하여도 매수를 청구할 수 있다(제647조 제2항). 그러나 임차인의 동의를 얻어 부속한 물건은 인정되지 않는다.

6. 임대인의 동의가 없는 전대

임대인의 동의가 없는 양도의 법률관계와 동일하다.

5 임대차의 종료

(1) **종료원인**
① **존속기간 만료**: 임대차는 존속기간이 만료되면 종료한다.
② **해지통고**

원칙	임대차기간의 약정이 없는 때에는 당사자는 언제든지 계약해지의 통고를 할 수 있다(제635조 제1항).
예외	㉠ 임대차기간의 약정이 있는 경우에도 당사자 일방 또는 쌍방이 그 기간 내에 해지할 권리를 보류한 때에는 언제든지 계약해지의 통고를 할 수 있다(제636조). ㉡ 임차인이 파산선고를 받은 경우에는 임대차기간의 약정이 있는 때에도 임대인 또는 파산관재인은 언제든지 계약해지의 통고를 할 수 있다(제637조 제1항). 다만 각 당사자는 상대방에 대하여 계약해지로 인하여 생긴 손해의 배상을 청구하지 못한다(제637조 제2항).

③ **해지**
  ㉠ 임차인의 해지: ⓐ 임차물의 일부가 임차인의 과실없이 멸실 기타 사유로 인하여 사용·수익할 수 없는 때 그 잔존부분으로 임차의 목적을 달성할 수 없는 때(제627조 제2항) ⓑ 임차인의 의사에 반한 보존행위로 임차의 목적을 달성할 수 없는 때(제625조)에는 임차인은 계약을 해지할 수 있다.
  ㉡ 임대인의 해지: ⓐ 임차인의 차임연체액이 2기의 차임액에 달하는 때(제640조, 제641조) ⓑ 임차인이 무단양도나 전대를 한 경우(제629조 제2항)에는 임대인은 계약을 해지할 수 있다.

(2) **종료의 효과**

임대차계약은 계속적 계약관계이므로 임대차계약이 종료되면 장래에 향하여 소멸한다. 임대차가 종료되면 임차인은 목적물을 원상으로 회복하여 반환할 의무가 있다(제654조, 제615조).

6 보증금

(1) **의 의**

① 부동산임대차계약에서 임차인의 채무를 담보하기 위하여 임차인 또는 제3자가 임대인에게 지급하는 금전 기타의 유가물을 말한다.

② 임대차계약의 성립요소는 아니며, 그 지급에 대한 입증책임은 임차인이 진다(대판 2004다19647).

(2) **법적 성질**

보증금계약은 임대차계약의 종된 계약이므로 임대차 계약이 유효하게 성립해야 한다. 그러나 반드시 동시에 체결되어야 하는 것은 아니다.

(3) **효 력**

① 채무의 담보

원 칙	보증금은 임대차관계에 따른 임차인의 모든 채무를 담보하는 것으로서 특약이 없는 한 임대차관계의 종료 후 목적물이 반환될 때에 별도의 의사표시 없이 보증금에서 당연히 공제된다(대판 99다50729).
예 외	임대차 존속 중에는 임대인이 보증금에서 연체차임을 충당할 것인지 여부를 자유로이 선택할 수 있으며, 임차인은 임대차보증금의 존재를 이유로 차임의 지급을 거절할 수 없다(대판 2016다211309).

② 동시이행

㉠ 임대차종료 후 임차인의 임차목적물명도의무와 임대인의 연체차임 기타 손해배상금을 공제하고 남은 임대차보증금반환채무와는 동시이행의 관계에 있다(대판 87다카2114).

㉡ 임차인이 동시이행의 항변권에 기하여 임차목적물을 계속 점유하여 사용·수익하더라도 불법점유는 아니므로 손해배상책임은 지지 않는다. 다만 그 사용·수익으로 인하여 실질적으로 얻은 이익은 부당이득으로서 반환하여야 한다(대판 87다카2114).

PART

04

민사특별법

Chapter 01 주택임대차보호법

1 서 설

(1) 입법목적
「주택임대차보호법」은 주거용 건물의 임대차에 관하여 「민법」에 대한 특례를 규정함으로써 국민 주거생활의 안정을 보장함을 목적으로 한다(제1조).

(2) 편면적 강행규정
「주택임대차보호법」은 임차인을 보호하기 위한 것이므로 임차인에게 불리한 약정은 효력이 없다(제10조).

(3) 소액심판법 적용
임차인이 임대인에게 제기하는 보증금반환청구소송에 관하여는 「소액사건심판법」의 규정을 준용한다(제13조).

2 적용범위

(1) 물적 범위

① **주거용 건물**
   ㉠ 주거용 건물의 전부 또는 일부의 임대차에 관하여 적용한다. 임차주택의 일부가 주거 외의 목적으로 사용되는 경우에도 적용된다(제2조). 다만 비주거용 건물의 일부가 주거용으로 사용되는 경우에는 적용되지 않는다(대판 86다카2407).
   ㉡ 임대차목적물의 공부상의 표시만을 기준으로 할 것이 아니라 그 실지 용도에 따라서 정하여야 한다(대판 94다52522).
   ㉢ 미등기 전세계약에도 준용되지만(제12조) 일시적 사용을 위한 임대차가 명백한 경우에는 적용되지 않는다(제11조).
   ㉣ 대지의 환가대금 및 가액도 포함된다는 점에서 주택의 대지도 적용대상이 된다(대판 96다7595).

② **겸용건물**: 건물의 일부가 임대차의 목적이 되어 주거용과 비주거용으로 겸용되는 경우에는 구체적인 경우에 따라 그 임대차의 목적, 전체 건물과 임대차목적물의 구조와 형태 및 임차인의 임대차목적물의 이용관계 그리고 임차인이 그 곳에서 일상생활을 영위하는지 여부 등을 아울러 고려하여 합목적적으로 결정하여야 한다(대판 94다52522).

③ **미등기 무허가 건물**: 주택임대차보호법은 임차주택이 관할관청의 허가를 받은 건물인지, 등기를 마친 건물인지 아닌지를 구별하고 있지 아니하므로 미등기건물, 무허가 건물이라 하더라도 특별한 규정이 없는 한 적용대상이 된다(대판 2004다26133).

④ **주거용으로 변경된 건물**: 점포 및 사무실로 사용되던 건물에 근저당권이 설정된 후 그 건물이 주거용 건물로 용도 변경되어 이를 임차한 소액임차인도 특별한 사정이 없는 한 주택임대차보호법 제8조에 의하여 보증금 중 일정액을 근저당권자보다 우선하여 변제받을 권리가 있다(대판 2009다26879).

⑤ **임의로 개조한 건물**: 임대차계약 체결당시를 기준으로 하여 그 건물의 구조상 주거용 또는 그와 겸용될 정도의 건물의 형태가 실질적으로 갖추어져 있어야 하고, 만일 그 당시에는 주거용 건물부분이 존재하지 아니하였는데 임차인이 그 후 임의로 주거용으로 개조하였다면 임대인이 그 개조를 승낙하였다는 등의 특별한 사정이 없는 한 위 법의 적용은 있을 수 없다(대판 85다카1367).

(2) 인적 범위

① **적법한 임대차권한을 가진 자**
   ㉠ 주택의 소유자는 아니지만 주택에 관하여 적법하게 임대차계약을 체결할 수 있는 권한을 가진 임대인과 사이에 임대차계약이 체결된 경우에도 적용된다(대판 2018다44879).
   ㉡ 주택에 관한 부동산담보신탁계약을 체결하여 임대권한이 없는 위탁자가 수탁자의 동의 없이 임대차계약을 체결한 후 수탁자로부터 소유권을 회복한 때에는 적용될 수 있다(대판 2018다44879).
   ㉢ 임의경매절차의 최고가매수신고인은 적법한 임대권한이 없으므로 적용될 수 없다(대판 2012다93794).

② **법인(예외적 적용)**
   ㉠ 주택도시기금을 재원으로 하여 저소득층 무주택자에게 주거생활 안정을 목적으로 전세임대주택을 지원하는 법인이 주택을 임차한 후 지방자치단체의 장 또는 그 법인이 선정한 입주자가 그 주택을 인도받고 주민등록을 마쳤을 때에는 대항력이 생긴다(제3조 제2항). 한국토지주택공사와 지방공기업법에 따라 주택사업을 목적으로 설립된 지방공사 등이 있다.
   ㉡ 「중소기업기본법」 제2조에 따른 중소기업에 해당하는 법인이 소속 직원의 주거용으로 주택을 임차한 후 그 법인이 선정한 직원이 해당 주택을 인도받고 주민등록을 마쳤을 때에는 대항력이 생긴다. 임대차가 끝나기 전에 그 직원이 변경된 경우에는 그 법인이 선정한 새로운 직원이 주택을 인도받고 주민등록을 마친 다음 날부터 제삼자에 대하여 효력이 생긴다(제3조 제3항).

3 대항력

1. 취득요건

(1) **대항요건**

임대차는 그 등기가 없는 경우에도 임차인이 주택의 인도와 주민등록을 마친 때에는 그 다음 날부터 제3자에 대하여 효력이 생긴다. 이 경우 전입신고를 한 때에 주민등록이 된 것으로 본다(제3조 제1항). '다음 날부터'란 다음 날 오전 영시를 의미한다(대판 99다9981).

(2) **주택의 인도**

임차인이 주택의 점유를 이전받는 것을 말한다. 임차인이 당해 주택에 거주하면서 이를 직접 점유하는 경우뿐만 아니라 타인의 점유를 매개로 하여 이를 간접점유하는 경우에도 인정될 수 있다(대판 2005다64255).

(3) **주민등록**

단순히 형식적으로 주민등록이 되어 있는 것만으로 부족하고 주민등록에 따라 표상되는 점유관계가 임차권을 매개로 하는 점유임을 제3자가 인식할 수 있는 정도는 되어야 한다(대판 2018다44879). 주민등록 신고는 행정청에 도달하기만 하면 신고로서의 효력이 발생하는 것이 아니라 행정청이 수리한 경우에 비로소 신고의 효력이 발생한다(대판 2006다17850).

(4) **존속요건**

대항요건을 유지하기 위해서는 주민등록을 계속 유지하고 있어야 한다.

판례

① 신고서 수정: 정확한 지번과 동, 호수로 주민등록 전입신고서를 작성·제출하였는데 담당 공무원이 착오로 수정을 요구하여, 잘못된 지번으로 수정하고 동, 호수 기재를 삭제한 주민등록 전입신고서를 다시 작성·제출하여 그대로 주민등록이 된 경우에는 유효한 공시방법이 될 수 없다(대판 2006다17850).

② 공무원의 착오기재: 임차인이 전입신고를 올바르게 하였는데 담당공무원의 착오로 주민등록표상에 신거주지 지번이 다소 틀리게 기재된 경우 임대차의 대항력이 생긴다(대판 91다18118).

③ 제3자에 의한 이전: 주민등록이 주택임차인의 의사에 의하지 않고 제3자에 의하여 임의로 이전되었고 그와 같이 주민등록이 잘못 이전된 데 대하여 주택임차인에게 책임을 물을 만한 사유도 없는 경우, 주택임차인이 이미 취득한 대항력은 주민등록의 이전에도 불구하고 그대로 유지된다(대판 2000다37012).

④ 직권말소: 주택임차인의 의사에 의하지 아니하고 주민등록이 직권말소된 경우에는 대항력은 상실되는 것이 원칙이나, 이의절차에 따라 그 말소된 주민등록이 회복되거나 재등록된 경우에는 대항력이 유지된다. 그러나 이의절차에 의하여 회복된 것이 아닌 경우에는 직권말소 후 재등록이 이루어지기 이전에 새로운 이해관계를 맺은 선의의 제3자에 대하여는 대항할 수 없다(대판 2002다20957).

⑤ 지번만 기재: 다세대주택의 동·호수 표시 없이 그 부지 중 일부 지번으로만 주민등록을 한 것은 유효한 공시방법이 아니지만(대판 95다48421), 다가구용 단독주택의 경우 지번만 기재하는 것으로 충분하다(대판 97다47828).

⑥ 다세대로 변경: 다가구용 단독주택의 일부를 임차한 임차인이 대항력을 취득한 이후 다세대 주택으로 변경되었다는 사정만으로 임차인이 이미 취득한 대항력을 상실하게 되는 것은 아니다(대판 2006다70516).

⑦ 등기부 불일치: 등기부상 동·호수 표시인 '다동 103호'와 불일치한 '라동 103'호로 된 주민등록은 유효하다고 할 수 없다(대판 99다4207).

⑧ 가족의 주민등록: 임차인 본인뿐 아니라 그 배우자나 자녀 등 가족의 주민등록을 포함한다(대결 94마2134). 가족이 주민등록을 그대로 둔 채 임차인만 주민등록을 일시 다른 곳으로 옮긴 경우라면 대항력을 상실하지 아니한다(대판 95다30338). 그러나 어떤 이유에서든지 그 가족과 함께 일시적이나마 다른 곳으로 주민등록을 이전하였다면 대항력은 소멸된다(대판 97다43468).

⑨ 전차인의 주민등록: 주택임차인이 직접 점유하여 거주하지 않고 주민등록을 하지 않은 경우라 하더라도 임대인의 승낙을 받은 적법한 전차인이 주택을 인도받아 자신의 주민등록을 마친 때에는 임차인에게 대항력이 생긴다(대판 2005다64255). 그러나 간접점유자인 임차인의 주민등록은 주민등록법 소정의 적법한 주민등록이라고 할 수 없으므로 임차인 자신의 주민등록으로는 대항요건을 갖춘 것이 아니다(대판 2000다55645).

2. 대항력의 발생시기

(1) 소유자가 임차인이 되는 경우

甲이 주택에 관하여 소유권이전등기를 경료하고 주민등록 전입신고까지 마친 다음 처와 함께 거주하다가 乙에게 매도함과 동시에 그로부터 이를 다시 임차하여 계속 거주하기로 약정하고 임차인을 甲의 처로 하는 임대차계약을 체결한 후에야 乙명의의 소유권이전등기가 경료된 경우, 乙명의의 소유권이전등기일 익일부터 임차인으로서 대항력을 갖는다(대판 99다59306).

(2) 임차인이 소유자가 되는 경우

甲이 丙 회사 소유 임대아파트의 임차인인 乙로부터 아파트를 임차하여 전입신고를 마치고 거주하던 중, 乙이 丙 회사로부터 위 아파트를 분양받아 자기 명의로 소유권이전등기를 경료한 후 근저당권을 설정한 사안에서, 甲은 乙 명의의 소유권이전등기가 경료되는 즉시 임차권의 대항력을 취득하였다(대판 2000다58026).

(3) 임대권한이 없는 위탁자가 소유권을 회복한 경우

부동산담보신탁계약을 체결하여 임대할 권한이 없는 위탁자와 임대차계약을 체결하고, 주택을 인도받고 전입신고를 마친 제3자는 그 이후 위탁자가 다시 소유권을 회복하여 소유권이전등기를 마친 즉시 임차권의 대항력을 취득하므로 소유권이전등기와 같은 날 설정된 근저당권자에 대항할 수 있다(대판 2018다44879).

3. 임차주택의 양수인

(1) 의 의

① 매매, 교환, 상속 등으로 인하여 주택을 임대할 권리나 이를 수반하는 권리를 종국적, 확정적으로 이전받게 되는 자를 말한다.

② 주거용 건물의 양수인을 의미하고, 그 대지만 경락받은 자는 해당하지 않는다(대판 98다3276).

③ 양도담보권자는 주택의 사용수익권이 없으므로 양수인에 해당되지 않는다(대판 93다4083).

(2) 임대인 지위 승계

① **승계인**: 임차주택의 양수인이나 그 밖에 임대할 권리를 승계한 자는 임대인의 지위를 승계한 것으로 본다(제3조 제4항). 대항력을 갖춘 임차권이 있는 미등기 건물을 양수하여 사실상 소유자로서의 권리를 행사하고 있는 자는 임대인의 지위를 승계한다(대판 86다카164).

② **종료 후 승계**: 임대차기간이 끝난 경우에도 임차인이 보증금을 반환받을 때까지는 임대차관계가 존속되므로(제4조 제2항), 임차주택의 양수인은 임대인의 지위를 승계한다. 그러나 양수하기 전 연체차임채권은 특별한 사정이 없는 한 승계되지 않는다.

③ **신탁법상 수탁자**: 임대차의 목적이 된 주택을 담보목적으로 신탁법에 따라 신탁한 경우, 대내외적으로 수탁자에게 소유권이 인정되므로 수탁자는 임대인의 지위를 승계한다(대판 2000다70460).

④ **명의수탁자**: 주택의 명의신탁자가 임대차계약을 체결하고 명의수탁자가 명의신탁자로부터 주택을 임대할 권리를 포함하여 주택에 대한 처분권한을 종국적으로 이전받는 경우에 임차인이 주택의 인도와 주민등록을 마친 이상 명의수탁자는 임대인의 지위를 승계한다(대판 98다49753).

⑤ **계약해제로 소유권을 회복한 제3자**: 계약해제로 인하여 소유권을 상실하게 된 임대인으로부터 그 계약이 해제되기 전에 주택을 임차받아 대항요건을 갖춘 임차인은 계약해제로 인하여 권리를 침해받지 않는 제3자에 해당하므로 계약해제로 소유권을 회복한 제3자는 임대인의 지위를 승계한다(대판 2003다12717).

(3) 보증금반환채무

① **양도인의 의무**

원 칙	주택의 임차인이 대항력을 갖춘 이후 임차주택의 소유권이 양도되면 양도인의 임대인으로서의 지위나 보증금반환 채무는 소멸한다.
예 외	임차인이 임대인의 지위승계를 원하지 않는 경우, 임차인이 임차주택의 양도 사실을 안 때로부터 상당한 기간 내에 이의를 제기하면 양도인의 임차인에 대한 보증금 반환채무는 소멸하지 않는다(대판 2001다64615).

② **대항력을 갖춘 임차인이 임차주택을 양수한 경우**: 임차인의 보증금반환채권은 혼동으로 인하여 소멸하게 된다(대판 96다38216).

③ **가압류 후 양수인**: 대항력을 갖춘 임차인의 임대차보증금반환채권이 가압류된 상태에서 임대주택이 양도된 경우, 양수인은 채권가압류의 제3채무자 지위를 승계하고, 이 경우 가압류채권자는 양수인에 대하여만 가압류의 효력을 주장할 수 있다(대판 전합 2011다49523).

4. 제3자와의 관계

(1) **선순위권리자**: 대항요건을 갖춘 임차인도 대항력이 인정되지 않는다.

(2) **후순위권리자**: 대항요건을 갖춘 임차인은 대항할 수 있다. 다만 저당권설정등기 이후에 임차인과의 합의에 의하여 보증금을 증액한 경우 보증금 중 증액부분에 관하여는 경락인에게 대항할 수 없다(대판 90다카11377).

(3) **경매가 실행된 경우**

원 칙	임차권은 그 임차주택의 경락에 따라 소멸한다.
예 외	보증금이 모두 변제되지 아니한, 대항력이 있는 임차권은 그러하지 아니하다(제3조의5).

(4) **후순위 저당권이 실행된 경우**

원 칙	후순위 저당권의 실행으로 주택이 경락된 경우, 선순위 저당권과 후순위 저당권 사이에 대항력을 갖춘 임차인은 경락인에 대하여 그 임차권의 효력을 주장할 수 없다(대판 98다32939).
예 외	낙찰대금지급기일 이전에 선순위 근저당권이 다른 사유로 소멸한 경우에는 임차권의 대항력이 소멸하지 아니한다(대판 2002다70075).

(5) **전세권설정등기도 마친 경우**

① **임차권이 선순위인 경우**: 주택임차인이 대항력을 갖춘 이후 제3자의 근저당권이 설정되고, 임차인이 전세권설정등기를 한 경우, 선순위의 근저당권이 실행되어 전세권설정등기가 말소된다 하더라도 임차권은 존속한다(대판 93다10552).

② **임차권이 후순위인 경우**: 주택에 관하여 최선순위의 전세권설정등기와 주택임대차보호법상 대항력을 갖춘 임차인은 최선순위 전세권자로서 배당요구를 하여 전세권이 매각으로 소멸되었다 하더라도 변제받지 못한 나머지 보증금에 기하여 대항력을 행사할 수 있고, 그 범위 내에서 임차주택의 매수인은 임대인의 지위를 승계한 것으로 보아야 한다(대결 2010마900).

4 우선변제권

(1) 의 의

「민사집행법」에 따른 경매 또는 「국세징수법」에 따른 공매를 할 때에 임차주택의 환가대금에서 후순위권리자나 그 밖의 채권자보다 우선하여 보증금을 변제받을 권리를 말한다(제3조의2 제2항).

(2) 성립요건

① **취득요건**: 주택의 인도와 주민등록이라는 대항요건을 갖추고, 임대차계약서상에 확정일자를 받으면 그 날에 즉시 우선변제권을 취득한다.

> **보충**
> ㉠ 확정일자: 임대인과 임차인이 담합하여 보증금의 액수를 사후에 변경하는 것을 방지하기 위하여 확정일자부여기관이 임대차계약서에 확정일자인을 부여하여 그 일자에 문서의 존재를 증명하는 일자를 말한다.
> ㉡ 확정일자부여기관: 주택 소재지의 읍·면사무소, 동 주민센터 또는 시(특별시·광역시·특별자치시는 제외하고, 특별자치도는 포함한다)·군·구(자치구를 말한다)의 출장소, 지방법원 및 그 지원과 등기소 또는 「공증인법」에 따른 공증인이다(제3조의6 제1항).

② **존속요건**: 공시방법이 없는 주택임대차에 있어서 주택의 인도와 주민등록이라는 우선변제의 요건은 그 우선변제권 취득시에만 구비하면 족한 것이 아니고, 민사집행법상 배당요구의 종기까지 계속 존속하고 있어야 한다(대판 2007다17475).

③ **기재누락**: 임대차의 존재 사실을 제3자에게 공시하고자 하는 것은 아니므로 확정일자를 받은 임대차계약서가 당시자 사이에 체결된 당해 임대차계약에 관한 것으로서 진정하게 작성된 이상, 임차 목적물의 아파트의 명칭과 그 전유 부분의 동·호수의 기재를 누락하였다는 사유만으로 확정일자의 요건을 갖추지 못하였다고 볼 수는 없다(대판 99다7992).

④ **등기필증 접수인**: 대항력을 갖춘 임차인이 전세권설정등기를 마친 경우, 전세권설정계약서가 첨부된 등기필증에 찍힌 접수인이 주택임대차보호법 소정의 확정일자에 해당한다(대판 2001다51725).

⑤ **발생시기**
㉠ 대항요건과 확정일자를 같은 날에 갖춘 경우: 그 다음날 오전 0시에 발생한다(대판 98다46938).
㉡ 대항요건을 갖춘 이후 확정일자를 받은 경우: 확정일자를 받은 날에 발생한다(대판 92다30591).

ⓒ 보증금의 일부만 지급한 경우: 특별한 사정이 없는 한 대항요건과 확정일자를 갖춘 때 우선변제권이 발생한다(대판 2017다212194).
㉣ 선순위 가압류가 있는 경우: 우선변제권이 있는 임차인은 부동산 담보권에 유사한 권리를 인정한다는 취지이므로 우선변제권을 갖게 되는 임차보증금채권자도 선순위의 가압류채권자와는 평등배당의 관계에 있게 된다(대판 92다30597).

(3) 정보제공의 요청

① **이해관계인**: 주택의 임대차에 이해관계가 있는 자는 확정일자부여기관에 해당 주택의 확정일자 부여일, 차임 및 보증금 등 정보의 제공을 요청할 수 있다. 이 경우 요청을 받은 확정일자부여기관은 정당한 사유 없이 이를 거부할 수 없다(제3조의6 제3항).

② **임차인**: 임대차계약을 체결하려는 자는 임대인의 동의를 받아 확정일자부여기관에 해당 주택의 확정일자 부여일, 차임 및 보증금 등 정보제공을 요청할 수 있다(제3조의6 제4항).

③ **임대인**: 임대차계약을 체결할 때 임대인은 확정일자 부여일, 차임 및 보증금 등 정보 등을 임차인에게 제시하여야 한다(제3조의7). 다만, 임대인이 임대차계약을 체결하기 전에 동의함으로써 이를 갈음할 수 있다.

(4) 효 과

① **대상**: 우선변제권이 인정되는 주택임차인은 임차주택과 그 대지가 함께 경매될 경우뿐만 아니라 그 대지만 경매되는 경우에도 그 대지의 환가대금에 대하여 우선변제권을 행사할 수 있다. 다만 저당권 설정 당시 건물이 존재하는 경우에 적용되는 것이고, 저당권 설정 후 지상에 건물이 신축된 경우에까지는 적용되지 않는다(대판 99다25532).

② **배당요구**

원 칙	우선변제권이 인정되는 임차인이라 하더라도 배당요구의 종기까지 배당요구를 하지 않으면 배당받을 수 없다. 따라서 후순위권리자에게 배당되었다고 하더라도 부당이득이 아니므로 그 반환을 청구할 수 없다(대판 2001다70702).
예 외	㉠ 집행권원을 얻어 스스로 강제경매를 신청하는 경우: 특별한 사정이 없는 한 배당요구를 하지 않아도 우선하여 배당받을 수 있다(대판 2013다27831). ㉡ 임차권등기명령에 의한 임차권등기가 첫 경매개시결정등기 전에 등기된 경우: 별도로 배당요구를 하지 않아도 당연히 배당받을 수 있다(대판 2005다33039).

③ **기간만료 전 경매**: 임대차계약을 해지함으로써 종료시키고 우선변제를 청구할 수 있다. 그 경우 해지통고 즉시 그 효력이 생긴다(대판 94다37646). 대항력을 갖춘 임차인이 기간 종료 전에 경매법원에 배당요구를 하는 것은 특별한 사정이 없는 한 임대차해지의 의사표시로 볼 수 있다(대판 94다37646).

④ **집행개시요건의 특례**: 임차인이 임차주택에 대하여 보증금반환청구소송의 확정판결이나 그밖에 이에 준하는 집행권원에 따라서 경매를 신청하는 경우에는 집행개시요건에 관한「민사집행법」규정에도 불구하고 반대의무의 이행이나 이행의 제공을 집행개시의 요건으로 하지 아니한다(제3조의2 제1항).

⑤ **동시이행관계**: 임차인은 임차주택을 양수인에게 인도하지 아니하면 보증금을 받을 수 없다(제3조의2 제3항).

⑥ **우선변제권 선택**: 대항력과 우선변제권을 모두 가지고 있는 임차인이 우선변제권을 선택하여 제1경매절차에서 보증금 전액에 대하여 배당요구를 하였으나 보증금 전액을 배당받을 수 없었던 때에는 경락인에게 대항하여 이를 반환받을 때까지 임대차관계의 존속을 주장할 수 있으나, 우선변제권은 소멸한다(대판 2005다21166).

⑦ **우선변제권의 승계**
  ㉠ 금융기관이 아닌 경우: 우선변제권을 가진 임차인으로부터 임차권과 분리하여 임차보증금반환채권만을 양수한 채권양수인은 우선변제권을 행사할 수 없다. 그러나 채권양수인이 일반 금전채권자로서의 요건을 갖추어 배당요구를 할 수 있다(대판 2010다10276).
  ㉡ 금융기관인 경우: 우선변제권을 취득한 임차인의 보증금반환채권을 계약으로 양수한 경우에는 양수한 금액의 범위에서 우선변제권을 승계한다(제3조의2 제7항). 다만 임차인이 대항요건을 상실하거나 임차권등기가 말소된 경우에는 행사할 수 없다.
  ㉢ 해지권: 금융기관 등은 우선변제권을 행사하기 위하여 임차인을 대리하거나 대위하여 임대차를 해지할 수 없다(제3조의2 제9항).

⑧ **전세권설정등기를 마친 주택임차인**
  ㉠ 임차권의 대항요건 상실: 주택임차인의 우선변제권과 전세권자의 우선변제권은 근거 규정 및 성립요건이 서로 다른 것이므로 주택임차인이 주택임대차보호법상의 대항요건을 상실하면 이미 취득한 주택임대차보호법상의 대항력 및 우선변제권을 상실한다(대판 2004다69741).
  ㉡ 임차인으로서 배당요구: 배당요구를 하지 아니한 전세권에 관하여는 배당요구가 있는 것으로 볼 수 없다(대판 2009다40790).
  ㉢ 전세권자로서 우선변제: 대항력을 갖춘 임차인은 전세권자로서 배당절차에 참가하여 전세금의 일부에 대하여 우선변제를 받은 경우에도 나머지 보증금에 기해 대항력을 행사할 수 있다(대판 93다39676).

5 최우선변제권

1. 의 의

임차인이 보증금 중 일정액을 다른 담보물권자보다 우선하여 변제받을 권리를 말한다(제8조 제1항).

2. 성립요건

최우선변제를 받기 위해서는 주택에 대한 경매신청의 등기 전에 주택의 인도와 주민등록을 마쳐야 한다. 확정일자는 필요 없다.

3. 임차인과 보증금의 범위

최우선변제를 받을 임차인 및 보증금 중 일정액의 범위와 기준은 주택임대차위원회의 심의를 거쳐 대통령령으로 정한다. 다만, 보증금 중 일정액의 범위와 기준은 주택가액(대지의 가액을 포함한다)의 2분의 1을 넘지 못한다(제8조 제3항).

보충 주택임대차보호법 시행령(제10조, 제11조)

구 분	소액임차인	소액보증금
서울특별시	1억6천500만원 이하	5천500만원 이하
「수도권정비계획법」에 따른 과밀억제권역(서울특별시는 제외한다), 세종특별자치시, 용인시, 화성시 및 김포시	1억4천500만원 이하	4천800만원 이하
광역시(「수도권정비계획법」에 따른 과밀억제권역에 포함된 지역과 군지역은 제외한다), 안산시, 광주시, 파주시, 이천시 및 평택시	8천500만원 이하	2천800만원 이하
그 밖의 지역	7천500만원 이하	2천500만원 이하

4. 복수의 임차인이 있는 경우

(1) 가정공동생활을 하지 않는 경우

하나의 주택에 임차인이 2명 이상이고, 그 각 보증금 중 일정액을 모두 합한 금액이 주택가액의 2분의 1을 초과하는 경우에는 그 각 보증금 중 일정액을 모두 합한 금액에 대한 각 임차인의 보증금 중 일정액의 비율로 그 주택가액의 2분의 1에 해당하는 금액을 분할한 금액을 각 임차인의 보증금 중 일정액으로 본다(시행령 제10조 제3항).

(2) 가정공동생활을 하는 경우

하나의 주택에 임차인이 2명 이상이고 이들이 그 주택에서 가정공동생활을 하는 경우에는 이들을 1명의 임차인으로 보아 이들의 각 보증금을 합산한다(시행령 제10조 제4항).

5. 적용범위

(1) 인정되는 경우

① **용도변경**: 점포 및 사무실로 사용되던 건물에 근저당권이 설정된 후 그 건물이 주거용 건물로 용도 변경되어 이를 임차한 소액임차인도 특별한 사정이 없는 한 최우선변제권이 인정된다(대판 2009다26879).

② **보증금 감액**: 임대차계약을 체결할 당시에는 소액임차인에 해당하지 않았지만 그 후 새로운 임대차계약에 의하여 정당하게 보증금을 감액하여 소액임차인에 해당하게 되었다면, 그 임대차계약이 통정허위표시에 의한 계약이어서 무효라는 등의 특별한 사정이 없는 한 소액임차인으로 보호받을 수 있다(대판 2007다23203).

③ **대지만 경매**: 대항요건을 갖춘 소액임차인은 임차주택과 그 대지가 함께 경매될 경우뿐만 아니라 임차주택과 별도로 그 대지만이 경매될 경우에도 그 대지의 환가대금에 대하여 우선변제권을 행사할 수 있다(대판 전합 2004다26133).

④ **대지만 양도**: 우선변제권은 이른바 법정담보물권의 성격을 갖는 것으로서 임대차 성립시의 임차 목적물인 임차주택 및 대지의 가액을 기초로 임차인을 보호하고자 인정되는 것이므로, 임대차 성립 당시 임대인의 소유였던 대지가 타인에게 양도되어 임차주택과 대지의 소유자가 서로 달라지게 된 경우에도 우선변제권을 행사할 수 있다(대판 전합 2004다26133).

⑤ **함께 경매**: 주택임차인이 대지와 건물 모두로부터 배당을 받는 경우에는 공동저당 중 동시배당 규정을 유추적용하여 대지와 건물의 경매대가에 비례하여 그 채권의 분담을 정하여야 한다(대판 2001다66291).

⑥ **미등기 주택인 경우**: 임차주택이 미등기인 경우에도 소액임차인의 임차주택 대지에 대한 우선변제권은 인정될 수 있다. 다만 대지에 대한 경매신청의 등기 전에 대항요건을 갖추어야 인정된다(대판 2004다26133).

(2) 부정되는 경우

① **채권회수 목적**: 채권자가 채무자 소유의 주택에 관하여 채무자와 임대차계약을 체결하고 전입신고를 마친 다음 그곳에 거주하였다고 하더라도 실제 임대차계약의 주된 목적이 주택을 사용수익하려는 것에 있는 것이 아니고, 실제적으로는 소액임차인으로 보호받아 선순위 담보권자에 우선하여 채권을 회수하려는 것에 주된 목적이 있었던 경우에는 그러한 임차인을 주택임대차보호법상 소액임차인으로 보호할 수 없다(대판 2001다14733).

② **나대지 신축**: 저당권 설정 후에 비로소 건물이 신축된 경우, 소액임차인은 대지의 환가대금에 대하여 우선변제를 받을 수 없다(대판 99다25532).

③ **임차권등기명령에 따른 임차권 등기 이후**: 임차권등기명령의 집행에 따른 임차권등기가 끝난 주택을 그 이후에 임차한 임차인은 최우선변제를 받을 권리가 없다(제3조의3 제6항).

6 임차권등기명령

(1) 의 의

임대차가 끝난 후 임대인이 보증금을 반환하지 않는 경우, 임차인이 임차주택의 소재지를 관할하는 지방법원·지방법원지원 또는 시·군 법원에 임차권등기명령을 신청할 수 있는 제도를 말한다(제3조의3 제1항). 금융기관등은 임차인을 대위하여 임차권등기명령을 신청할 수 있다(제3조의3 제9항).

(2) 효 과

① **대항력 등 취득**: 임차인은 임차권등기명령의 집행에 따른 임차권등기를 마치면 대항력과 우선변제권을 취득한다(제3조의3 제5항).

② **대항력 등 유지**: 임차인이 임차권등기 이전에 이미 대항력이나 우선변제권을 취득한 경우에는 그 대항력이나 우선변제권은 그대로 유지되며, 임차권등기 이후에는 대항요건을 상실하더라도 이미 취득한 대항력이나 우선변제권을 상실하지 아니한다(제3조의3 제5항).

③ **제한**: 임차권등기명령의 집행에 따른 임차권등기가 끝난 주택(임대차의 목적이 주택의 일부분인 경우에는 해당 부분으로 한정한다)을 그 이후에 임차한 임차인은 소액보증금의 최우선변제를 받을 권리가 없다(제3조의3 제6항).

④ **비용청구**: 임차인은 임차권등기명령의 신청과 그에 따른 임차권등기와 관련하여 든 비용을 임대인에게 청구할 수 있다(제3조의3 제8항).

⑤ **선이행의무**: 임차권등기는 임차인으로 하여금 기왕의 대항력이나 우선변제권을 유지하도록 해 주는 담보적 기능만을 주목적으로 하는 점 등에 비추어 볼 때 임대인의 임대차보증금의 반환의무가 임차인의 임차권등기 말소의무보다 먼저 이행되어야 할 의무이다(대판 2005다4529).

⑥ **배당요구 면제**: 임차권등기명령에 의하여 임차권등기를 한 임차인은 "저당권·전세권, 그 밖의 우선변제청구권으로서 첫 경매개시결정 등기 전에 등기되었고 매각으로 소멸하는 것을 가진 채권자"에 준하여 배당요구를 하지 않아도 배당을 받을 수 있는 채권자에 속한다(대판 2005다33039).

⑦ **불복**: 임차권등기명령의 신청을 기각하는 결정에 대하여 임차인은 항고할 수 있다(제3조의3 제4항).

7 존속기간

1. 최단존속기간

(1) **제 한**

기간을 정하지 아니하거나 2년 미만으로 정한 임대차는 그 기간을 2년으로 본다. 다만, 임차인은 2년 미만으로 정한 기간이 유효함을 주장할 수 있다(제4조 제1항).

(2) **존 속**

임대차기간이 끝난 경우에도 임차인이 보증금을 반환받을 때까지는 임대차관계가 존속되는 것으로 본다(제4조 제2항).

2. 법정갱신(묵시적 갱신)

(1) **요 건**

① **임대인**: 임대차기간이 끝나기 6개월 전부터 2개월 전까지의 기간에 임차인에게 갱신거절의 통지를 하지 아니하거나 계약조건을 변경하지 아니하면 갱신하지 아니한다는 뜻의 통지를 하지 아니한 경우에는 그 기간이 끝난 때에 전 임대차와 동일한 조건으로 다시 임대차한 것으로 본다(제6조 제1항).

② **임차인**: 임대차기간이 끝나기 2개월 전까지 통지하지 아니한 경우에도 같다(제6조 제1항).

(2) **제 한**

2기의 차임액에 달하도록 연체하거나 그 밖에 임차인으로서의 의무를 현저히 위반한 임차인에 대하여는 적용하지 아니한다(제6조 제3항).

(3) 존속기간

법정갱신된 임대차의 존속기간은 2년으로 본다(제6조 제2항). 그러나 임차인은 언제든지 임대인에게 계약해지를 통지할 수 있다(제6조의2 제1항). 다만 임대인이 그 통지를 받은 날부터 3개월이 지나면 그 효력이 발생한다(제6조의2 제2항).

3. 계약갱신요구권

(1) 의 의

임대인은 임차인이 임대차기간이 끝나기 6개월 전부터 2개월 전까지의 기간 이내에 계약 갱신을 요구할 경우 정당한 사유 없이 거절하지 못한다(제6조의3 제1항).

(2) 갱신거절사유(제6조의3 제1항)

① 임차인이 2기의 차임액에 해당하는 금액에 이르도록 차임을 연체한 사실이 있는 경우
② 임차인이 거짓이나 그 밖의 부정한 방법으로 임차한 경우
③ 서로 합의하여 임대인이 임차인에게 상당한 보상을 제공한 경우
④ 임차인이 임대인의 동의 없이 목적 주택의 전부 또는 일부를 전대(轉貸)한 경우
⑤ 임차인이 임차한 주택의 전부 또는 일부를 고의나 중대한 과실로 파손한 경우
⑥ 임차한 주택의 전부 또는 일부가 멸실되어 임대차의 목적을 달성하지 못할 경우
⑦ 임대인이 다음 중 어느 하나에 해당하는 사유로 목적 주택의 전부 또는 대부분을 철거하거나 재건축하기 위하여 목적 주택의 점유를 회복할 필요가 있는 경우

> ㉠ 임대차계약 체결 당시 공사시기 및 소요기간 등을 포함한 철거 또는 재건축 계획을 임차인에게 구체적으로 고지하고 그 계획에 따르는 경우
> ㉡ 건물이 노후·훼손 또는 일부 멸실되는 등 안전사고의 우려가 있는 경우
> ㉢ 다른 법령에 따라 철거 또는 재건축이 이루어지는 경우

⑧ 임대인(임대인의 직계존속·직계비속을 포함한다)이 목적 주택에 실제 거주하려는 경우

갱신요구기간 내 임차주택 양수인의 갱신거절

임차인이 주택임대차보호법 제6조의3 제1항 본문에 따라 계약갱신을 요구하였더라도 임대인이나 같은 법 제3조 제4항에 따라 임대인의 지위를 승계한 임차주택의 양수인이 같은 법 제6조 제1항 전단에서 정한 기간 내에 제6조의3 제1항 단서 제8호에 따라 주택에 실제 거주하려고 한다는 사유를 들어 임차인의 계약갱신 요구를 거절할 수 있다(대판 2021다266631).

⑨ 그밖에 임차인이 임차인으로서의 의무를 현저히 위반하거나 임대차를 계속하기 어려운 중대한 사유가 있는 경우

(3) 효 과

① **제한**: 임차인은 계약갱신요구권을 1회에 한하여 행사할 수 있다. 이 경우 갱신되는 임대차의 존속기간은 2년으로 본다(제6조의3 제2항).

② **차임**: 갱신되는 임대차는 전 임대차와 동일한 조건으로 다시 계약된 것으로 본다. 다만, 차임과 보증금은 20분의 1의 범위에서 증감할 수 있다(제6조의3 제3항).

③ **해지**: 갱신되는 임대차의 해지에 관하여는 법정갱신의 해지규정을 준용하므로 임차인은 언제든지 임대인에게 계약해지를 통지할 수 있다. 다만 임대인이 그 통지를 받은 날부터 3개월이 지나면 그 효력이 발생한다(제6조의3 제4항, 제6조의2).

> **판례**
>
> **갱신요구에 따른 갱신의 효력**
> 임차인이 주택임대차보호법 제6조의3 제1항에 따라 임대차계약의 갱신을 요구하면 임대인에게 갱신거절 사유가 존재하지 않는 한 임대인에게 갱신요구가 도달한 때 갱신의 효력이 발생한다. 갱신요구에 따라 임대차계약에 갱신의 효력이 발생한 경우 임차인은 제6조의2 제1항에 따라 언제든지 계약의 해지통지를 할 수 있고, 해지통지 후 3개월이 지나면 그 효력이 발생하며, 이는 계약해지의 통지가 갱신된 임대차계약 기간이 개시되기 전에 임대인에게 도달하였더라도 마찬가지이다(대판 2023다258672).

(4) 손해배상청구권

① **요건**: 임대인(임대인의 직계존속·직계비속을 포함한다)이 목적 주택에 실제 거주하기 위하여 갱신을 거절하였음에도 불구하고 갱신요구가 거절되지 아니하였더라면 갱신되었을 기간이 만료되기 전에 정당한 사유 없이 제3자에게 목적 주택을 임대한 경우 임대인은 갱신거절로 인하여 임차인이 입은 손해를 배상하여야 한다(제6조의3 제5항).

② **배상액**: 손해배상액은 거절 당시 당사자 간에 손해배상액의 예정에 관한 합의가 이루어지지 않는 한 다음 금액 중 큰 금액으로 한다(제6조의3 제6항).

> 1. 갱신거절 당시 월차임(차임 외에 보증금이 있는 경우에는 그 보증금을 제7조의2 각 호 중 낮은 비율에 따라 월 단위의 차임으로 전환한 금액을 포함한다. 이하 "환산월차임"이라 한다)의 3개월분에 해당하는 금액
> 2. 임대인이 제3자에게 임대하여 얻은 환산월차임과 갱신거절 당시 환산월차임 간 차액의 2년분에 해당하는 금액
> 3. 임대인이 실제거주하기 위한 갱신거절로 인하여 임차인이 입은 손해액

> **보충** **환산월차임**(제7조의2, 시행령 제9조)
>
> 보증금의 전부 또는 일부를 월 단위의 차임으로 전환하는 경우에는 그 전환되는 금액에 다음 각 호 중 낮은 비율을 곱한 월차임의 범위를 초과할 수 없다.
> 1. 「은행법」에 따른 은행에서 적용하는 대출금리와 해당 지역의 경제 여건 등을 고려하여 대통령령으로 정하는 비율: 연 1할
> 2. 한국은행에서 공시한 기준금리에 대통령령으로 정하는 이율을 더한 비율: 기준금리 + 2.0

8 기 타

(1) 차임 등 증감청구권

① **의의**: 당사자는 약정한 차임이나 보증금이 임차주택에 관한 조세, 공과금, 그 밖의 부담의 증감이나 경제사정의 변동으로 인하여 적절하지 아니하게 된 때에는 장래에 대하여 그 증감을 청구할 수 있다.

② **증액청구의 제한**
  ㉠ 기간: 임대차계약 또는 약정한 차임이나 보증금의 증액이 있은 후 1년 이내에는 하지 못한다(제7조 제1항).
  ㉡ 차임 등: 약정한 차임이나 보증금의 20분의 1의 금액을 초과하지 못한다. 다만, 특별시·광역시·특별자치시·도 및 특별자치도는 관할 구역 내의 지역별 임대차 시장 여건 등을 고려하여 본문의 범위에서 증액청구의 상한을 조례로 달리 정할 수 있다(제7조 제1항).

(2) 임차권의 승계

① **상속인이 있는 경우**
  ㉠ 상속인이 공동생활을 하는 경우: 상속인이 임차권을 승계하고, 사실상 혼인관계에 있는 자는 승계할 수 없다.
  ㉡ 상속인이 공동생활을 하지 않는 경우: 그 주택에서 가정공동생활을 하던 사실상의 혼인 관계에 있는 자와 2촌 이내의 친족이 공동으로 임차인의 권리와 의무를 승계한다(제9조 제2항).

② **상속인이 없는 경우**: 그 주택에서 가정공동생활을 하던 사실상의 혼인 관계에 있는 자가 임차인의 권리와 의무를 승계한다(제9조 제1항).

③ **승계거부**: 사실상의 혼인 관계에 있는 자가 단독으로 승계하거나 2촌 이내의 친족과 공동으로 승계한 경우에, 임차인이 사망한 후 1개월 이내에 임대인에게 반대의사를 표시한 경우에는 승계하지 않는다(제9조 제3항).

④ **효과**: 임대차 관계에서 생긴 채권·채무는 임차인의 권리의무를 승계한 자에게 귀속된다(제9조 제4항).

Chapter 02 상가건물 임대차보호법

1 서 설

(1) 입법목적

「상가건물 임대차보호법」은 상가건물 임대차에 관하여 「민법」에 대한 특례를 규정하여 국민 경제생활의 안정을 보장함을 목적으로 한다(제1조).

(2) 법적 성질

① 편면적 강행규정, ② 소액심판법 적용은 「주택임대차보호법」과 같다.

보충 주택임대차보호법과 비교

구 분		주임법	상임법
법적용 보증금 제한		×	○(서울 기준 9억원 이하)
법 인		예외적 적용	적용
대항요건		인도 + 주민등록	인도 + 사업자등록
확정일자부여기관		동주민센터, 읍·면사무소 등	관할 세무서장
임대인 정보제공의무		○	×
최우선변제(서울기준)		1억6천5백만원/5천5백만원	6천5백만원/2천2백만원
최단존속기간		2년(임차인은 미만 주장 가능)	1년(임차인은 미만 주장 가능)
법정갱신 만료일	임대인	종료 2개월 전	종료 1개월 전
	임차인	종료 2개월 전	×
법정갱신 후 기간		2년(임차인은 언제든지 해지)	1년(임차인은 언제든지 해지)
갱신요구의 제한		1회 한정	최초기간 포함 전체 10년 초과금지
증액청구 제한		20분의 1 이하	100분의 5 이하
연체 해지		2기	3기
특유한 배상사유		실거주 위반	권리금 회수기회 방해
배상금액		일정 금액 중 큰 금액	일정 금액 중 낮은 금액
환산월차임		연 10% or 기준금리 + 2.0	연 12% or 기준금리 × 4.5
임차권의 승계		○	×

2 적용범위

(1) 상가건물

① 사업자등록의 대상이 되는 건물의 임대차에 대하여 적용한다. 임대차 목적물의 주된 부분을 영업용으로 사용하는 경우를 포함한다(제2조 제1항).

② 임차인이 상가건물의 일부를 임차하여 도금작업을 하면서 임차부분에 인접한 컨테이너 박스에서 도금작업의 주문을 받고 제품을 인도하여 수수료를 받는 등 영업활동을 해 온 경우에는 상가건물 임대차보호법이 적용되는 상가건물에 해당한다(대판 2009다40967).

(2) 법 인

주택임대차와 달리 상가건물을 임차한 법인에 대해서도 적용된다. 미등기 전세에 대해서도 적용되고, 일시사용을 위한 임대차인 것이 명백한 경우에는 적용되지 않는 점은 주택과 같다.

(3) 보증금액

상가건물임대차위원회의 심의를 거쳐 대통령령으로 정하는 보증금액을 초과하는 임대차에 대하여는 적용되지 않는다(제2조 제1항). 여기서 보증금액은 환산보증금이다.

보충 상가건물 임대차보호법 시행령 제2조 제1항

구 분	보증금액
서울특별시	9억원 이하
「수도권정비계획법」에 따른 과밀억제권역(서울특별시는 제외한다) 및 부산광역시	6억9천만원 이하
광역시(「수도권정비계획법」에 따른 과밀억제권역에 포함된 지역과 군지역, 부산광역시는 제외한다), 세종특별자치시, 파주시, 화성시, 안산시, 용인시, 김포시 및 광주시	5억4천만원 이하
그 밖의 지역	3억7천만원 이하

보충 환산보증금[환산보증금 = 보증금 + (월차임 × 100)]

보증금액을 정할 때에는 해당 지역의 경제 여건 및 임대차 목적물의 규모 등을 고려하여 지역별로 구분하여 규정하되, 보증금 외에 차임이 있는 경우에는 그 차임액에 「은행법」에 따른 은행의 대출금리 등을 고려하여 대통령령으로 정하는 비율을 곱하여 환산한 금액을 포함하여야 한다(제2조 제1항). 보증금 외에 차임이 있는 경우의 차임액은 월 단위의 차임액으로 하고(시행령 제2조 제2항), 대통령령으로 정하는 비율은 1분의 100을 말한다(시행령 제2조 제3항).

(4) 환산보증금액을 초과하는 경우에도 적용되는 경우

① 대항력, ② 계약갱신요구권, ③ 3기 연체로 인한 계약해지, ④ 권리금 보호에 관한 규정 ⑤ 「감염병의 예방 및 관리에 관한 법률」상 제한 등으로 폐업한 경우의 계약해지권, ⑥ 표준계약서의 작성 등은 환산보증금을 초과하는 경우에도 적용된다(제2조 제3항).

> **판례**
>
> **기간을 정하지 않은 경우**
> 상가건물 임대차보호법(이하 '상가임대차법'이라고 한다)에서 기간을 정하지 않은 임대차는 그 기간을 1년으로 간주하지만(제9조 제1항), 대통령령으로 정한 보증금액을 초과하는 임대차는 위 규정이 적용되지 않으므로(제2조 제1항 단서), 원래의 상태 그대로 기간을 정하지 않은 것이 되어 민법의 적용을 받는다. 민법 제635조 제1항, 제2항 제1호에 따라 이러한 임대차는 임대인이 언제든지 해지를 통고할 수 있고 임차인이 통고를 받은 날로부터 6개월이 지남으로써 효력이 생기므로, 임대차기간이 정해져 있음을 전제로 기간 만료 6개월 전부터 1개월 전까지 사이에 행사하도록 규정된 임차인의 계약갱신요구권(상가임대차법 제10조 제1항)은 발생할 여지가 없다 (대판 2021다233730).

3 대항력

(1) 대항요건

① 임대차는 그 등기가 없는 경우에도 임차인이 건물의 인도와 「부가가치세법」 제8조, 「소득세법」 제168조 또는 「법인세법」 제111조에 따른 사업자등록을 신청하면 그 다음 날부터 제3자에 대하여 효력이 생긴다(제3조 제1항).

② 사업자 등록신청시에 첨부한 임대차계약서상의 임대차목적물 소재지와 당해 상가건물에 대한 등기부상의 표시가 일치하여야 한다(대판 2008다44238).

(2) 존속요건

사업자 등록은 대항력의 취득요건이면서 존속요건이므로 대항력을 갖춘 상가건물의 임차인이 폐업신고를 한 후에 다시 같은 상호 및 등록번호로 사업자등록을 하더라도 종전의 대항력은 존속하지 않는다(대판 2006다56299).

(3) 효 력

① 임차건물 양수인의 임대인 지위 승계, 선순위 권리자에 대항할 수 없음, 경매 실행으로 임차건물이 매각되면 소멸 등은 「주택임대차보호법」과 동일하다.

> **판례**
>
> ㉠ 가등기: 소유권이전등기청구권을 보전하기 위하여 <u>가등기가 경료된</u> 후 비로소 상가건물 임대차보호법 소정의 <u>대항력을 취득한</u> 상가건물의 임차인으로서는 그 가등기에 기하여 <u>본등기를 경료한 자</u>에 대하여 임대차의 효력으로써 대항할 수 없다(대판 2007다25599).
> ㉡ 전대: 상가건물을 임차하고 사업자등록을 마친 사업자가 임차 건물의 <u>전대차 등으로 당해 사업을 개시하지 않거나 사실상 폐업한 경우</u>에는 대항력이 발생할 수 있는 적법한 사업자등록이라고 볼 수 없으므로 <u>임차인이 대항력 및 우선변제권을 유지하기 위해서는</u> 건물을 직접 점유하면서 사업을 운영하는 <u>전차인이 그 명의로 사업자등록을 하여야 한다</u> (대판 2005다64002).

② 임대차의 목적이 된 건물이 매매 또는 경매의 목적물이 된 경우에는 제한물권으로 인한 매도인의 담보책임과 경매로 인한 매도인의 담보책임(제3조 제3항), 동시이행의 항변권(제3조 제4항)에 대한 민법규정을 준용한다.

4 우선변제권

(1) 의 의

「민사집행법」에 따른 경매 또는 「국세징수법」에 따른 공매 시 임차건물(임대인 소유의 대지를 포함한다)의 환가대금에서 후순위권리자나 그 밖의 채권자보다 우선하여 보증금을 변제받을 권리가 있다(제5조 제2항).

(2) 성립요건

대항요건을 갖추고 관할세무서장으로부터 확정일자를 받아야 한다. 사업자등록은 대항력 또는 우선변제권의 취득요건일 뿐만 아니라 존속요건이기도 하므로 배당요구의 종기까지 존속하고 있어야 한다(대판 2005다64002).

(3) 효 과

① 집행개시요건의 특례, 임차건물 인도와 보증금의 동시이행관계, 임차권등기명령, 금융기관 등의 우선변제권 승계 등은 「주택임대차보호법」과 동일하다.
② 임대인의 정보제공 제시의무가 없다는 점을 제외하면 「주택임대차보호법」과 동일하다.

5 소액보증금의 최우선변제권

(1) 요 건

상가건물에 대한 경매신청의 등기 전에 대항력을 갖춘 임차인은 보증금 중 일정액을 다른 담보물권자보다 우선하여 변제받을 권리가 있다(제14조 제1항).

(2) **적용범위**

우선변제를 받을 임차인 및 보증금 중 일정액의 범위와 기준은 임대건물가액(임대인 소유의 대지가액을 포함한다)의 2분의 1 범위에서 해당 지역의 경제 여건, 보증금 및 차임 등을 고려하여 상가건물임대차위원회의 심의를 거쳐 대통령령으로 정한다(제14조 제1항).

보충 상가건물 임대차보호법 시행령 제6조

구 분	소액임차인	소액보증금
서울특별시	6천500만원 이하	2천200만원 이하
「수도권정비계획법」에 따른 과밀억제권역 (서울특별시는 제외한다)	5천500만원 이하	1천900만원 이하
광역시(「수도권정비계획법」에 따른 과밀억제권역에 포함된 지역과 군지역은 제외한다), 안산시, 용인시, 김포시 및 광주시	3천8백만원 이하	1천300만원 이하
그 밖의 지역	3천만원 이하	1천만원 이하

(3) **복수의 임차인이 있는 경우**

하나의 상가건물에 임차인이 2인 이상이고, 그 각 보증금중 일정액의 합산액이 상가건물의 가액의 2분의 1을 초과하는 경우에는 그 각 보증금중 일정액의 합산액에 대한 각 임차인의 보증금중 일정액의 비율로 그 상가건물의 가액의 2분의 1에 해당하는 금액을 분할한 금액을 각 임차인의 보증금중 일정액으로 본다(시행령 제7조 제3항).

6 존속기간

(1) **최단존속기간**

① **기간**: 기간을 정하지 아니하거나 기간을 1년 미만으로 정한 임대차는 그 기간을 1년으로 본다. 다만, 임차인은 1년 미만으로 정한 기간이 유효함을 주장할 수 있다(제9조 제1항).

② **존속**: 임대차가 종료한 경우에도 임차인이 보증금을 돌려받을 때까지는 임대차 관계는 존속하는 것으로 본다(제9조 제2항). 따라서 계속 점유하더라도 종전 임대차계약에서 정한 차임을 지급할 의무를 부담할 뿐이고, 시가에 따른 차임에 상응하는 부당이득금을 지급할 의무를 부담하는 것은 아니다(대판 2023다257600).

(2) **법정갱신**(묵시적 갱신)
  ① **요 건**
   ㉠ 임대인: 임대인이 임대차기간이 끝나기 6개월 전부터 1개월 전까지 임차인에게 갱신 거절의 통지 또는 조건 변경의 통지를 하지 아니한 경우에는 그 기간이 만료된 때에 전 임대차와 동일한 조건으로 다시 임대차한 것으로 본다. 다만 임대차의 존속기간은 1년으로 본다(제10조 제4항).
   ㉡ 임차인: 「주택임대차보호법」과 달리 임차인의 갱신거절의 통지에 대한 제한기간은 명시되어 있지 않으므로 「민법」에 따라 판단한다. 상가의 임차인이 임대차기간 만료 1개월 전부터 만료일 사이에 갱신거절의 통지를 한 경우 해당 임대차계약은 묵시적 갱신이 인정되지 않고 임대차기간의 만료일에 종료한다(대판 2023다307024).
  ② **해지통고**: 임대차 계약이 묵시적으로 갱신된 경우, 임차인은 언제든지 임대인에게 계약해지의 통고를 할 수 있고, 임대인이 통고를 받은 날부터 3개월이 지나면 효력이 발생한다(제10조 제5항).

7 계약갱신요구권

(1) **의 의**
임대인은 임차인이 임대차기간이 만료되기 6개월 전부터 1개월 전까지 사이에 계약갱신을 요구할 경우 정당한 사유 없이 거절하지 못한다(제10조 제1항).

(2) **갱신거절사유**(제10조 제1항)
  ① 임차인이 3기의 차임액에 해당하는 금액에 이르도록 차임을 연체한 사실이 있는 경우

  > **판례**
  >
  > **3기 연체의 의미**
  > '3기의 차임액에 해당하는 금액에 이르도록 차임을 연체한 사실이 있는 경우'란 임대차기간 중 어느 때라도 차임이 3기분에 달하도록 연체된 사실이 있다면 임차인과의 계약관계 연장을 받아들여야 할 만큼의 신뢰가 깨어졌으므로 임대인은 계약갱신 요구를 거절할 수 있고, <u>반드시 임차인이 계약갱신요구권을 행사할 당시에 3기분에 이르는 차임이 연체되어 있어야 하는 것은 아니다</u>(대판 2020다255429).

  ② 임차인이 거짓이나 그 밖의 부정한 방법으로 임차한 경우
  ③ 서로 합의하여 임대인이 임차인에게 상당한 보상을 제공한 경우

④ 임차인이 임대인의 동의 없이 목적 건물의 전부 또는 일부를 전대한 경우
⑤ 임차인이 임차한 건물의 전부 또는 일부를 고의나 중대한 과실로 파손한 경우
⑥ 임차한 건물의 전부 또는 일부가 멸실되어 임대차의 목적을 달성하지 못할 경우
⑦ 임대인이 다음 중 어느 하나에 해당하는 사유로 목적 건물의 전부 또는 대부분을 철거하거나 재건축하기 위하여 목적 건물의 점유를 회복할 필요가 있는 경우

> 1. 임대차계약 체결 당시 공사시기 및 소요기간 등을 포함한 철거 또는 재건축 계획을 임차인에게 구체적으로 고지하고 그 계획에 따르는 경우
> 2. 건물이 노후·훼손 또는 일부 멸실되는 등 안전사고의 우려가 있는 경우
> 3. 다른 법령에 따라 철거 또는 재건축이 이루어지는 경우

⑧ 그밖에 임차인이 임차인으로서의 의무를 현저히 위반하거나 임대차를 계속하기 어려운 중대한 사유가 있는 경우

(3) 제 한

임차인의 계약갱신요구권은 최초의 임대차기간을 포함한 전체 임대차기간이 10년을 초과하지 아니하는 범위에서만 행사할 수 있다(제10조 제2항). 법정갱신과 계약갱신요구권은 그 취지와 내용을 서로 달리하는 것이므로 법정갱신에 대하여는 적용되지 아니한다(대판 2009다64307).

(4) 효 과

① **내용**: 갱신되는 임대차는 전 임대차와 동일한 조건으로 다시 계약된 것으로 본다(제10조 제3항).
② **차임 등**: 청구당시의 차임 또는 보증금의 100분의 5의 금액을 초과하지 못한다(제10조 제3항, 제11조, 시행령 제4조). 다만 「상가건물 임대차보호법」의 적용대상인 보증금액을 초과하는 임대차의 계약갱신의 경우에는 당사자는 상가건물에 관한 조세, 공과금, 주변 상가건물의 차임 및 보증금, 그 밖의 부담이나 경제사정의 변동 등을 고려하여 차임과 보증금의 증감을 청구할 수 있다(제10조의2).
③ **전차인의 갱신요구**: 임대인의 동의를 받고 전대차계약을 체결한 전차인은 임차인의 계약갱신요구권 행사기간 이내에 임차인을 대위하여 임대인에게 계약갱신요구권을 행사할 수 있다(제13조 제2항).

8 권리금의 보호

(1) 의 의
① **권리금**: 임대차 목적물인 상가건물에서 영업을 하는 자 또는 영업을 하려는 자가 영업시설·비품, 거래처, 신용, 영업상의 노하우, 상가건물의 위치에 따른 영업상의 이점 등 유형·무형의 재산적 가치의 양도 또는 이용대가로서 임대인, 임차인에게 보증금과 차임 이외에 지급하는 금전 등의 대가를 말한다(제10조의3 제1항).
② **권리금 계약**: 신규임차인이 되려는 자가 임차인에게 권리금을 지급하기로 하는 계약을 말한다.

(2) 권리금 회수 기회 보호
① **방해금지**: 임대인은 임대차기간이 끝나기 6개월 전부터 임대차 종료 시까지 권리금 회수기회 방해행위를 함으로써 권리금 계약에 따라 임차인이 주선한 신규임차인이 되려는 자로부터 권리금을 지급받는 것을 방해하여서는 아니 된다. 그러나 임대인이 계약갱신요구를 거절할 수 있는 사유가 있는 경우에는 그러하지 아니하다(제10조의4 제1항). 다만 갱신요구권 행사제한기간이 지난 경우에도 권리금회수 기회보호 의무를 부담한다(대판 2017다225312).

② **방해행위의 유형**

> ㉠ 임차인이 주선한 신규임차인이 되려는 자에게 권리금을 요구하거나 임차인이 주선한 신규임차인이 되려는 자로부터 권리금을 수수하는 행위
> ㉡ 임차인이 주선한 신규임차인이 되려는 자로 하여금 임차인에게 권리금을 지급하지 못하게 하는 행위
> ㉢ 임차인이 주선한 신규임차인이 되려는 자에게 상가건물에 관한 조세, 공과금, 주변 상가건물의 차임 및 보증금, 그 밖의 부담에 따른 금액에 비추어 현저히 고액의 차임과 보증금을 요구하는 행위
> ㉣ 그밖에 정당한 사유 없이 임대인이 임차인이 주선한 신규임차인이 되려는 자와 임대차계약의 체결을 거절하는 행위

③ **계약체결을 거절할 수 있는 정당한 사유**(제10조의4 제2항)

> ㉠ 임차인이 주선한 신규임차인이 되려는 자가 보증금 또는 차임을 지급할 자력이 없는 경우
> ㉡ 임차인이 주선한 신규임차인이 되려는 자가 임차인으로서의 의무를 위반할 우려가 있거나 그 밖에 임대차를 유지하기 어려운 상당한 사유가 있는 경우
> ㉢ 임대차 목적물인 상가건물을 1년 6개월 이상 영리목적으로 사용하지 아니한 경우
> ㉣ 임대인이 선택한 신규임차인이 임차인과 권리금 계약을 체결하고 그 권리금을 지급한 경우

④ **권리금 회수기회 보호규정이 적용되지 않는 경우**

> ㉠ 임대차 목적물인 상가건물이 「유통산업발전법」 제2조에 따른 대규모점포 또는 준대규모점포의 일부인 경우(다만, 「전통시장 및 상점가 육성을 위한 특별법」 제2조 제1호에 따른 전통시장은 제외한다)
> ㉡ 임대차 목적물인 상가건물이 「국유재산법」에 따른 국유재산 또는 「공유재산 및 물품 관리법」에 따른 공유재산인 경우

⑤ **손해배상책임**
  ㉠ 요건: 임대인이 방해금지규정을 위반하여 임차인에게 손해를 발생하게 한 때에는 그 손해를 배상할 책임이 있다. 이 경우 그 손해배상액은 신규임차인이 임차인에게 지급하기로 한 권리금과 임대차 종료 당시의 권리금 중 낮은 금액을 넘지 못한다(제10조의4 제3항). 권리금 계약이 반드시 체결되어 있어야 하는 것은 아니다(대판 2018다239608).
  ㉡ 소멸시효: 임대인에게 손해배상을 청구할 권리는 임대차가 종료한 날부터 3년 이내에 행사하지 아니하면 시효의 완성으로 소멸한다(제10조의4 제4항).

⑥ **임차인의 정보제공의무**: 임차인은 임대인에게 임차인이 주선한 신규임차인이 되려는 자의 보증금 및 차임을 지급할 자력 또는 그밖에 임차인으로서의 의무를 이행할 의사 및 능력에 관하여 자신이 알고 있는 정보를 제공하여야 한다(제10조의4 제5항).

⑦ **표준권리금계약서의 작성 등**: 국토교통부장관은 법무부장관과 협의를 거쳐 임차인과 신규임차인이 되려는 자의 권리금 계약 체결을 위한 표준권리금계약서를 정하여 그 사용을 권장할 수 있다(제10조의6).

⑧ **권리금 평가기준의 고시**: 국토교통부장관은 권리금에 대한 감정평가의 절차와 방법 등에 관한 기준을 고시할 수 있다(제10조의7).

9 기 타

(1) **차임연체와 해지**

① **해지 요건**: 임차인의 차임연체액이 3기의 차임액에 달하는 때에는 임대인은 계약을 해지할 수 있다(제10조의8).

② **연체의 승계**
  ㉠ 임대차계약이 갱신되기 전 연체: 승계된다(대판 2012다28486).
  ㉡ 임대인 지위가 양수되기 전 연체: 따로 채권양도의 요건을 갖추지 않는 한 승계되지 않는다(대판 2008다3022).

(2) 폐업으로 인한 임차인의 해지권

① **요건**: 임차인은 「감염병의 예방 및 관리에 관한 법률」 제49조 제1항 제2호에 따른 집합 제한 또는 금지 조치(같은 항 제2호의2에 따라 운영시간을 제한한 조치를 포함한다)를 총 3개월 이상 받음으로써 발생한 경제사정의 중대한 변동으로 폐업한 경우에는 임대차계약을 해지할 수 있다.

② **효력 발생**: 임대인이 계약해지의 통고를 받은 날부터 3개월이 지나면 효력이 발생한다.

(3) 차임 등 증감청구권

① **요건**: 차임 또는 보증금이 임차건물에 관한 조세, 공과금, 그 밖의 부담의 증감이나 「감염병의 예방 및 관리에 관한 법률」에 따른 제1급감염병 등에 의한 경제사정의 변동으로 인하여 상당하지 아니하게 된 경우에는 당사자는 장래의 차임 또는 보증금에 대하여 증감을 청구할 수 있다(제11조 제1항).

② **증액제한**: 청구당시의 차임 또는 보증금의 100분의 5의 금액을 초과하지 못한다(제11조 제1항 단서, 시행령 제4조).

③ **감액 후 증액**: 「감염병의 예방 및 관리에 관한 법률」에 따른 제1급감염병에 의한 경제사정의 변동으로 차임 등이 감액된 후 임대인이 증액을 청구하는 경우에는 증액된 차임 등이 감액 전 차임 등의 금액에 달할 때까지는 같은 항 단서를 적용하지 아니한다(제11조 제3항).

④ **기간 제한**: 증액 청구는 임대차계약 또는 약정한 차임 등의 증액이 있은 후 1년 이내에는 하지 못한다(제11조 제2항).

(4) 월 차임 전환 시 산정률의 제한

보증금의 전부 또는 일부를 월 단위의 차임으로 전환하는 경우에는 그 전환되는 금액에 다음 중 낮은 비율을 곱한 월 차임의 범위를 초과할 수 없다(제12조, 시행령 제5조).

① 「은행법」에 따른 은행의 대출금리 및 해당 지역의 경제 여건 등을 고려하여 대통령령으로 정하는 비율: 연 1할2푼
② 한국은행에서 공시한 기준금리에 대통령령으로 정하는 배수를 곱한 비율: 기준금리 × 4.5

Chapter 03 집합건물의 소유 및 관리에 관한 법률

1 전유부분

(1) 의 의

구분소유권의 목적인 건물부분으로서 공용부분으로 된 것은 제외한다. '구분소유권'이란 1동의 건물 중 구조상 또는 이용상 구분된 건물부분을 목적으로 하는 소유권을 말한다.

(2) 요 건

① **객관적 요건**: 구조상(예 천장, 바닥, 벽), 이용상(예 현관) 독립성이 있어야 한다. 이러한 물리적 요건을 갖추지 못한 건물의 일부는 건축물관리대장상 독립한 별개의 구분건물로 등재되고 등기부상에도 구분소유권의 목적으로 등기되어 있어도 구분소유권이 성립할 수 없다(대결 2009마1449).

② **주관적 요건**: 구분건물로 하고자 하는 소유자의 구분의사가 있어야 한다. 그 시기나 방식에 특별한 제한이 있는 것은 아니므로 처분권자의 구분의사가 객관적으로 외부에 표시되면 인정되고(대판 2010다71578) 반드시 집합건축물대장의 등록이나 구분건물의 표시에 관한 등기가 필요한 것은 아니다.

> **판례**
>
> **증축부분**
> 법률상 1개의 부동산으로 등기된 기존 건물이 증축되어 증축 부분이 구분소유의 객체가 될 수 있는 <u>구조상 및 이용상의 독립성을 갖추었다고 하더라도</u> 이로써 곧바로 그 증축 부분이 법률상 기존 건물과 별개인 구분건물로 되는 것은 아니고, 구분건물이 되기 위하여는 <u>증축 부분의 소유자의 구분소유의사가 객관적으로 표시된 구분행위가 있어야 한다</u>(대판 98다32540).

2 공용부분

(1) 의 의

전유부분 외의 건물부분, 전유부분에 속하지 아니하는 건물의 부속물 및 규약 또는 공정증서에 따라 공용부분으로 된 부속의 건물을 말한다(제2조 제4호).

(2) 종 류
① **구조상 공용부분**: 여러 개의 전유부분으로 통하는 복도, 계단, 그밖에 구조상 구분소유자 전원 또는 일부의 공용(共用)에 제공되는 건물부분을 말한다(제3조 제1항). 성질상 등기할 수 없다.
② **규약상 공용부분**: 1동 건물의 구분된 건물부분과 부속의 건물을 규약 또는 공정증서(公正證書)로써 공용부분으로 정한 것을 말한다(제3조 제2항, 제3항). 공용부분이라는 취지를 등기하여야 한다.

(3) 전유부분과 공용부분의 일체성
① 공용부분에 대한 공유자의 지분은 그가 가지는 전유부분의 처분에 따른다(제13조 제1항).
② 공유자는 그가 가지는 전유부분과 분리하여 공용부분에 대한 지분을 처분할 수 없다(제13조 제2항).
③ 공용부분에 관한 물권의 득실변경(得失變更)은 등기가 필요하지 아니하다(제13조 제3항).

(4) 법률관계
① **소유권**: 공용부분은 구분소유자 전원의 공유에 속한다. 다만 일부공용부분은 그들 구분소유자의 공유에 속한다(제10조 제1항).
② **지분권**: 각 공유자의 지분은 규약으로 달리 정하지 않으면 그가 가지는 전유부분의 면적 비율에 따른다.
③ **사용권**: 각 공유자는 공용부분을 그 용도에 따라 사용할 수 있다(제11조). 구분소유자나 제3자의 무단점유가 있으면 해당 공용부분을 점유·사용함으로써 얻은 이익을 부당이득으로 반환할 의무가 있다(대판 전합 2017다220744).
④ **부담·수익**: 각 공유자는 규약에 달리 정한 바가 없으면 그 지분의 비율에 따라 공용부분의 관리비용과 그 밖의 의무를 부담하며 공용부분에서 생기는 이익을 취득한다(제17조).
⑤ **관리비**: 관리단은 관리비징수에 관한 유효한 규약이 있으면 그에 따라 징수할 수 있다. 유효한 규약이 없더라도 적어도 공용부분에 대한 관리비에 대하여는 이를 그 부담의무자인 구분소유자에 대하여 청구할 수 있다. 이러한 법리는 무효인 관리인 선임 결의에 의하여 관리인으로 선임된 자가 집합건물에 관하여 사실상의 관리행위를 한 경우에도 마찬가지로 적용된다(대판 2016다260882).
⑥ **채권**: 공유자가 공용부분에 관하여 다른 공유자에 대하여 가지는 채권은 그 특별승계인에 대하여도 행사할 수 있다(제18조). 전유부분은 제외된다. 아파트의 특별승계인은 전 입주자의 체납관리비 중 공용부분에 관하여 이를 승계한다(대판 전합 2001다8677). 그러나 그 연체료는 포함되지 않는다(대판 2004다3598).

(5) 보 존

각 공유자가 할 수 있다(제16조 제1항). 관리단집회 결의나 다른 구분소유자의 동의 없이 구분소유자 1인이 공용부분의 전부 또는 일부를 독점적으로 점유·사용하고 있는 경우 다른 구분소유자는 공용부분의 보존행위로서 그 인도를 청구할 수는 없고, 특별한 사정이 없는 한 자신의 지분권에 기초하여 공용부분에 대한 방해 상태를 제거하거나 공동 점유를 방해하는 행위의 금지 등을 청구할 수 있다(대판 2019다245822).

(6) 관 리

규약으로써 달리 정하지 않는 한 통상의 집회결의로써 결정한다. 통상의 집회결의는 구분소유자의 과반수 및 의결권의 과반수를 말한다.

(7) 변 경

원 칙	관리단집회에서 구분소유자의 3분의 2 이상 및 의결권의 3분의 2 이상의 결의로써 결정한다(제15조 제1항).
예 외	① 과반수로 완화되는 경우: ㉠ 공용부분의 개량을 위한 것으로서 지나치게 많은 비용이 드는 것이 아닐 경우, ㉡ 「관광진흥법」 제3조 제1항 제2호 나목에 따른 휴양 콘도미니엄업의 운영을 위한 휴양 콘도미니엄의 공용부분 변경에 관한 사항인 경우(단, 휴양 콘도미니엄의 권리변동 있는 공용부분 변경에 관한 사항은 3분의 2). ② 5분의 4로 강화되는 경우: 건물의 노후화 억제 또는 기능 향상 등을 위한 것으로 구분소유권 및 대지사용권의 범위나 내용에 변동을 일으키는 공용부분의 변경에 관한 사항

3 대지사용권

(1) 의 의

구분소유자가 전유부분을 소유하기 위하여 건물의 대지에 대하여 가지는 권리를 말한다(제2조 제6호). '건물의 대지'란 전유부분이 속하는 1동의 건물이 있는 토지 및 규약에 따라 건물의 대지로 된 토지를 말한다(제2조 제5호).

(2) 전유부분과 대지사용권의 일체성

① 구분소유자의 대지사용권은 그가 가지는 전유부분의 처분에 따른다.

② 구분소유자는 그가 가지는 전유부분과 분리하여 대지사용권을 처분할 수 없다.

③ 규약 또는 공정증서로 분리처분금지를 다르게 정할 수 있다. 다른 정함이 없는데도 대지사용권과 분리하여 처분하면 법원의 강제경매절차에 의한 것이라 하더라도 무효이다(대판 2009다26145).

④ 분리처분금지는 그 취지를 등기하지 아니하면 선의로 물권을 취득한 제3자에게 대항하지 못한다(제20조 제3항). '선의의 제3자'란 집합건물의 대지로 되어 있는 사정을 모른 채 대지사용권의 목적이 되는 토지를 취득한 제3자를 의미한다(대판 2009다26145).

(3) 법률관계

① **비율**: 구분소유자가 둘 이상의 전유부분을 소유한 경우에는 각 전유부분의 처분에 따르는 대지사용권은 전유부분의 면적비율에 따른다. 다만 규약 또는 공정증서로써 달리 정할 수 있다(제21조 제1항).

② **매도청구권**: 대지사용권을 가지지 아니한 구분소유자가 있을 때에는 그 전유부분의 철거를 청구할 권리를 가진 자는 그 구분소유자에 대하여 구분소유권을 시가로 매도할 것을 청구할 수 있다(제7조).

③ **분할청구 금지**: 대지 위에 구분소유권의 목적인 건물이 속하는 1동의 건물이 있을 때에는 그 대지의 공유자는 그 건물 사용에 필요한 범위의 대지에 대하여는 분할을 청구하지 못한다(제8조).

④ **포기 등**: 구분소유자가 전유부분과 대지사용권을 포기한 경우 또는 상속인 없이 사망한 때에는 민법과 달리 다른 공유자에게 각 지분의 비율로 귀속하는 것이 아니라 국가의 소유로 귀속된다(제22조).

4 담보책임

(1) 의 의

구분건물을 건축하여 분양한 자(=분양자)와 분양자와의 계약에 따라 건물을 건축한 자로서 대통령령으로 정하는 자(=시공자)는 구분소유자에 대하여 담보책임을 진다(제9조 제1항).

(2) 내 용

① **준용**: 민법상 수급인의 담보책임 규정을 준용한다(제9조 제1항). 분양자와 시공자의 담보책임에 관하여 집합건물법과 민법에 규정된 것보다 매수인에게 불리한 특약은 효력이 없다(제9조 제4항).

② **해제권**: 완공된 집합건물의 하자로 인하여 계약의 목적을 달성할 수 없는 경우 수분양자는 이를 이유로 분양계약을 해제할 수 있다(대판 2002다2485).

③ **하자담보추급권**: 집합건물의 수분양자가 집합건물을 양도한 경우 양도 당시 양도인이 이를 행사하기 위하여 유보하였다는 등의 특별한 사정이 없는 한 현재의 집합건물의 구분소유자에게 귀속한다(대판 2013다95070).

(3) 시공자의 책임

① **범위 제한**: 시공자가 분양자에게 부담하는 담보책임에 관하여 다른 법률에 특별한 규정이 있으면 시공자는 그 법률에서 정하는 담보책임의 범위에서 구분소유자에게 담보책임을 진다(제9조 제2항).

② **배상책임의 감면**: 시공자의 담보책임 중 하자의 보수에 갈음하여 또는 보수와 함께 지는 손해배상책임은 분양자에게 회생절차개시 신청, 파산 신청, 해산, 무자력(無資力) 또는 그 밖에 이에 준하는 사유가 있는 경우에만 지며, 시공자가 이미 분양자에게 손해배상을 한 경우에는 그 범위에서 구분소유자에 대한 책임을 면(免)한다(제9조 제3항).

(4) 담보책임의 존속기간

① **제척기간**: 「건축법」에 따른 건물의 주요구조부 및 지반공사의 하자는 10년 내에 행사하여야 하고, 이외의 하자에 대해서는 하자의 중대성, 내구연한, 교체가능성 등을 고려하여 5년의 범위에서 대통령령으로 정하는 기간 내에 행사하여야 한다(제9조의2 제1항).

② **전유부분**: 구분소유자에게 인도한 날이다. '인도'는 인도의 원인관계를 불문하고 '건축 후 최초 인도'를 의미한다고 해석함이 타당하므로, 임대 후 분양전환된 집합건물의 경우에도 분양전환 시점이 아닌 임대에 의하여 집합건물을 인도받은 시점부터 하자담보책임의 제척기간이 진행한다(대판 2011다66610).

③ **공용부분**: 「주택법」에 따른 사용검사일(집합건물 전부에 대하여 임시 사용승인을 받은 경우에는 그 임시 사용승인일을 말하고, 「주택법」 제49조 제1항 단서에 따라 분할 사용검사나 동별 사용검사를 받은 경우에는 분할 사용검사일 또는 동별 사용검사일을 말한다) 또는 「건축법」에 따른 사용승인일이다.

④ **손해배상청구권**: 집합건물의 하자보수에 갈음한 손해배상청구권의 소멸시효기간은 각 하자가 발생한 시점부터 별도로 진행한다(대판 2007다83908).

⑤ **멸실, 훼손된 경우**: 건물의 하자로 인하여 건물이 멸실되거나 훼손된 경우에는 그 멸실되거나 훼손된 날부터 1년 이내에 권리를 행사하여야 한다(제9조의2 제3항).

5 관리단 및 관리단의 기관

(1) 관리단

① **구성원**: 구분소유자 전원을 구성원으로 하여 당연히 성립된다(대판 2012다4985). 전세권자나 임차권자는 구성원이 될 수 없다.

② **대금완납**: 소유권이전등기를 마친 구분소유자를 의미하는 것이나, 수분양자로서 분양대금을 완납하였음에도 분양자측의 사정으로 소유권이전등기를 경료받지 못한 경우에도 관리단의 구성원이 되어 의결권을 행사할 수 있다(대결 2004마515).

③ **일부공용부분**: 그 일부의 구분소유자는 규약에 따라 그 공용부분의 관리에 관한 사업의 시행을 목적으로 하는 관리단을 구성할 수 있다(제23조 제2항).

(2) 관리인

① **선임요건**: 구분소유자가 10인 이상일 때에는 관리단을 대표하고 관리단의 사무를 집행할 관리인을 선임하여야 한다(제24조 제1항). 구분소유자일 필요는 없다.

② **임기**: 2년의 범위에서 규약으로 정한다(제24조 제2항).

③ **대표권 제한**: 할 수 있으나 선의의 제3자에게 대항할 수 없다(제25조 제2항).

④ **해임**: 관리인에게 부정한 행위나 그밖에 그 직무를 수행하기에 적합하지 아니한 사정이 있을 때에는 각 구분소유자는 관리인의 해임을 법원에 청구할 수 있다(제24조 제5항).

(3) 임시관리인

① **선임**: 구분소유자, 그의 승낙을 받아 전유부분을 점유하는 자, 분양자 등 이해관계인은 선임된 관리인이 없는 경우에는 법원에 임시관리인의 선임을 청구할 수 있다(제24조의2 제1항).

② **업무**: 임시관리인은 선임된 날부터 6개월 이내에 관리인 선임을 위하여 관리단집회 또는 관리위원회를 소집하여야 한다(제24조의2 제2항).

③ **임기**: 임시관리인의 임기는 선임된 날부터 관리인이 선임될 때까지로 하되, 규약으로 정한 임기를 초과할 수 없다(제24조의2 제3항).

(4) 관리위원회

① **설치**: 관리단에는 규약으로 정하는 바에 따라 관리위원회를 둘 수 있다(제26조의3 제1항).

② **업무**: 집합건물법 또는 규약으로 정한 관리인의 사무 집행을 감독한다(제26조의3 제2항).

③ **구성**: 구분소유자 중에서 관리단집회의 결의에 의하여 선출한다. 다만, 규약으로 관리단집회의 결의에 관하여 달리 정한 경우에는 그에 따른다(제26조의4 제1항).

④ **제한**: 관리인은 규약에 달리 정한 바가 없으면 관리위원회의 위원이 될 수 없다(제26조 의4 제2항).

⑤ **임기**: 2년의 범위에서 규약으로 정한다(제26조의4 제3항).

⑥ **의결**: 규약에 달리 정한 바가 없으면 관리위원회 재적위원 과반수의 찬성으로 의결한다(집합건물법 시행령 제10조 제1항).

⑦ **대리행사**: 관리위원회 위원은 질병, 해외체류 등 부득이한 사유가 있는 경우 외에는 서면이나 대리인을 통하여 의결권을 행사할 수 없다(집합건물법 시행령 제10조 제2항).

6 규약 및 집회

(1) 규 약

규약의 설정·변경 및 폐지는 관리단집회에서 구분소유자의 4분의 3 이상 및 의결권의 4분의 3 이상의 찬성을 얻어서 한다. 이 경우 규약의 설정·변경 및 폐지가 일부 구분소유자의 권리에 특별한 영향을 미칠 때에는 그 구분소유자의 승낙을 받아야 한다(제29조 제1항).

(2) 집 회

① **관리단 집회**

정 기	관리인은 매년 회계연도 종료 후 3개월 이내에 정기 관리단집회를 소집하여야 한다(제32조).
임 시	⊙ 관리인은 필요하다고 인정할 때에는 관리단집회를 소집할 수 있다(제33조 제1항). ⓒ 구분소유자의 5분의 1 이상이 회의의 목적 사항을 구체적으로 밝혀 관리단집회의 소집을 청구하면 관리인은 관리단집회를 소집하여야 한다. 이 정수 (定數)는 규약으로 감경할 수 있다(제33조 제2항).

② **집회소집통지**

원 칙	관리단집회일 1주일 전에 회의의 목적사항을 구체적으로 밝혀 각 구분소유자에게 통지하여야 한다. 다만, 이 기간은 규약으로 달리 정할 수 있다(제34조 제1항).
예 외	전유부분을 여럿이 공유하는 경우에 의결권을 행사할 자(그가 없을 때에는 공유자 중 1인)에게 통지하여야 한다(제34조 제2항).

③ **소집절차의 생략**: 구분소유자 전원이 동의하면 소집절차를 거치지 아니하고 소집할 수 있다(제35조).

④ **결의사항**

원 칙	관리단집회는 통지한 사항에 관하여만 결의할 수 있다(제36조 제1항).
예 외	㉠ 관리단집회의 결의에 관하여 특별한 정수가 규정된 사항을 제외하고는 규약으로 달리 정할 수 있다(제36조 제2항). ㉡ 구분소유자 전원이 동의하면 통지한 사항이 아니라 하더라도 결의할 수 있다(제36조 제3항).

⑤ **의결권**

원 칙	각 구분소유자의 의결권은 규약에 특별한 규정이 없으면 제12조에 규정된 지분비율에 따른다(제37조 제1항).
예 외	① 전유부분을 여럿이 공유하는 경우에는 공유자는 관리단집회에서 의결권을 행사할 1인을 정한다(제37조 제2항). ② 구분소유자의 승낙을 받아 동일한 전유부분을 점유하는 자가 여럿인 경우에는 해당 구분소유자의 의결권을 행사할 1인을 정하여야 한다(제37조 제3항).

⑥ **의결 방법**

㉠ 의결정족수: 관리단집회의 의사는 이 법 또는 규약에 특별한 규정이 없으면 구분소유자의 과반수 및 의결권의 과반수로써 의결한다(제38조 제1항).

㉡ 행사방법: 의결권은 서면이나 전자적 방법(전자정보처리조직을 사용하거나 그 밖에 정보통신기술을 이용하는 방법으로서 대통령령으로 정하는 방법을 말한다. 이하 같다)으로 또는 대리인을 통하여 행사할 수 있다(제38조 제2항).

(3) **규약 및 집회의 결의의 효력**

① **특별승계인**: 규약 및 관리단집회의 결의는 구분소유자의 특별승계인에 대하여도 효력이 있다(제42조 제1항).

② **점유자**: 점유자는 구분소유자가 건물이나 대지 또는 부속시설의 사용과 관련하여 규약 또는 관리단집회의 결의에 따라 부담하는 의무와 동일한 의무를 진다(제42조 제2항).

7 의무위반자에 대한 조치

(1) 공동의 이익에 어긋나는 행위의 정지청구 등

① **구분소유자의 위반행위**: 구분소유자가 공동의 이익에 어긋나는 행위를 한 경우 또는 그 행위를 할 우려가 있는 경우에는 관리인 또는 관리단집회의 결의로 지정된 구분소유자는 구분소유자 공동의 이익을 위하여 그 행위를 정지하거나 그 행위의 결과를 제거하거나 그 행위의 예방에 필요한 조치를 할 것을 청구할 수 있다(제43조 제1항). 소송의 제기는 관리단집회의 결의가 있어야 한다(제43조 제2항).

② **점유자의 위반행위**: 점유자가 공동의 이익에 어긋나는 행위를 한 경우 또는 그 행위를 할 우려가 있는 경우에도 준용한다(제43조 제3항).

(2) 사용금지의 청구

공동의 이익에 어긋나는 행위로 구분소유자의 공동생활상의 장해가 현저하여 행위의 정지청구로는 그 장해를 제거하여 공용부분의 이용 확보나 구분소유자의 공동생활 유지를 도모함이 매우 곤란할 때에는 관리인 또는 관리단집회의 결의로 지정된 구분소유자는 소(訴)로써 적당한 기간 동안 해당 구분소유자의 전유부분 사용금지를 청구할 수 있다(제44조 제1항).

(3) 구분소유권의 경매

구분소유자가 공동의 이익에 어긋나는 행위금지, 주거 외 사용금지 등 규정을 위반하거나 규약에서 정한 의무를 현저히 위반한 결과 공동생활을 유지하기 매우 곤란하게 된 경우에는 관리인 또는 관리단집회의 결의로 지정된 구분소유자는 해당 구분소유자의 전유부분 및 대지사용권의 경매를 명할 것을 법원에 청구할 수 있다(제45조 제1항).

(4) 전유부분의 점유자에 대한 인도청구

점유자가 공동의 이익에 어긋나는 행위금지, 주거 외 사용금지 등 규정을 위반하여 공동생활을 유지하기 매우 곤란하게 된 경우에는 관리인 또는 관리단집회의 결의로 지정된 구분소유자는 그 전유부분을 목적으로 하는 계약의 해제 및 그 전유부분의 인도를 청구할 수 있다(제46조 제1항).

8 재건축 및 복구

(1) **재건축 결의**

① **의결정족수**

원 칙	재건축결의는 구분소유자의 5분의 4 이상 및 의결권의 5분의 4 이상의 결의에 따른다.
예 외	「관광진흥법」 제3조 제1항 제2호 나목에 따른 휴양 콘도미니엄업의 운영을 위한 휴양 콘도미니엄의 재건축 결의는 구분소유자의 3분의 2 이상 및 의결권의 3분의 2 이상의 결의에 따른다(제47조 제2항).

② **참가촉구**: 재건축의 결의가 있으면 집회를 소집한 자는 지체 없이 그 결의에 찬성하지 아니한 구분소유자(그의 승계인을 포함한다)에 대하여 그 결의 내용에 따른 재건축에 참가할 것인지 여부를 회답할 것을 서면으로 촉구하여야 한다(제48조 제1항).

③ **불참 간주**: 촉구를 받은 구분소유자는 촉구를 받은 날부터 2개월 이내에 회답하여야 한다(제48조 제2항). 기간 내에 회답하지 아니한 경우 그 구분소유자는 재건축에 참가하지 아니하겠다는 뜻을 회답한 것으로 본다(제48조 제3항).

(2) **복 구**

① **건물가격의 2분의 1 이하에 상당하는 건물 부분이 멸실된 경우**: 각 구분소유자는 멸실한 공용부분과 자기의 전유부분을 복구할 수 있다. 다만, 공용부분의 복구에 착수하기 전에 재건축 결의나 공용부분의 복구에 대한 결의가 있는 경우에는 그러하지 아니하다(제50조 제1항).

② **건물가격의 2분의 1을 초과하는 건물 부분이 멸실된 경우**: 관리단집회는 구분소유자의 5분의 4 이상 및 의결권의 5분의 4 이상으로 멸실한 공용부분을 복구할 것을 결의할 수 있다(제50조 제4항).

Chapter 04 가등기담보 등에 관한 법률

1 서 설

(1) 소비대차 방식

민법상 전형적 담보제도를 보완하기 위한 비전형담보제도는 자금을 조달하는 방식에 따라 구분된다. ① 매매형식의 매도담보(환매, 재매매예약), ② 소비대차 형식의 가등기담보, 양도담보가 있다. 「가등기 담보 등에 관한 법률」은 소비대차 형식의 비전형담보에 적용된다.

(2) 가등기담보

① **의의**: 소비대차에 의한 채권을 담보하기 위하여 채무자 또는 제3자의 부동산을 목적물로 하는 대물변제예약이나 매매의 예약을 하고, 채무불이행이 있는 경우 채권자의 예약완결권 행사로 생기는 장래의 소유권이전등기청구권 등을 보전하기 위한 가등기계약을 체결한 후, 채권자 명의로 가등기를 마친 담보형태를 말한다.

② **구별기준**: ㉠ 담보목적의 가등기와 ㉡ 장래의 소유권이전청구권을 보전하기 위한 가등기는 등기부상으로는 구별되지 않으므로 거래의 실질과 당사자의 의사해석에 따라 결정된다.

(3) 양도담보

소비대차에 의한 채권을 담보하기 위하여 채무자 또는 제3자의 부동산 소유권을 채권자 명의로 소유권이전등기를 하고, 채무불이행이 있으면 소유권을 확정적으로 취득하거나 우선변제를 받고, 채무를 이행하면 채무자에게 소유권을 다시 이전하기로 하는 담보형태를 말한다.

구 분	담보가등기	양도담보
등기형식	가등기	소유권이전등기
등기원인	기재 ×	양도담보

2 적용범위

(1) 소비대차에 의한 대물변제예약일 것

① '소비대차'란 당사자 일방이 금전 기타 대체물의 소유권을 상대방에게 이전할 것을 약정하고 상대방은 그와 같은 종류, 품질 및 수량으로 반환할 것을 약정하는 계약을 말한다.

② 매매대금, 물품대금, 공사대금을 담보하기 위한 가등기에는 적용되지 않는다. 다만 차용금반환채무와 동시에 담보할 목적으로 경료된 가등기나 소유권이전등기는 그 후 매매대금채무의 변제 기타의 사유로 차용금반환채무의 전부 또는 일부만이 남게 된 경우에는 적용된다(대판 2003다29968).

(2) 부동산 가액이 피담보채권액을 초과할 것

부동산의 예약 당시 가액이 차용액과 이에 붙인 이자를 합산한 액수를 초과하는 경우이어야 한다. 예약 당시 재산에 대하여 선순위 근저당권이 설정되어 있는 경우에는 재산의 가액에서 피담보채무액을 공제한 나머지 가액이 차용액 및 이에 붙인 이자의 합산액을 초과하는 경우에만 적용된다(대판 2005다61140).

(3) 등기, 등록이 가능할 것

채권담보를 위하여 가등기 또는 소유권이전등기가 마쳐진 경우에 적용된다. 입목, 자동차, 선박 등에 대해서도 적용될 수 있다. 등기 또는 등록할 수 있는 부동산소유권 외의 권리의 취득을 목적으로 하는 담보계약에 관하여 준용한다. 전세권, 저당권, 질권은 제외한다.

3 실행방법

1. 의 의

채권자는 ① 사적 실행으로서 권리취득에 의한 실행방법(귀속정산) ② 공적 실행으로서 경매를 통한 실행방법(처분정산)을 선택할 수 있다. 사적 실행으로서 처분정산 방식은 허용되지 않는다.

2. 귀속정산(권리취득에 의한 실행)

(1) 실행통지

① **통지사항**
  ㉠ 청산금의 평가액이다(제3조 제1항). '청산금'이란 통지 당시의 담보목적부동산의 가액에서 그 채권액을 뺀 금액이다. 그 부동산에 선순위담보권이 있으면 채권액에 선순위담보로 담보한 채권액을 포함시킨다(제4조 제1항).

ⓒ 통지 당시의 담보목적부동산의 평가액과 채권액을 밝혀야 하고, 부동산이 둘 이상인 경우에는 각 부동산의 소유권이전에 의하여 소멸시키려는 채권과 그 비용을 밝혀야 한다(제3조 제2항). 청산금이 없다고 인정되는 경우에는 그 뜻을 통지하여야 한다(제3조 제1항).

② **상대방**
ⓐ 채무자 등이다(제3조 제1항). '채무자 등'이란 채무자, 물상보증인, 담보가등기 후 소유권을 취득한 제3자를 말한다(제2조 제2호).
ⓑ 채무자 등의 전부 또는 일부에 대하여 통지를 하지 않으면 청산기간이 진행할 수 없게 되고, 가등기담보권자는 가등기에 기한 본등기를 청구할 수 없다(2001다81856).

③ **시기와 방법**: 채권의 변제기 후에는 언제든지 통지할 수 있고(제3조 제1항), 그 방법에는 제한이 없다.

④ **구속력**: 채권자는 그가 통지한 청산금의 금액에 관하여 다툴 수 없다(제9조). 채권자가 주관적으로 평가한 청산금의 액수가 정당하게 평가된 청산금의 액수에 미치지 못한다고 하더라도 담보권 실행의 통지로서의 효력이나 청산기간의 진행에는 아무런 영향이 없고 청산기간이 경과한 후에는 그 가등기에 기한 본등기를 청구할 수 있다(대판 2005다36618).

(2) **청산기간**

① **기간**: 실행통지가 채무자등에게 도달한 날부터 2개월이 지나도록 채무자의 변제가 없으면 청산절차에 들어간다. 상대방이 수인(數人)인 경우에는 모두에게 통지가 도달한 날이다.

② **특약의 효력**

원칙	청산기간에 관하여 가등기담보법에 어긋나는 특약으로서 채무자등에게 불리한 것은 그 효력이 없다.
예외	청산기간이 지난 후에 행하여진 특약으로서 제3자의 권리를 침해하지 아니하는 것은 그러하지 아니하다(제4조 제4항).

(3) **청산금의 지급**

① **동시이행관계**: 청산금지급의무와 본등기의무는 동시이행관계에 있다. 청산기간이 지나기 전에 한 본등기는 무효이다. 정산절차를 거치지 아니하여 본등기가 무효인 경우에도 그 후 정산절차를 마치면 실체관계에 부합하므로 유효한 등기로 된다(대판 99다41657).

② **소유권의 취득**: 가등기담보권자는 청산금을 지급하고 본등기를 해야 소유권을 취득한다. 그러나 양도담보권자는 이미 소유권이전등기가 되어 있으므로 청산금만 지급하면 소유권을 취득한다. 담보권자가 소유권을 취득하면 담보권은 혼동으로 인하여 소멸한다.

③ 과실수취권 취득
  ㉠ 청산금을 지급하거나 청산금을 지급할 여지가 없는 때에는 청산절차가 종료한 때 채권자에게 귀속한다(대판 2000다20465).
  ㉡ 청산금을 지급하기 전에는 목적물의 소유권과 점유권은 채무자에게 있으므로 채무자가 제3자에게 임대한 경우에도 채권자는 임차인에게 임료 상당의 부당이득 반환을 청구할 수 없고, 소유권에 근거한 반환도 청구할 수 없다.

(4) **채무자 등의 변제**

원칙	① 채무자 등은 청산금채권을 변제받을 때까지 그 채무액(반환할 때까지의 이자와 손해금을 포함한다)을 채권자에게 지급하고 그 채권담보의 목적으로 마친 소유권이전등기의 말소를 청구할 수 있다(제10조). 가등기의 말소청구도 가능하다(다수설). ② 청산금이 없는 경우에는 본등기 전까지 말소를 청구할 수 있다.
예외	① 채무의 변제기가 지난 때부터 10년이 지나거나 선의의 제3자가 소유권을 취득한 경우에는 말소를 청구할 수 없다. '선의의 제3자'란 본등기가 무효인 줄 모르고 취득한 자를 말한다. ② 선의의 제3자가 소유권을 취득하면, 채무자 등은 채권자를 상대로 그 본등기의 말소를 청구할 수 없게 되고, 그 반사적 효과로서 무효인 채권자 명의의 본등기는 그 등기를 마친 시점으로 소급하여 확정적으로 유효하게 된다(대판 2016다248325).

(5) **후순위권리자의 보호**

① **실행통지의 통지**: 채권자는 실행통지가 채무자등에게 도달하면 지체 없이 후순위권리자에게 그 통지의 사실과 내용 및 도달일을 통지하여야 하고(제6조 제1항), 대항력 있는 임차권자를 포함하여 담보가등기 후에 등기한 제3자에 대해서도 지체 없이 통지를 한 사실과 그 채권액을 통지하여야 한다(제6조 제2항).

② **경매청구권**
  ㉠ 청구기간: 후순위권리자는 청산기간에 한정하여 그 피담보채권의 변제기 도래 전이라도 담보목적부동산의 경매를 청구할 수 있다(제12조).
  ㉡ 본등기 제한: 담보가등기를 마친 부동산에 대하여 강제경매 등의 개시 결정이 있는 경우에 그 경매의 신청이 청산금을 지급하기 전에 행하여진 경우(청산금이 없는 경우에는 청산기간이 지나기 전)에는 담보가등기권리자는 그 가등기에 따른 본등기를 청구할 수 없다(제14조).

③ **청산금에 대한 처분 제한**
  ㉠ 채무자가 청산기간이 지나기 전에 한 청산금에 관한 권리의 양도나 그 밖의 처분은 이로써 후순위권리자에게 대항하지 못한다(법 제7조 제1항).
  ㉡ 채권자가 청산기간이 지나기 전에 청산금을 지급한 경우 또는 후순위권리자에 대한 통지를 하지 아니하고 청산금을 지급한 경우에도 같다(법 제7조 제2항).

④ **후순위권리자의 권리행사**: 후순위권리자는 그 순위에 따라 채무자등이 지급받을 청산금에 대하여 실행통지된 평가액의 범위에서 청산금이 지급될 때까지 그 권리를 행사할 수 있고, 채권자는 후순위권리자의 요구가 있는 경우에는 청산금을 지급하여야 한다(법 제5조 제1항). 권리행사를 막으려는 자는 청산금을 압류하거나 가압류하여야 한다(법 제5조 제4항).

(6) **법정지상권**

토지와 그 위의 건물이 동일한 소유자에게 속하는 경우 그 토지나 건물에 대하여 청산금 지급에 따른 소유권을 취득하거나 담보가등기에 따른 본등기가 행하여진 경우에는 그 건물의 소유를 목적으로 그 토지 위에 지상권이 설정된 것으로 본다. 이 경우 그 존속기간과 지료는 당사자의 청구에 의하여 법원이 정한다(법 제10조).

3. 공적 실행(경매에 의한 실행)

(1) **경매청구**

담보가등기권리자는 귀속정산을 하지 않고, 담보목적부동산의 경매를 청구할 수 있다. 이 경우 경매에 관하여는 담보가등기권리를 저당권으로 본다(법 제12조 제1항).

(2) **우선변제청구권**

강제경매 등이 개시된 경우에 담보가등기권리자는 다른 채권자보다 자기채권을 우선변제 받을 권리가 있다. 이 경우 그 순위에 관하여는 그 담보가등기권리를 저당권으로 보고, 그 담보가등기를 마친 때에 그 저당권의 설정등기가 행하여진 것으로 본다(법 제13조).

(3) **담보가등기권리의 소멸**

강제경매 등이 행하여진 경우에는 담보가등기권리는 그 부동산의 매각에 의하여 소멸한다(법 제15조). 따라서 담보가등기권리자는 그 가등기에 따른 본등기를 청구할 수 없다(법 제14조).

(4) **담보가등기의 신고**

법원은 소유권의 이전에 관한 가등기가 되어 있는 부동산에 대한 강제경매 등의 개시결정이 있는 경우에, 담보가등기인 경우에는 그 내용과 채권(이자나 그 밖의 부수채권을 포함)의 존부·원인 및 금액을, 담보가등기가 아닌 경우에는 해당 내용을 법원에 신고하도록 적당한 기간을 정하여 최고하여야 한다(법 제16조).

Chapter 05 부동산 실권리자명의 등기에 관한 법률

1 서 설

(1) 명의신탁약정의 의의

부동산에 관한 소유권이나 그 밖의 물권을 보유한 자 또는 사실상 취득하거나 취득하려고 하는 자(=실권리자)가 타인과의 사이에서 대내적으로는 실권리자가 부동산에 관한 물권을 보유하거나 보유하기로 하고 그에 관한 등기(가등기 포함)는 그 타인의 명의로 하기로 하는 약정을 말한다(법 제2조 제1호).

(2) 적용되는 경우

① 부동산에 관한 소유권뿐만 아니라 지상권, 전세권, 저당권 등에 대한 명의신탁, ② 수탁자 명의로 가등기를 한 경우, ③ 위임·위탁매매의 형식에 의하거나 추인(追認)에 의한 경우, ④ 묵시적으로 약정한 명의신탁의 경우에도 적용된다.

(3) 적용되지 않는 경우

① 채무의 변제를 담보하기 위하여 채권자가 부동산에 관한 물권을 이전받거나(양도담보) 가등기하는 경우(담보가등기), ② 신탁법에 따라 신탁재산인 사실을 등기한 경우(신탁등기), ③ 부동산의 위치와 면적을 특정하여 2인 이상이 구분소유하기로 하는 약정을 하고 그 구분소유자의 공유로 등기하는 경우(상호명의신탁)에는 적용되지 않는다(법 제2조 제1호).

2 명의신탁약정의 효력

(1) 원칙(무효)

① 명의신탁약정과 그에 따른 등기로 이루어진 부동산에 관한 물권변동은 무효이다.

② 명의수탁자 명의에 기초하여 새로운 이해관계를 맺은 제3자에 대해서는 선의, 악의를 불문하고 대항하지 못한다. 다만 제3자가 수탁자의 배임행위에 적극 가담하면 반사회질서행위에 해당하여 무효가 된다(대판 91다6221).

③ 부동산 명의신탁자와 물권을 취득하기 위한 계약을 맺고 단지 등기명의만을 명의수탁자로부터 경료받은 것 같은 외관을 갖춘 자는 제3자에 해당하지 않는다(대판 2009다20581).

(2) 예외(유효)

① 배우자 명의로 등기한 경우, ② 종중이 보유한 부동산에 관한 물권을 종중 외의 자의 명의로 등기한 경우, ③ 종교단체의 명의로 그 산하 조직이 보유한 부동산에 관한 물권을 등기한 경우에는 유효하다. 다만 조세포탈이나 강제집행의 면탈, 법령상 제한의 회피를 목적으로 하는 경우에는 무효이다(법 제8조).

(3) 사실혼 배우자

어떠한 명의신탁등기가 위 법률에 따라 무효가 되었다고 할지라도 그 후 신탁자와 수탁자가 혼인하여 그 등기의 명의자가 배우자로 된 경우에는 조세포탈, 강제집행의 면탈 또는 법령상 제한의 회피를 목적으로 하지 아니하는 한 이 경우에도 위 법률 제8조 제2호의 특례를 적용하여 그 명의신탁등기는 당사자가 혼인한 때로부터 유효하게 된다(대판 2002다23840).

3 명의신탁의 유형

1. 양자간 명의신탁

(1) 의 의

명의신탁약정에 따라 자신의 부동산에 관한 물권을 타인의 명의로 등기하는 것을 말한다.

(2) 소유권

명의신탁약정은 무효이므로 명의신탁자에게 있다. 명의수탁자의 상속인도 소유권자임을 주장할 수 없다(대판 98다43250).

(3) 등기청구

① 명의신탁해지를 원인으로 하는 소유권이전등기는 청구할 수 없다.

② 명의신탁이 반사회질서행위로서 불법원인급여에 해당하는 것은 아니므로(대판 2003다41722) 소유권에 근거한 소유권이전등기의 말소등기나 진정명의회복을 원인으로 하는 소유권이전등기는 청구할 수 있다. 그러나 명의신탁자가 그 소유권을 여전히 보유하므로 어떠한 '손해'를 입은 것이 없으므로 부당이득반환을 원인으로 하여 소유권이전등기절차의 이행을 구할 수는 없다(대판 2012다97864).

(4) 수탁자의 재취득
명의수탁자가 신탁부동산을 처분하여 제3취득자가 유효하게 소유권을 취득한 이후에 명의수탁자가 우연히 신탁부동산의 소유권을 다시 취득한 경우, 명의신탁자는 신탁부동산의 소유권이 없다(대판 2010다89814).

2. 3자간 명의신탁(=중간생략형 명의신탁)

(1) 의 의
명의신탁자가 매수인이 되어 매도인으로부터 부동산을 매수하고, 매도인과의 합의에 따라 명의수탁자 명의로 등기하는 것을 말한다.

(2) 소유권
명의수탁자 명의의 소유권이전등기는 실체관계가 없어서 무효이므로 소유권은 매도인에게 있다. 매도인은 명의수탁자를 상대로 소유권이전등기의 말소등기를 청구하거나 진정명의회복을 원인으로 하는 소유권이전등기를 청구할 수 있다.

(3) 명의신탁약정
① **효력**: 무효이므로 명의신탁해지를 원인으로 하는 소유권이전등기는 청구할 수 없으나, 명의수탁자가 임의로 명의신탁자에게 소유권이전등기를 해 준 경우 실체관계에 부합하므로 유효하다(대판 2004다6764).

② **부당이득반환청구**: 명의신탁자는 매도인에게 등기청구권을 행사할 수 있다는 점에서 손해가 없으므로 명의수탁자를 상대로 부당이득을 원인으로 하는 소유권이전등기를 청구할 수 없다.

③ **대위청구**: 명의신탁자는 소유권자가 아니므로 직접 명의수탁자를 상대로 소유권이전등기의 말소등기를 청구할 수 없지만, 소유권자인 매도인을 대위하여 청구할 수는 있다.

(4) 매매계약
유효하다. 명의신탁자는 매도인에 대해서 여전히 등기청구권을 가지므로 매매대금에 대하여 부당이득을 원인으로 하는 반환을 청구할 수 없다.

(5) 제3자에게 처분한 경우
명의수탁자가 제3자에게 부동산을 매도하거나 부동산에 근저당권을 설정하는 등으로 처분행위를 하여 제3자가 권리를 취득하는 경우, 명의신탁자는 소유권을 취득할 수 없거나, 제한된 소유권을 취득하는 손해가 생기므로 명의수탁자는 명의신탁자에 대하여 직접 부당이득반환의무를 부담하고(대판 전합 2018다284233), 소유권이전등기청구권 침해에 따른 불법행위 책임도 질 수 있다(대판 2020다208997).

3. 계약명의신탁

(1) 의 의
명의신탁약정에 따라 명의수탁자가 매매계약의 당사자로서 매수인이 되고 명의수탁자의 명의로 등기하는 것을 말한다. 그러나 명의수탁자가 계약명의자로 되어 있더라도 명의신탁자에게 계약에 따른 법률효과를 직접 귀속시킬 의도로 계약을 체결한 사정이 인정되는 경우에는 3자간 등기명의신탁에 해당한다(대판 2010다52799).

(2) 매도인이 선의인 경우
① 소유권
  ㉠ 매매계약과 등기: 유효하므로 소유권은 명의수탁자에게 있다. 매도인은 명의수탁자를 상대로 소유권이전등기의 말소등기나 진정명의회복을 원인으로 하는 소유권이전등기를 청구할 수 없다.
  ㉡ 선의의 판단시기: 계약체결당시를 기준으로 판단하므로 사후에 알게 되었다 하더라도 명의수탁자는 소유권을 취득한다.
② 명의신탁약정
  ㉠ 효력: 무효이므로 명의신탁해지를 원인으로 하는 소유권이전등기는 청구할 수 없으며, 그 부동산의 처분대가를 명의신탁자에게 지급하기로 하는 약정도 무효이다.
  ㉡ 부당이득반환청구: 명의신탁자가 입은 손해는 부동산 자체가 아니라 명의수탁자에게 제공한 매수자금이므로 명의수탁자를 상대로 매수자금에 대한 부당이득반환을 청구할 수 있다(대판 2002다66922).
  ㉢ 유치권: 부동산 매수자금에 대한 부당이득반환청구권은 목적물과 채권 사이의 견련관계를 인정할 수 없으므로 유치권을 행사할 수 없다(대판 2008다34828).
  ㉣ 임의 양도: 명의수탁자가 매수자금반환의무의 이행에 갈음하여 명의신탁자 앞으로 소유권이전등기를 마쳐준 경우에는 새로운 대물급부의 약정에 기한 것이므로 유효이다(대판 2014다30483).
③ 명의신탁자와 매도인: 아무런 법률관계가 존재하지 않는다.

(3) 매도인이 악의인 경우
① 소유권
  ㉠ 매매계약과 등기: 무효이므로 소유권은 매도인에게 있다. 매도인은 명의수탁자를 상대로 소유권이전등기의 말소등기나 진정명의회복을 원인으로 하는 소유권이전등기를 청구할 수 있다.
  ㉡ 손해배상청구: 명의수탁자가 제3자에게 처분하면 매도인의 소유권 침해행위로서 불법행위가 된다. 그러나 명의수탁자로부터 매매대금을 수령한 매도인은 그와 동시이행관계에 있는 매매대금 반환채무를 이행할 여지가 없으므로 손해가 없어서 손해배상을 청구할 수 없다(대판 2010다95185).

② **명의신탁약정**: 무효이므로 명의신탁해지를 원인으로 하는 소유권이전등기는 청구할 수 없다.

③ **명의신탁자와 매도인**: 매매계약상의 매수인의 지위가 당연히 명의신탁자에게 귀속되는 것은 아니지만, 그 무효사실이 밝혀진 후에 계약상대방인 매도인이 계약명의자인 명의수탁자 대신 명의신탁자가 그 계약의 매수인으로 되는 것에 대하여 동의 내지 승낙을 함으로써 부동산을 명의신탁자에게 양도할 의사를 표시하였다면, 명의신탁자는 매도인에 대하여 별도의 양도약정을 원인으로 하는 소유권이전등기청구를 할 수 있다(대판 2001다32120).

(4) **경매로 인한 경우**

① **소유권**: 경매절차에서 부동산을 취득하려는 명의신탁자가 명의수탁자에게 매수자금을 제공하여 명의수탁자 명의로 경락을 받은 경우에는 매도인의 선악을 불문하고 명의수탁자가 소유권을 취득한다.

② **명의신탁약정**: 무효이므로 명의신탁자는 명의수탁자를 상대로 부동산의 매수자금에 대한 부당이득반환을 청구할 수 있을 뿐이다.

4 유효한 명의신탁의 법률관계

(1) **내부관계**

① **소유권**
  ㉠ 명의신탁자가 소유자로서 사용·수익권을 가진다. 따라서 명의신탁해지를 원인으로 한 소유권이전등기청구를 할 수 있으며, 이는 물권적 청구권에 해당하므로 소멸시효에 걸리지 않는다(대판 91다34387).
  ㉡ 명의신탁자가 부동산을 매도한 경우, 명의신탁자는 그 부동산을 사실상, 법률상 처분할 수 있으므로 타인의 권리의 매매라고 할 수 없다(대판 96다18656).

② **취득시효**: 명의수탁자의 점유는 자주점유가 아니므로 신탁부동산을 시효로 취득할 수 없다.

③ **관습상 법정지상권**: 명의신탁된 토지상에 수탁자가 건물을 신축한 후 명의신탁이 해지되어 토지소유권이 신탁자에게 환원된 경우, 수탁자는 관습상의 법정지상권을 취득할 수 없다(대판 86다카62).

(2) **외부관계**

① **명의수탁자**: 소유자로서 제3자의 침해행위에 대하여 배제를 구할 수 있다.

② **명의신탁자**: 명의수탁자를 대위하여 배제를 구할 수 있을 뿐, 직접 배제를 구할 수는 없다(대판 77다1079).

MEMO

제37회 공인중개사 시험대비 **전면개정**

2026 박문각 공인중개사
이현 필수서 1차 민법·민사특별법

초판인쇄 | 2025. 12. 5. **초판발행** | 2025. 12. 10. **편저** | 이 현 편저
발행인 | 박 용 **발행처** | (주)박문각출판 **등록** | 2015년 4월 29일 제2019-000137호
주소 | 06654 서울시 서초구 효령로 283 서경빌딩 4층 **팩스** | (02)584-2927
전화 | 교재 주문 (02)6466-7202, 동영상문의 (02)6466-7201

저자와의
협의하에
인지생략

이 책의 무단 전재 또는 복제 행위는 저작권법 제136조에 의거, 5년 이하의 징역 또는 5,000만원 이하의 벌금에 처하거나 이를 병과할 수 있습니다.

정가 26,000원

ISBN 979-11-7519-496-0